Die vergessene Klugheit

Die vergessene Klugheit

Allan Guggenbühl

Programmbereich Psychologie

Allan Guggenbühl

Die vergessene Klugheit

Wie Normen uns am Denken hindern

hogrefe

Prof. Dr. Allan Guggenbühl
Untere Zäune 1
8001 Zürich
Schweiz
allan.guggenbuehl@ikm.ch

Bibliografische Information der Deutschen Nationalbibliothek
Die Deutsche Nationalbibliothek verzeichnet diese Publikation in der Deutschen Nationalbibliografie; detaillierte bibliografische Daten sind im Internet über http://www.dnb.de abrufbar.

Anregungen und Zuschriften bitte an:
Hogrefe AG
Lektorat Psychologie
Länggass-Strasse 76
3000 Bern 9
Schweiz
Tel: +41 31 300 45 00
E-Mail: verlag@hogrefe.ch
Internet: http://www.hogrefe.ch

Lektorat: Dr. Susanne Lauri
Bearbeitung: Sigrid Weber, Freiburg
Herstellung: Daniel Berger
Druckvorstufe: Claudia Wild, Konstanz
Umschlagabbildung: © Thomas Vogel, iStock
Umschlaggestaltung: Claude Borer, Basel
Druck und buchbinderische Verarbeitung: Hubert & Co, Göttingen
Printed in Germany

1. Auflage 2016

(E-Book-ISBN_PDF 978-3-456-95239-0)
(E-Book-ISBN_EPUB 978-3-456-75239-6)
ISBN 978-3-456-85239-3

MIX
Papier aus verantwortungsvollen Quellen
FSC® C016439
FSC
www.fsc.org

Inhaltsverzeichnis

Vorwort

«Hast du dir schon überlegt, wieso Eisbären in der Arktis nicht Ferien in der Karibik machen?», fragt mich ein Kollege während eines gemeinsamen Nachtessens. Ich gestehe, dass ich mich bisher nicht mit den Ferienplänen der Eisbären beschäftigt habe. Mein Kollege erklärt mir, wieso wir Menschen im Gegensatz zu Eisbären immer wieder zu neuen Ufern aufbrechen. Der Grund: Wir lassen uns von Traumvorstellungen verführen! Oft haben sie wenig oder nichts mit unserer Lebensrealität zu tun. Wir wagen Neues und gehen Risiken ein, weil innere Bilder uns dazu zwingen. Was uns antreibt, ist nicht die Realität, sondern unsere Fantasie! Ergo: Wir müssen uns vermehrt auf unsere Imaginationen konzentrieren. Wir sollten in der Arbeit und der Schule unsere verrückten, die Realität transzendierenden Fantasien äußern, wenn wir weiterkommen wollen. Nur so gibt es Innovationen. Fantasien sind der Schlüssel zum Verständnis des Menschen.

Mein Kollege fordert nun, dass Bildung und Arbeitswelt sich an Fantasien orientieren. Sein Gedanke ist originell. Wieso äußert er seine Schlussfolgerungen jedoch nur im vertrauten Gespräch nach einem Glas Wein? An gemeinsamen Sitzungen höre ich *nie* entsprechende Gedanken, und seine wissenschaftlichen Publikationen sind so trocken wie der Saharastaub. Er passt sich – ohne es zu realisieren – dem Mainstream an. Im Betrieb bedient er sich des Jargons der Institution und respektiert die Tabus, die der öffentliche Diskurs auferlegt. Was er darüber hinaus denken könnte, dringt nicht in sein Bewusstsein. Schließlich ist er ein seriöser Wissenschaftler, der sich nach anerkannten Standards ausrichtet!

Solche Erfahrungen sind der Ausgangspunkt dieses Buches: die unheimliche Diskrepanz zwischen dem, was wir denken, schlussfolgern, sinnieren oder spekulieren *könnten*, und dem, was wir wirklich *äußern*. Wieso wagen wir es nicht, Ideen auszudrücken, die vielleicht nicht in den beruflichen Kontext oder die aktuelle soziale Situation passen? Ist es die politische Correctness? Systemgläubigkeit?

Das Buch geht von der These aus, dass Normen und soziale Codes unsere Denkleistungen hemmen. In der Arbeitswelt, jedoch auch in der Wissenschaft und Bildung bewegen wir uns in einer überreglementierten Welt. Als sozial angepasste Wesen, die wir meistens sind, fügen wir uns diesen expliziten oder versteckten Codes. Wir wollen ja dazugehören! Die Folgen: Wir erkennen Gefahren nicht, blockieren Innovationen und werden zu Funktionären. Wir gehorchen Normen, die irgendwelche Gremien definiert und beschlossen haben. Wir vertrauen unseren eigenen Denkkapazitäten und Praxiserfahrungen nicht. Wir wagen es selten, zu neuen Ufern aufzubrechen.

Dieses Buch will die Gründe aufzeigen, wieso es so weit gekommen ist. Es will jedoch auch Mut machen, der eigenen Klugheit zu trauen, sie zu nutzen und Neues zu wagen. Wir sind ja schließlich keine Eisbären!

Meiner Kollegin Julia Beltling möchte ich für ihre tatkräftige Unterstützung, Ideen, Aufmunterungen und klugen Gespräche über den Inhalt dieses Buches danken.

Allan Guggenbühl, Oktober 2015

Kapitel I: Klugheit: Vom Mut, Dinge anders zu sehen, als man denkt

«Den Insassen der Wissensgesellschaft falle es deutlich schwerer als früher, Erfahrungen zu sammeln: Der Einzelne hat zwar jede Menge Erlebnisse, aber es gelingt ihm nicht mehr, diese Erlebnisse in Erfahrungen zu verwandeln ... ohne einen festen Erfahrungskern reagieren die Menschen nur noch reflexhaft und situativ – und eben nicht mehr klug aus Erfahrung.»
Thomas Assheuer – DIE ZEIT, 3.5.2012, Nr. 19

Der Anzug sitzt perfekt, der Auftritt ist makellos: Der etwa fünfzigjährige Mann strahlt Professionalität, Entschlusskraft, Intelligenz und Souveränität aus. Ein wichtiger Wirtschaftsführer und eine Stütze unserer Gesellschaft, vermutet man. Nach einem Flug aus New York wartet er ungeduldig am Ausgang von Terminal B des Flughafens Zürich Kloten. Er ist aufgebracht: «Where is my Limo?», schreit er enerviert in sein Handy. Wo steht die Limousine, die ihn ins Stadtzentrum bringen soll? Die wartenden Taxis neben ihm ignoriert er. Hinter ihm stehen zwei jüngere Männer. «Was für ein Baby!», flüstert der eine dem anderen zu.

Ein unbedeutender Vorfall. Doch verrät er viel über die Denkweise dieses Mannes, der im Wirtschaftsleben eine bedeutsame Position einnimmt und sicherlich von sich behaupten würde, neue Herausforderungen mit Leichtigkeit, Eleganz und Freude zu bewältigen. Bei diesem banalen Problem erkannte er jedoch die offensichtlichste Lösung nicht. Hätte er *wirklich* schnell ins Stadtzentrum gewollt, hätte er problemlos in die Bahn gleich gegenüber vom Taxistand oder einfach in ein gewöhnliches Taxi steigen können und die ganze Aufregung wäre ihm erspart geblieben. Wieso hat er das nicht gemerkt?

Die kleine Begebenheit verweist auf ein Phänomen, dem wir häufig begegnen: Auch wenn wir intelligent und kompetent sind, erkennen wir oftmals die offensichtliche Lösung eines Problems nicht, sondern handeln «dumm». Wir legen nicht unsere gewohnte Souveränität an den Tag. Dass der VIP nicht auf die neue Situation eingehen konnte, kann verschiedene Gründe haben. Einige werden ihm bewusst sein, andere nicht. An Intelligenz und Wissen fehlte es dem Mann am Flughafen sicherlich nicht. Nahm er sich keine Zeit, die Situation wahrzunehmen und zu überlegen, was sinnvoll ist? Dachte er einfach gewohnheitsmäßig, dass er am Flughafen von einer Limo abgeholt wird, und konnte nicht umstellen? Oder war die Limo für ihn vielleicht ein Statussymbol, und er war dann gekränkt, als er realisierte, dass keine Limo auf ihn wartete? Hatte er während des Fluges zu viel Alkohol getrunken? War er innerlich bereits von den Themen absorbiert, die bei seiner bevorstehenden Sitzung besprochen werden sollten? Auf alle Fälle war er nicht zur richtigen Antwort fähig, wie sicherlich jeder Leser bestätigen wird. Kurz: Die Antwort lag *außerhalb* seines Denkraums.

Bei der Frage «Bahn oder Limo» handelt es sich um eine Bagatelle. Die Folgen sind zu verkraften. Doch solche Ausfälle passieren nicht nur bei Alltagsroutinen. Intelligente Menschen lassen sich auch bei lebenswichtigen Fragen zu unüberlegten Handlungen verleiten, denken nicht an das Offensichtliche oder machen Dinge, bei denen man nur den Kopf schütteln kann. Wie war es möglich, dass sich der französische Politiker Dominique Strauss-Kahn, damals Direktor des Internationalen Währungsfonds (IWF), sich offenbar nicht der Risiken bewusst war, als er sich auf einen sexuellen Kontakt mit einem Zimmermädchen einließ bzw. sie zu sexuellem Verkehr zwang?[1]

Das Phänomen der akuten Denkschwäche erfasst mitunter nicht nur Einzelpersonen, sondern ganze Teams, selbst wenn sie mit noch so hochkarätigen und gebildeten Personen besetzt sind. So wurde die Entscheidung für die Invasion in der Schweinebucht während der Kubakrise im April 1961 von John F. Kennedy nach intensiven Diskussionen und Abklärungen mit renommierten militärischen und politischen Experten getroffen. Ein kommunistisches Land vor der eigenen Haustüre war nicht tolerierbar, die Machtergreifung durch Fidel Castro sollte rückgängig gemacht werden. Da man nicht direkt militärisch eingreifen wollte, unterstützte man kubanische Exilanten in ihrem Plan, an der Küste des Sumpfgebietes Ciénaga de Zapata zu landen und eine Konterrevolution anzuzetteln in der Überzeugung, dass die lokale Bevölkerung die Invasion begrüßen würde. Die Operation wurde von der US-Regierung sorgfältig vorbereitet und in etlichen Sitzungen mit der Kennedy-Regierung genau durchgesprochen. Man war überzeugt, souverän und kompetent zu handeln. Die Invasion endete bekanntlich in einem militärischen und politischen

1 Während seines Aufenthalts im New Yorker Hotel Sofitel soll es zu sexuellem Verkehr zwischen ihm und dem Zimmermädchen gekommen sein. Obwohl die Klage wegen der Unglaubwürdigkeit des Zimmermädchens fallen gelassen wurde, waren Ruf und Karriere Dominique Strauss-Kahns ruiniert.

Desaster. Zwei amerikanische Schiffe, die die Exilkubaner unterstützen sollten, wurden von den Kubanern sofort versenkt, vier weitere traten den Rückzug an. Mittelstreckenbomber der Amerikaner wurden abgeschossen. Die 1500 schlecht ausgebildeten Invasoren scheiterten jämmerlich, denn 20000 kubanische Revolutionäre erwarteten sie an der Küste und entwaffneten sie problemlos.[2] Im Nachhinein stellte man fest, dass bei der Vorbereitung wichtige Informationen systematisch ausgeblendet und keine kritischen Fragen gestellt worden waren. Es wäre ein Leichtes gewesen festzustellen, dass es sich beim Unternehmen um eine schlechte Idee handelte. Waren der Präsident und sein hochkompetentes Team einer Täuschung erlegen oder einer kollektiven Denkschwäche?

Manchmal tragen ganze Nationen die Folgen von Fehlbeurteilungen. Vollmundig wurde den Griechen eine großartige Wirtschaftsentwicklung vorausgesagt, als das Land der Eurozone beitrat. Es kam anders. Auch da gab es eindeutige Warnsignale. Nicht nur namhafte Ökonomen warnten vor übertriebenen Erwartungen,[3] selbst einfache Touristen konnten erkennen, dass da etwas nicht im Lot war. So stieß man auf von der EU finanzierte Autobahnen, die ins Nichts führen,[4] oder erfuhr von Dorfbewohnern, dass sie von der EU Gelder zur

2 Blight, J.G., Kornbluh, P. (Hrsg.) (1998). *Politics of Illusion. The Bay of Pigs Invasion Reexamined*. Boulder: Lynne Rienner.

3 Patrick Artus, Banque de Financement et d'Investissement, Erik Berglof, European Bank for Reconstruction and Development, Peter Bofinger, Universität Würzburg, Giancarlo Corsetti, University of Cambridge, Paul De Grauwe, London School of Economics, Lars Feld, University of Freiburg, Jean-Paul Fitoussi, Institut d'études politiques de Paris, Luis Garicano, London School of Economics, Daniel Gros, Centre for European Policy Studies, Kevin O'Rourke, University of Oxford, Lucrezia Reichlin, London Business School, Hélène Rey, London Business School, Andre Sapir, Bruegel, Dennis Snower, Institute for the World Economy, Hans-Joachim Voth, Universitat Pompeu Fabra, Beatrice Weder di Mauro, Johannes Gutenberg University of Mainz.

4 So z.B. oberhalb der Stadt Kavala.

Einrichtung von Hühnerfarmen bekommen hatten, jedoch nicht im Traum daran dachten, sich Hühnern zu widmen. Wieso erkannten die Entscheidungsträger diese offensichtlichen Missstände nicht?

Bildung scheint kein Schutzwall gegen geistige Beschränktheit zu sein. In den 1930er-Jahren priesen angesehene Intellektuelle immer noch den neuen Sowjetmenschen, obwohl sie bei ihren Besuchen in den Straflagern Stalins das Leiden der Strafgefangenen direkt miterlebten. Wieso realisierten sie nicht, dass etwas nicht stimmt?[5] Wie kommt es, dass in den 70er-Jahren des letzten Jahrhunderts Wissenschaftler von Sprachlabors schwärmten, obwohl erfahrenen Lehrpersonen sofort klar war, dass die Schüler durch das bloße Nachplappern von Wörtern und Sätzen die Freude am Lernen verlieren?

Im privaten wie auch im öffentlichen Leben leiden wir trotz hoher Qualifikation und Renommee in gewissen Situationen unter eklatanten Denkschwächen. Intelligente Menschen und prestigeträchtige Institutionen machen dumme Fehler. «Im Nachhinein weiß man es immer besser!», kann man nun einwenden. Jede Entscheidung und jede Handlung bergen die Gefahr in sich, dass sie falsch sind. Es ist anmaßend, im Nachhinein auf Menschen zu zeigen und sie der Dummheit zu bezichtigen. Der Einwand stimmt. In diesem Buch soll es auch nicht um nachträgliche Belehrungen gehen, sondern vielmehr um das Phänomen der gesellschaftlichen Produktion von Dummheit. Ich werde der Frage nachgehen, wieso wir Entscheidungen treffen und Aussagen machen, die bei nüchterner Betrachtung höchst problematisch sind. Wir beschränken unseren Denkhorizont, ohne dass wir uns dessen bewusst sind. Bei vielen Entscheidungen kann man unter-

5 Hollander, P. (1981). *Political Pilgrims. Travels of Western Intellectuals to the Soviet Union, China, and Cuba 1928-1978.* New York: Oxford University Press.

schiedlicher Meinung sein. Die Frage ist jedoch, warum Menschen mit guter Ausbildung, hoher Intelligenz, nach intensiven Diskussionen und von Topberatern umgeben offensichtlich unkluge Handlungen begehen? Sie fällen mitunter Entscheidungen, bei denen man keinen Doktortitel haben muss, um zu erkennen: Das geht doch nicht auf! Griechenland wird seine Kultur nicht ändern, wenn man Geld ins Land pumpt. Dass der Informant, der von den Massenvernichtungswaffen im Irak sprach, nicht glaubwürdig war, hätte man leicht herausfinden können. Was hindert uns daran, klug zu denken und zu handeln?

Zivilisierte Rebellen

Klugheit ist ein schillernder Begriff. Er wirkt schon fast ein wenig veraltet. Vielleicht assoziieren wir mit ihm Menschen, die in einem Lehnstuhl sitzen und weise Sprüche klopfen. Oder wir denken an Kollegen, die ungeheuer viel wissen, uns aber ständig volllabern. Vielleicht sehen wir vor unserem inneren Auge aber auch Menschen, die die Fähigkeit haben, das Wesentliche einer Situation zu erkennen und ihre Handlungen darauf abzustimmen.

Klugheit ist eine Qualität, die uns Menschen auszeichnet. Wir verwenden den Begriff kaum je für Löwen, Eidechsen oder Bonobos. Klugheit ist eine überragende Leistung des menschlichen Geistes. Menschen sind denkende Wesen und verfügen über ein Bewusstsein. Wir folgen nicht blind unseren Instinkten, sondern steuern uns bis zu einem gewissen Maß selbst. Im Wachzustand sind wir konstant mit kognitiven Operationen beschäftigt, die das Hier und Jetzt, die Vergangenheit und Zukunft betreffen. Diese Denkprozesse haben verschiedene Inhalte. Soll ich mir vor der Dusche einen Kaffee genehmigen oder erst nachher? Was bedeutet das Warnsignal auf dem Navi des Autos? Was hat mein Schwager soeben gesagt? Oft befassen wir uns mit Beziehungsthemen wie Liebe, Wut, Angst oder Verrat. Liebt mich mein Mann wirklich? Wieso hat mich mein Chef angefaucht? Seltener widmen wir uns existenziellen Grundfragen wie dem Sinn des Lebens oder der Frage nach Gott. Unser Denken besteht aus Nachbearbeitungen von Erlebnissen, Probehandlungen zukünftiger Ereignisse, der virtuellen Inszenierung von Handlungen und der Entwicklung von Strategien bei unmittelbaren Herausforderungen. Denken ist nicht nur ein bewusst gesteuerter Prozess. Wenn wir etwas überlegen, werden wir nicht nur durch Außenreize, sondern auch durch innere Bilder abgelenkt. Sie drängen sich oft ungefragt vor: Einfälle, Traumfetzen und Fantasien. Denkprozesse werden irritiert durch quere Gedanken und Emotionen. Aus diesem Grund dürfen wir uns Denken nicht als einen geordneten, disziplinierten Vorgang vorstellen, sondern vielmehr als eine tumultuöse Veranstaltung, bei der man nie genau weiß, was herauskommt und wer die Oberhand hat. Unanständige Stimmen schreien Obszönitäten in die Runde, Moralisten wollen zu epischen Reden ausholen und pessimistische Gestalten warnen vor Fallen und Gefahren. Gedankliche Operationen verlaufen nicht logisch und nach klaren Regeln, sondern sind Teil eines halbchaotischen Szenariums. Was in unseren Kopf vorgeht, ist nicht vollständig steuerbar. Wir denken genau an das, woran wir nicht denken sollten, oder schweifen von dem ab, auf das wir uns konzentrieren sollten. Es gibt immer wieder Überraschungen. Eine Reminiszenz bringt alles durcheinander oder eine Emotion löst einen innerlichen Aufruhr aus. Wüssten wir, was in den Köpfen unserer Mitmenschen vorgeht, während sie arbeiten, reden, lieben, streiten, dozieren oder ruhen, wären wir oft erstaunt oder auch erschrocken. Während des Liebesakts kommt einer Frau in den Sinn, dass sie vergessen hat, Mayonnaise einzukaufen, oder bei der

Betrachtung eines historischen Stadtzentrums, denkt ein Mann vor allem an Vulcan-Bomber im Tiefflug. Hätten wir Einsicht in die Denkoperationen unserer Mitmenschen, wir wären auch überrascht, wie *lose* der Zusammenhang der Gedanken zu den Handlungen ist. Die meisten Handlungen werden vorher nicht durchdacht. Machen wir etwas und basteln uns erst anschließend eine Begründung?

In Denkprozessen sind alte vertraute und heimliche Akteure involviert. Wir hören die Stimme der Eltern oder die Ermahnungen des Lehrmeisters. Diese heimlichen Akteure beeinflussen uns, ohne dass wir sie erkennen. Hinter einer Denkhemmung versteckt sich vielleicht ein alter Bekannter oder eine schlechte Kindheitserinnerung. Wir wissen deshalb oft nicht, wer oder was den inneren Prozess steuert: eine Emotion, eine Erinnerung, ein Wunsch, eine Frustration, ein Trauma, eine Beziehung, Wissen oder auch nur eine Fantasie. Da wir kaum je alle involvierten Parteien kennen, verlaufen Denkprozesse teilweise oder ganz unbewusst. Unser Bewusstsein kann nie alle Mitspieler genau identifizieren. Es hat immer nur eine partielle Übersicht über das, was geschieht. Reagiere ich auf ein Kindheitstrauma oder äußerst sich ein unerfüllter Wunsch?

Kluge Menschen verstehen es, das innere Chaos zu nutzen. Sie nehmen Informationen der Umgebung auf, interpretieren sie, konsultieren ihr Gedächtnis und verwerten alles für eine Handlung oder Aussage. Sie verarbeiten nicht nur Beobachtungen und Gehörtes, sondern bringen es mit tradiertem Wissen, dem Erfahrungsschatz ihrer Kultur, in Verbindung. Unmittelbar Erlebtes wird in einen größeren Zusammenhang gesetzt. Kluge Menschen sind fähig zur Tiefensicht. Damit ist gemeint, dass sie das Material, das ihnen zu Verfügung steht, gewichten und interpretieren. Sie suchen nach anderen Bedeutungen des Wissens, der Erfahrungen und Bilder, die sich im inneren abgelagert haben. Sie imitieren nicht nur, sondern wagen ein persönliches Urteil. Kluge Menschen weigern sich, wie Automaten zu funktionieren, sondern wollen dem inneren Chaos Eigenleistungen abringen. Die Beiträge kluger Menschen zeichnen sich darum oft durch Eigenständigkeit und eine gewisse Unkonventionalität aus. Sie sagen nicht, was alle sagen. Klugheit produziert keine Konfektionsware, sondern erlesene Einzelstücke.

Klug reden können viele, klug handeln ist schwieriger. Zu Klugheit gehört die Fähigkeit, das eigene Verhalten mit seinen Gedanken abzustimmen. Dann ist man nicht den Erwartungen der Umgebung oder seinen eigenen Wünschen und Trieben ausgeliefert, sondern Herr seiner Aktionen und Aussagen. Ein wichtiges Element dessen ist die Selbststeuerung.

Die Illusion der Selbststeuerung

Selbststeuerung ist möglich, wenn wir Denkprozesse autonom leiten. Wenn wir Situationen erleben, interpretieren und Schlüsse ziehen, versucht unser Bewusstsein, die Übersicht zu behalten und alles zu durchleuchten, was im Inneren auftaucht. Wie wir unser inneres Geschehen wie auch die Außenwahrnehmungen gewichten und ordnen, hängt von unseren Erfahrungen und unserem Persönlichkeitstyp ab. Doch unabhängig davon, ob wir uns als Denk-, Empfindungs-, Gefühls- oder intuitiven Typ verstehen, disziplinieren wir als Individuum den inneren Zirkus. Wir spulen nicht einfach ein genetisches Programm ab oder werden durch neurologische Prozesse bestimmt, sondern das Ich hat das Kommando. Aus diesem Grund erleben wir Denken als Eigenleistung. Wir wollen unser Leben selbst gestalten und darum überlegen wir, bevor wir etwas tun. Mithilfe von Leitsätzen und Wissen verwandeln wir die Kakofonie, die in uns herrscht, in ein harmonisches Orchester. Unpassende Instrumente verschwinden und unanständige Lautmacher werden zensiert. Es gilt, die inneren Bilder, andrängenden Triebe, versteckten Wünsche und Emotionen einzudämmen. Mit Tricks und Strategien versucht unser Ich, die Macht zu bewahren. Selbstkontrolle macht uns handlungsfähig. Zivilisatorische Leistungen waren und sind nur möglich, weil wir uns selbst steuern können. Das Ich muss fähig sein, phasenweise private Wünsche und Anliegen zurückzustellen, damit ein kollektives Ziel erreicht wird. Nur dank dieser inneren Disziplinierung war es Menschen möglich, die Pyramiden zu erbauen und Staatengemeinschaften zu gründen.

Doch der Eindruck von Selbststeuerung ist trügerisch. Auch wenn wir überzeugt sind, uns selbst zu lenken, ist die Wahrscheinlichkeit groß, dass innere und äußere Faktoren mitsteuern. Nur merken wir es nicht. Sie usurpieren die Pläne des Ich. Einflüsterern gelingt es, unsere Fahrpläne zu ändern oder phasenweise das Kommando zu übernehmen. So werden wir z. B. aus nichtigem Anlass wütend, durch eine Depression gelähmt oder plötzlich von einem anderen Geschehen absorbiert. Unsere Selbststeuerung wird durch den sozialen Kontext beeinflusst. Bei einem Beitrag an einer Sitzung sind wir vielleicht der festen Überzeugung, eigene Gedanken auszudrücken. Wir merken nicht, dass wir uns der Meinung der Kollegen angeschlossen haben. Die Eigenständigkeit des Ich ist darum eher ein Ideal als die Realität psychischen Lebens. Unsere Denkoperationen unterliegen nie ausschließlich unserer Eigenregie.

Neben Emotionen und finsteren Mächten spielen auch *kulturelle Codes* eine Rolle. Wir haben die Normen der Kultur, in die wie hinwuchsen und der wir angehören, internalisiert. Sie mischen sich in unsere Denkoperation ein. In unserem Denken und Verhalten spiegelt sich darum immer auch die Kultur, der wir angehören. Als Japaner unterlässt man es, dem Gegenüber bei einem Tischgespräch eine persönliche Frage zu stellen, weil das als Belästigung gilt. Und als Schweizer untersucht man bei Hotelbesuchen spontan die Qualität der sanitären Anlagen. Unsere Prägungen und Sozialisation beeinflussen die Art, wie wir denken.

Die Selbstkontrolle muss auch in Situationen funktionieren, auf die man nicht vorbereitet ist. Die Gefahr ist, dass dann ein primitiver innerer Akteur das Zepter übernimmt. Wenn uns jemand arg beleidigt, möchten wir dieser Person vielleicht die Faust geben. Wir unterlassen es jedoch tunlichst, weil Gegenkräfte stärker sind und einschreiten. Die Beherrschung ist nicht einfach, weil das Ausleben spontaner Impulse immer eine hohe Attraktivität hat: Es ist anstrengend, den primitiven inneren Akteur in uns zu besänftigen. Zuschlagen wäre einfacher. Die Vorgaben der internalisierten Kultur üben Druck auf uns auf: Gewalt gilt als unangemessene Reaktion. So können wir der inneren Kakofonie und den Instinkten etwas entgegensetzen.

Dank der Fähigkeit zur Selbststeuerung entwickeln wir ein *inneres Dispositiv*. Mögliche Aktionen oder Reaktionen der Mitmenschen sehen und interpretieren wir gemäß diesem inneren Schema. Wir verfügen über innere Szenarien, die uns helfen, die Handlungen unserer Mitmenschen und soziale Situationen zu verstehen. In unseren unmittelbaren Reaktionen berücksichtigen wir diese vorgestellten Abläufe. Wenn wir ohne Fahrschein Straßenbahn fahren, dann wissen wir, dass wir entweder mit einer Buße rechnen müssen oder nah bei der Tür stehen sollten, um eine gute Fluchtposition einzunehmen. Wir richten unser Verhalten nach inneren Vorstellungen aus. Dies zeigt sich auch in banalen Handlungen. Wenn uns jemand frühmorgens fragt, was wir trinken möchten, dann bitten wir um einen Kaffee und nicht um einen Whiskey. Unser Bewusstsein hat registriert, dass es noch früh am Morgen ist, und hat die möglichen Folgen durchgespielt, die sich ergeben, wenn wir uns zu diesem Zeitpunkt einen doppelten Scotch genehmigen. Solche Antworten erfolgen nicht aus der Tiefe der Seele, sondern gründen auf unserer Fähigkeit, mögliche Folgen unserer Entscheidungen innerlich durchzuspielen und entsprechend zu handeln.

Trügerische Gewissheiten

Ein Elterngespräch. Die Lehrerin beschreibt einen Vorfall im Klassenzimmer: «Ihr Sohn hat mit einer Fingerpistole mehrere Male auf andere Schüler gezielt und einen Schuss imitiert!» Als der Vater diese Worte hört, kneift er seine Augen zu und zieht seinen Mund zusammen. Er blickt die Lehrerin forsch an! «Genau, diesen Lehrertyp kenne ich!», geht ihm durch den Kopf. Er erinnert sich an eine Lehrerin aus seiner Primarschulzeit, die auf jede kleine Aggression der Schüler mit übertriebener Strenge und Strafen reagierte. Das gibt es doch nicht! Nun muss sein Sohn das Gleiche erleben, wird wegen einer Banalität bestraft! Er überlegt sich schon eine harsche Antwort, als er die Lehrerin sagen hört: «Wirklich bemerkenswert, ihr Sohn ist einer der Wenigen in der Klasse, der spielerisch mit seinen Aggressionen umgehen kann und es nicht böse meint!»

Dieser kleine Vorfall zeigt, wie unser Denkapparat mit Herausforderungen umgeht. Bei der Beurteilung der Situation hat der Vater auf seine *eigenen* Erfahrungen zurückgegriffen. Sie wurde zur Referenz bei der Interpretation der Worte der Lehrerin. Wegen seiner einstigen Erfahrung glaubte er zu *wissen*, wie die Lehrerin seines Sohnes tickt, und beurteilte demnach den Vorfall. Diese Reaktionsweise ist typisch: Denken besteht oftmals aus einem Rückgriff auf frühere Erfahrungen. Die daraus gezogenen Schlüsse werden zur Richtschnur bei der Beurteilung einer Situation und wiegen oft mehr als andere gewichtige Argumente.

Die persönlichen Erfahrungen sind Teil des Dispositivs, mit dem wir das Leben meistern. Bei einer bestimmten Herausforderung mobilisieren wir dann das gleiche Muster. Gibt es keine Überraschungen, wie im Fall der Lehrerin, die eben nicht dem erwarteten Persönlichkeitsprofil entsprach, wird die Aufgabe gewohnheitsmäßig bewältigt, ohne großes Engagement und innerliche Beteiligung. Ein tieferer Reflexionsprozess bleibt aus. Wenn wir gewohnte Denkabläufe einsetzen, handeln wir zwar routiniert und effizient. Solche Gewohnheiten verschließen uns jedoch auch neuen Erfahrungen.

Unsere Reaktion auf technische Neuerungen zeigt uns, wie unser Denkapparat mit Irritationen in unserer Umgebung umgeht. Sie hat gemäß unseren Erwartungen zu funktionieren und keine Bedrohung darzustellen. Sie soll uns mental nicht herausfordern, nicht stören, sondern einfach funktionieren. Wir denken nicht lange nach, wie die Dusche funktioniert, ein Autoanlasser konstruiert ist oder was in einem Computer abläuft. Wir entwickeln hingegen Kompetenzen, um sie zu bedienen und uns untertan zu machen. Die Auseinandersetzung mit der Technik beschränkt sich dann auf die angelernten, routinierten Handgriffe und gewohnten Überlegungen. Je mehr Erfahrungen, desto weniger Denkarbeit muss geleistet werden.

Anders sieht das im Umgang mit anderen Menschen aus. Menschen verhalten sich nicht wie Maschinen. Während wir die Funktionsweisen und Möglichkeiten einer Waschmaschine oder einer Lampe mit der Zeit verstehen und kontrollieren können, bleiben das Verhalten und die Motive der Menschen unberechenbar. Im Gegensatz zu Maschinen widersprechen sie uns, verhalten sich komisch und ihre Reaktionen sind unvorhersehbar. Unsere Mitmenschen lassen sich nicht durch bestimmte

Kompetenzen steuern. Sie irritieren uns immer wieder aufs Neue und zwingen uns, gewohnte Denkmuster zu hinterfragen. Wieso wurde die Kollegin wütend, als ich ihr zum Geburtstag gratulierte? Warum hat sich der Freund nach dem kleinen Scherz beleidigt ins Arbeitszimmer verzogen? Wieso hat mich meine Freundin verlassen? Ich bin doch eigentlich ein perfekter Mann: humorvoll, sexy, anständig, intelligent und außerdem nett. Im Umgang mit Mitmenschen, Teams oder Mitarbeitern genügen persönliche Erfahrungen und Kompetenzen oft *nicht*. Wir sind überfordert, geraten ungewollt in einen Konflikt und haben Mühe, die Situation adäquat zu beurteilen.

Wir können nie alle Faktoren, die das Verhalten unserer Mitmenschen beeinflussen, erkennen. Aus diesem Grund könnten wir nicht routinemäßig mit ihnen umgehen. Oft werden wir mit Situationen konfrontiert, in denen wir nicht auf persönliche Erfahrungen oder wissenschaftliche Erkenntnisse zurückgreifen können, sondern stehen vor einem Rätsel. Doch auch wir selbst werden mit persönlichen Dilemmata konfrontiert: Soll man einen Mann heiraten, den man zwar sehr gern hat, mit dem man jedoch nur wenige Interessen teilt? Soll man mit einer Kollegin nach Paris in die Ferien fahren, auch wenn sie oft zickig ist? Während für technische Apparaturen Erfahrungen und Kompetenzen genügen, braucht es bei Menschen mehr.

Verborgene Zusammenhänge

«I ken his fither!»[6] ist in Schottland eine Redeweise, mit der man andeutet, dass man über persönliches Hintergrundwissen verfügt. Es vermittelt ein Gefühl der Überlegenheit, da

6 «Ich habe seinen Vater gekannt!» Damit ist gemeint, dass man sich von einer Person nicht täuschen lässt, weil man sie und ihre Familie schon länger kennt.

man *mehr* weiß als die anderen. Dieser Mechanismus spielt in unserem Denken eine wichtige Rolle: Vor Entscheidungen und Beurteilungen konsultieren wir nicht nur unser eigenes Wissen, sondern wir erweitern den Horizont. Wir beziehen uns auf ein *Meta-System*. «Ich kannte seinen Vater» will heißen, mir stehen noch Informationen aus einem ganz anderen Bereich zur Verfügung. Ich verfüge über Hintergrundwissen, das mir erlaubt, meine unmittelbaren Erfahrungen *anders* zu deuten. Dabei geht es nicht nur um kognitives Wissen oder persönliche Erfahrung, sondern um eine Anknüpfung an ein anderes Wissens- oder Denksystem.[7]

Bei der Bewältigung widersprüchlicher oder komplexer Problemstellungen können wir uns nicht am Vordergründigen orientieren und uns auf unsere Kompetenzen verlassen, sondern müssen unseren Denkhorizont erweitern, nach bisher verborgenen Zusammenhängen und uns unbekannten Gesetzmäßigkeiten forschen. Kluges Denken und Handeln ist darum keine Fortsetzung normaler Überlegungen, sondern bedeutet einen Bruch mit gewohnten Denkweisen und Kompetenzen. Klugheit impliziert eine andere Denkweise. Wenn wir klug denken, setzen wir Strategien und Taktiken ein, die *nicht* auf der Hand liegen und nicht in einem Ausbildungsordner abgeheftet wurden. Klugheit verweist auf die unbekannten Faktoren in unserem Weltbild.

Kluge Überlegungen wirken darum oft auch andersartig: der Ratschlag, der widersprüchlich tönt, oder der Spruch, der zuerst unlogisch scheint. «Klar sieht, wer von Ferne sieht – und nebelhaft, wer Anteil nimmt» (Laotse). Gemäß unseren persönlichen Erfahrungen stimmt das Gegenteil! «Unsere Träume können wir erst dann verwirklichen, wenn wir uns entschlie-

7 Kotre, J. (1996). *White Gloves: How We Create Ourselves Through Memory*. New York: Norton & Company.

ßen, daraus zu erwachen.» Dieses Zitat von Josephine Baker (1906–1975) enthält eine ähnliche Paradoxie (logischer wäre, dass man das Reich der Träume verlässt, wenn man erwacht). Ähnlich der Spruch von Seneca: «Nicht weil es so schwer ist, wagen wir es nicht, sondern weil wir es nicht wagen, ist es so schwer.» Diese Sprüche offenbaren ihre Weisheit, indem sie Lebensrealitäten auf den Kopf stellen. Sie stimmen nicht mit unseren persönlichen Erfahrungen überein und lassen sich nicht durch angelernte Codes verstehen, doch sie regen zum Denken an.

Wir selbst, unsere Umgebung, die ganze Zivilisation funktionieren nicht nur nach logischen und rationalen Kriterien. Wir sind alle ein bisschen verrückt. Wir möchten gesund leben, können jedoch nicht vom Rauchen lassen, möchten unseren Mitmenschen helfen, beuten sie jedoch aus, sind für Umweltschutz, fliegen jedoch in die Ferien auf die Seychellen. Klugheit ist gefragt, weil wir immer wieder Wege finden müssen, mit diesen Paradoxien umzugehen. Klugheit ist wichtig, da wir nicht immer nach gewohnten Schemata und angelernten Kompetenzen handeln können. Das Leben verlangt mehr als professionelles Können. Klugheit ist zwar nicht der magische Schlüssel zu einem glücklichen Leben, doch schützt sie uns vor Gefahren und Dummheiten. Sie kann uns bei der Bewältigung von Problemen und Herausforderungen helfen. Und: letztlich können wir Menschen nur dank der Klugheit überleben.

«Sie haben eine sehr schwierige Aufgabe, ich bewundere Sie!», sagt in dem Spielfilm «Invictus» Nelson Mandela zu Jacobus Pienaar, dem Kapitän der südafrikanischen Rugbymannschaft.[8] Er schenkt ihm Tee ein, spricht über Probleme

8 «Invictus – Unbezwungen» (Originaltitel: *Invictus*) ist ein US-amerikanischer Spielfilm des Regisseurs Clint Eastwood nach dem Sachbuch «Der Sieg des Nelson Mandela: Wie aus Feinden Freunde wurden» von John Carlin aus dem Jahr 2008.

der Führung und bedankt sich bei ihm, dass er sich Zeit genommen hat, mit ihm, dem Präsidenten von Südafrika, zu sprechen. Pienaar ist verwirrt. Was will Mandela von ihm? Erst später dämmert es ihm, was er ihm sagen wollte. Mandela vermittelte ihm durch die Art seiner Gesprächsführung und die hohe Wertschätzung, die er ihm entgegenbrachte, was es heißt zu führen. Er wollte ihm klarmachen, dass es dem Gemeinschaftsgefühl Südafrikas helfen würde, wenn die vor allem aus Weißen bestehende Rugbymannschaft Springboks die Weltmeisterschaft gewinnt. Statt Pienaar direkt sein Ansinnen zu verraten, ging Mandela anders vor: Er ließ ihn selbst auf diese Idee kommen, ihn auf diese Weise an seiner Klugheit teilhaben. Zweifellos handelte Mandela klug, als er diese ungewöhnliche Art der Gesprächsführung wagte und damit Pienaar überzeugte, dass ein Sieg der Springboks ein Beitrag zur Versöhnung der Rassen wäre.

Abschied von Denkschablonen

Der Mensch kann die Realität innerlich nachstellen, variieren, alimentieren oder verzerren. Bei diesen Gedankenspielen oder Imaginationen greifen wir auch auf internalisiertes Wissen, Erinnerungen, Erfahrungen, archetypische Bilder und körperliche Empfindungen und Sozialisationserfahrungen zu. Dank unseres Imaginationsvermögens können wir uns in andere Szenen hineinversetzen und Zusammenhänge konstruieren. Klugheit bedeutet, dass wir diese mentalen Fähigkeiten für das Entwickeln neuer Zusammenhänge, neuer Sichtweisen einsetzen. Doch da wir alle diese Fähigkeit haben, ist das gegenseitige Verstehen für Menschen eine Herausforderung. Möglicherweise geht im Kopf des Gegenübers etwas völlig anderes vor, als wir uns selber ausmalen.

Auf dem Kaffeetisch ist noch ein Stück Kuchen übrig. Wir würden es gerne essen. Der Tischnachbar fordert uns auf, es doch zu nehmen. Wir zögern, weil wir denken, dass er das Kuchenstück eigentlich für sich möchte und nur aus Höflichkeit fragt. Erwartet er nun, dass wir das Stück ablehnen? Vielleicht denkt er jedoch, dass ich denke, dass er es vielleicht nehmen möchte, und fordert mich deswegen so beharrlich auf, es doch zu nehmen. Er erwartet also, dass ich das Stück zuerst ablehne, weil ich schüchtern bin? In diesem Fall wird er es nochmals anbieten, also kann ich wirklich so tun, als ob ich auf das Kuchenstück verzichte. Doch vielleicht möchte er das Stück wirklich?

Die Kuchenepisode zeigt, wie vielschichtig menschliche Interaktionen ablaufen. Das Verstehen unserer Mitmenschen läuft auf mehreren Ebenen ab. Mit unserer die Fähigkeit, uns in die Bewusstseinsvorgänge einer anderen Personen hineinzuversetzen (Theory of Mind), entwickeln wir fortlaufend Annahmen über die Gedanken und Reaktionen unseres Gegenübers. Anders als in den Naturwissenschaften, die mess- und replizierbare physikalische oder chemische Grundgesetze formulieren, können die Hintergründe menschlichen Verhaltens jedoch nie genau identifiziert werden, weil wir nie alle Faktoren eines Denkprozesses identifizieren können. Ursache-Wirkungsmodelle greifen zu kurz. Eine Handlung oder Stimmung hat unzählige mögliche Ursachen und Gründe. Welcher Grund bei einer Person relevant wird, hängt von der Persönlichkeit, der Stimmung, den gesetzten Zielen und vielen Kontextfaktoren ab. Wir sind nie vor Überraschungen gefeit.

Scheinbar selbstverständliche Kausalitäten werden immer wieder durch die Praxis widerlegt. Verhält man sich einem Menschen gegenüber nett, bekommt man nicht immer ein freundliches Lächeln zurück. Es ist auch möglich, dass dieser wütend wird, hämisch grinst oder sogar zu einem Faustschlag ansetzt! Reaktionen werden nicht nur durch äußere Faktoren bestimmt, sondern auch von inneren Wirklichkeiten, die sich jedoch einer systematischen, rationalen Analyse entziehen. Warum produziert das Publikum auf die Frage eines Kandidaten, der es bei einem Fernsehquiz konsultiert, bei einer simplen Frage eine falsche Antwort? Wieso beendet eine Frau die Beziehung, nachdem sie mit ihrem Freund gerade wunderbare Ferien verbracht hat? Da unsere Reaktionsweisen von unbekannten und unbewussten Faktoren abhängen, hat das Nachdenken über den Menschen *immer* einen spekulativen Charakter und muss als Interpretation verstanden werden. Was wir denken, fühlen, empfinden und wie wir uns entscheiden, spiegelt das Setting wider, in dem wir uns bewegen, die Geschichte, die wir in uns tragen, die Fantasien, die in uns aufsteigen, den Zeitgeist, der uns lenkt, die Bildung, die uns geformt hat und die Persönlichkeit, zu der wir heranwuchsen. Dazu kommen noch aktuelle Paradigmen, Mythologien und die Religion. Da es sich um gewichtige Einflussfaktoren handelt, sind Voraussagen schwierig. Unsere bewussten Zielsetzungen und Standpunkte sind nur ein Faktor unsere Motivationsstruktur. Wir müssen nüchtern eingestehen, dass wir ambivalente Wesen sind, verführbar und oft zu schwach, um unsere eigenen Ansprüche einzuhalten: Wir schwören ewige Treue, lassen uns jedoch von einer Kollegin verführen oder wollen nicht lügen, schwindeln jedoch unseren Chef an. Wenn wir unser konkretes Verhalten studieren, merken wir, dass wir nicht brav Standardprogrammen folgen, sondern unseren eigenen Weg gehen. Unbewusst interpretieren und verändern wir, was wir hören, sehen, spüren und woran wir uns erinnern wollen.

Klugheit bedeutet, dass wir uns aus dieser immensen Fülle von Faktoren, Vermutungen, Ahnungen und Beobachtungen einen Sinn machen können. Wir folgen nicht nur vordergründigen Regeln oder Denkschablonen, sondern wagen es, Hypothesen zu formulieren und neue, ungewohnte Zusammenhänge zu setzen. Klugheit hat immer eine leicht anarchische Qualität, weil sie eine Situation neu deutet und eine Schlussfolgerung zieht, die einen neuen Weg aufzeigt.

Kapitel II: Wissen als Machtmittel oder fixierte Weisheit?

Doch können wir uns Klugheit aneignen? Werden wir mit einem klugen Kopf geboren oder müssen wir uns außerordentliche Denkfähigkeit mühsam aneignen? In der überwiegenden Mehrzahl der Gesellschaften ist Klugheit nicht nur eine persönliche Angelegenheit, sondern ein Wert, den man pflegen muss. Gemeinschaften haben eine größere Überlebenschance, wenn kluges Denken und Handeln formalisiert und weitergegeben wird. Eine Gesellschaft würde bald zusammenbrechen, wenn jeder und jede sich nur auf persönliche Erfahrungen und Kompetenzen verließe. Kluge Gedanken und Einsichten werden darum von Institutionen gehütet und durch Rituale weitergegeben. Einsichten und Schlussfolgerungen unserer Mitmenschen und unserer Ahnen können uns helfen, aktuelle Probleme und Herausforderungen zu verstehen und zu bewältigen.

Von der Weisheit der Götter profitieren

Klugheit wird in Form von *Wissen* weitergegeben. Die älteren Generationen oder weise Menschen berichten von den Erkenntnissen, die bei der Bewältigung schwieriger Herausforderungen gezogen wurden. Dieses Wissen ergänzt die Weisheiten, die Familien weitergeben. Kulturen entwickeln Rituale, setzen Zeremonien ein und bauen Institutionen auf, damit die alten Weisheiten nicht vergessen werden. Die Vermittlung kann auf verschiedene Art erfolgen. Die älteste Form ist die mündliche Weitergabe.

Bei den Ureinwohnern Australiens, den Aborigines, hörten *Kannben*, sobald sie die Pubertät erreichten, von den Vorfahren *Ulamba* und wurden in die Weisheiten des Urvaters *Mungangua* eingeführt. Sie schritten einen Pfad entlang, studierten Symbole, die auf den Boden aufgezeichnet waren, und vernahmen von den Taten der Götter während der Traumzeit, bevor es den Menschen gab. Die Weisheiten wurden über Gesänge vermittelt.[9] Bei den Aborigines wurden Weisheiten von einer höheren Ordnung abgeleitet, transzendenten Größen zugeschrieben. Sie waren überzeugt, dass die Götter den Menschen über Träume an ihren Einsichten teilhaben lassen. Man muss als sterbliches Wesen nur genau hinhören. Abgesehen von der religiösen Komponente wurde den Jugendlichen vermittelt, dass Weisheit nicht im Menschen gründet. Man kann sie nicht besitzen, sondern muss sie immer wieder neu erwerben. Der eigene Denkhorizont und die eigenen Kompetenzen sind zu beschränkt. Wenn man jedoch mit den Göttern in Kontakt bleibt, steigt die Chance, klug zu handeln. Die Stimme der Götter äußert sich in den Einsichten, die man nach der Hinwendung zu den eigenen Träumen hat. Der sogenannte «Dreamwalk» diente der Vermittlung dieser Weisheit.

Die Vermittlung von Weisheiten über Göttergeschichten war auch in Kulturen Afrikas und Asiens weit verbreitet. Auserwählte Personen trugen die Weisheiten an speziellen Orten im Rahmen einer Zeremonie mündlich vor und hielten die

9 Strehlow, T. G. H. (1947). *Aranda Traditions*. Victoria: Melbourne University Press.

Geschichten damit lebendig. Die Inszenierungen der Vermittlung verliehen den Worten des Schamanen oder Bodhisattvas eine große Überzeugungskraft. Es ging um eine «participation mystique» in einer anderen Realität.[10] Man saß zusammen und erfuhr vom Ursprung des Lebens und vom Treiben der Götter. In Samoa und den Tonga-Inseln wurden zudem unzählige Totems[11] eingesetzt, um an die Taten und Weisheiten der Götter zu erinnern. Die Totems galten als Bindeglied zwischen der Oberwelt und dem irdischen Dasein. Religiöse Einsichten vermischten sich mit beruflichen Kompetenzen und Alltagshandlungen. Jedes Handwerk, jede Kunst, jeder Fischzug und jede bewaffnete Auseinandersetzung war einem Gott geweiht. Auch hier wurde Klugheit transzendenten Mächten zugeschrieben, die zu Gemeinschaftsanlässen immer wieder gelobpreist wurden. Solche Zeremonien vermittelten keine Anleitungen zur persönlichen Lebensführung. Es ging vielmehr darum, den Geist wachzuhalten, die Weisheiten zu respektieren und nicht alles aufgrund eigener Erfahrungen verstehen zu wollen.

Auch in der Schweiz gab es entsprechende Zeremonien. Im Kanton Wallis geschah dies am «Abusitz». Man saß in einer Alphütte zusammen und erzählte von früheren Zeiten. Der Erzähler warnte vor den Gefahren der Berge, hatte Kenntnis von den «armen Seelen», die auf Erlösung hofften, und fügte

10 Lévy-Bruhl, L. (1922). *La mentalité primitive*. Paris: Champs Classique.

11 Der Totemismus gilt als eine der frühesten Formen der sozialen Organisation einer Gemeinschaft und entspricht einer Institution mit Regeln, Gesetzen und Tabus, die sich allerdings nicht, wie bei monotheistischen Religionen, durch einen Gott als Vertreter des Gesetzes ergeben. Jede Totemgemeinschaft hat ein sogenanntes Totem, ein Objekt oder meistens ein Tier, dem ein abergläubischer Respekt entgegengebracht wird im Glauben, es gäbe eine besondere, wechselseitige Beziehung zwischen ihnen. Die Vererbung spielt bei den Stammestotems eine wichtige Rolle, da sich die Gruppe als blutsverwandte Abkömmlinge ihres Totems begreifen, die durch Pflichten, Rechte, Ge- und Verbote miteinander verbunden sind. Vgl. dazu Freud, S. (2012). *Totem und Tabu. Einige Übereinstimmungen im Seelenleben der Wilden und Neurotiker*, Frankfurt: Fischer.

diese oder jene Gräuelgeschichte der Franzosen bei. Den Zuhörern wurden Weisheiten über die Berge vermittelt und sie lernten, die Unwägbarkeiten der Natur zu respektieren.[12] Vor der Entwicklung der Schrift wurden kluge Einsichten oft auch durch Gedichte weitergeben.[13] Man nimmt an, dass Homers Odyssee einer solchen mündlichen Erzähltradition entstammt.

Die mündliche Übermittlung und die Konservierung von Weisheiten durch Geschichten und Gedichte sind in unseren Breitengraden nicht mehr verbreitet. Einer der wenigen Orte, wo dies noch geschieht, ist die Kirche. Wenn Pfarrer von der Kanzel herab predigen und sich zu bekannten Gleichnissen neue Schlussfolgerungen ausdenken, dann handelt es sich um einen Restbestand mündlicher Erzähltradition. Man liest oder hört nicht nur einfach einen Text, sondern ringt ihm neue Bedeutungen ab. Vor allem in europäischen Ländern ist die Absicht der Bibel und des Gottesdienstes, den Menschen immer wieder wachzurütteln, zurückgegangen. Man versteht sich als rational orientiertes Wesen, das eigene Überlegungen anstellt und auf transzendente Botschaften verzichtet. Das Lauschen und Erahnen tieferer Weisheiten tolerieren wir allenfalls an Weihnachten, wenn die Geschichte der Geburt Jesus erzählt wird. Die Faszination für die durch eine Geschichte vermittelte Botschaft überlassen wir den Kindern.

Das Ende des Staunens: Der Siegeszug der Schrift

Die Verbreitung der Schrift veränderte die Bedeutung mündlicher Erzählakte. Diese Entwicklung begann vor mehr als tausend Jahren. Im 8. Jahrhundert kam Papier über Mittel-

12 Britsch, M. (1994). *Wallis im Wandel*. Oberhofen: Zytglogge Verlag.
13 Lord, A. B. (1960). *The Singer of Tales*. Cambridge: Harvard University Press.

asien nach Europa und wurde ab dem 12. Jahrhundert allgemein gebräuchlich. Dank Papier konnte man Gedanken und Geschichten schriftlich fixieren. Dieser Schritt hatte eine große Auswirkung auf die Wahrnehmung der Inhalte. Dadurch, dass sie von Zeremonien losgelöst wurden, veränderte sich ihre Qualität. Sie verloren an Suggestionskraft und wurden fassbarer. Es ging nicht mehr um das Erlauschen von Weisheiten aus einer anderen Welt aus dem Munde eines Schamanen oder Priesters, sondern um Textverständnis. Weisheit wurde der religiösen oder mythischen Sphäre entzogen und verwandelte sich zu profanem Wissen.

Aus psychologischer Sicht spielt der Vermittlungsakt eine Rolle. Man staunt nicht mehr gemeinsam über das Treiben der Götter, das Leben der Vorfahren oder hört eine eigenartige Erzählung, sondern beugt sich nun über einen Text und dechiffriert Buchstaben. Dem Buch wird Referenz erwiesen und nicht einer besonderen Person. Der Konzentrationsakt, der beim Lesen notwendig ist, reduziert die Vielschichtigkeit einer Mitteilung. Wenn uns jemand einen Text mündlich vorträgt, imaginieren wir mehr, als wenn wir ihn lesen.

Mönche, Feudalherren und Gelehrte waren die Ersten, die mit Schriften umgehen konnten und diese Kompetenz auch gesellschaftlich nutzten. Der Klerus entschied in der Folge, wer die Bibel lesen durfte. Er beanspruchte für sich die Monopolstellung über kirchliches Wissen. In den Klöstern und Domschulen konnte man sich die Zugangskompetenzen aneignen. Der normannische Adlige Giraldus Cambrensis (1146–1223) schrieb: «Heute sind Kleriker, die nicht lesen können, wie Adlige, die zum Krieg nicht taugen.»[14] Mönche, die lesen und schreiben konnten, wurden hingegen geachtet.

---

14 Zit. n. Le Goff, J. (1986). *Die Intellektuellen im Mittelalter*. Stuttgart: Klett-Cotta, S. 67.

Dank der Verwendung von Latein konnte man sich zudem gegenüber Bauern und Handwerkern abgrenzen. Man musste diese Fremdsprache erlernen, wenn man ein «Wissender» werden und dem Stand der Gelehrten angehören wollte. Mönche galten nun als gescheite Menschen, auch wenn sie die Texte, die sie in der Scriptoria stundenlang von Hand kopierten, nicht lasen und auch nicht verstanden. Sie kopierten fleißig, weil sie glaubten, dass jede geschriebene Zeile die Zutrittschance in den Himmel erhöhe. Sie waren Verwalter des Wissens.

Im späteren Rom verstanden sich die römischen Senatoren als Bewahrer des Wissens und der Weisheiten der griechischen Kultur. Es ging darum, die Taten, Sitten und Werte der Vorfahren durch Gespräche und Vorträge in Erinnerung zu halten (memoria).[15] Nicht genehme Ideen wurden mit Edikten versehen, sozial geächtet.[16] In Feudalherrschaften war die Bedeutung des Wissens von der Haltung der Herrschenden abhängig. Der bibliophile Kalif Al-Hakam II. (961–976) errichtete in Córdoba eine großartige Bibliothek mit über 400 000 Titeln. Er hatte vor alten Schriftgelehrten eine hohe Achtung. Sein Nachfolger Al Mansur war anderer Meinung. Nach seinem Machtantritt säuberte er die Bibliothek von philosophischen Werken, da sie seiner Ansicht nach die Religion infrage stellten.[17] In anderen Weltgegenden wurde Wissen zu einem Herrschaftsinstrument und Auswahlkriterium für Staatsbeamte. Im China zu Beginn der Song-Dynastie bestimmte Kaiser Taizu, dass sich jeder, der eine Beamtenlaufbahn anstrebte, einer strengen Wissensprüfung unterziehen musste. Kompli-

15 Yates, F.A. (1966). *The Art of Memory.* Harmondsworth: Penguin. S. 41 ff.

16 Siehe Scholz, P. Der Senat und die Intellektualisierung der Politik. In: *Wissen in der Krise* (2004). Berlin: Akademie-Verlag, S. 17–28.

17 Brüggemeier, F.-J. & Schenkluhn, W. (2000). *Die Welt im Jahr 1000*. Freiburg: Herder, S. 242.

zierte Schriftzeichen mussten abgeschrieben und konfuzianische Texte auswendig gelernt werden.[18] Das Lesen wurde zum sozialen Distinktionscode.

Die Entfesselung des Wissens durch den Buchdruck

Mit der Erfindung des Buchdrucks durch Johannes Gutenberg (1395–1468) im 15. Jahrhundert wurden Bücher für breite Bevölkerungsschichten zugänglich. Die Weitergabe von Wissen war nicht mehr nur einer auserwählten Schicht vorbehalten und von speziellen Zeremonien abhängig, sondern jedem möglich, der sich entsprechende Kompetenzen aneignete. Wissensaneignung wurde zu einer alltäglichen Handlung. Weisheiten konnte man sich nun unabhängig vom sozialen Kontext widmen. Man musste nicht mehr den Wakonda[19] aufsuchen wie bei den Omaha in Nebraska, mit einem Schamanen tanzen wie im Altai-Gebirge oder einem Priester oder Mönch die Referenz erweisen, wenn man die Paradoxien des Lebens verstehen wollte.[20] Es brauchte nur Lesekompetenzen und das entsprechende Buch, das man in privaten Gemächern, einer Bibliothek oder im Freien studieren konnte. Die Wissensgesellschaft führte zu einer Privatisierung des Wissens. Weisheit mutierte zu Wissen, das in einer Schublade aufbewahrt, im Koffer mitgetragen oder auf dem Nachttisch liegen konnte. Die Klugheit verlor ihre schillernde, hermetische Qualität, sie wurde eingefangen und in Büchern konserviert.

18 Ebenda, S. 245.

19 Der Wakonda war bei den Indianern ein Weiser, der Träume deuten konnte und mit übernatürlichen Kräften in Verbindung stand.

20 Ein interessantes Buch zu den Weisheiten der Schamanen ist das Buch der russischen Psychiaterin Olga Kharitidi (1996). *Das weiße Land der Seele*. Berlin: Ullstein.

Im Rahmen dieser Entwicklung entstanden Institutionen, die sich der Pflege und Erforschung der Weisheit widmeten. Von nun an waren es nicht mehr allein die Kirche und Aristokraten, die bestimmten, was weitergegeben wird, sondern auch Gelehrte. Während des 13. und 14. Jahrhunderts wurden Universitäten gegründet,[21] Institutionen, die für das Wissen zuständig waren. Sie sammelten und formalisierten das Wissen jedoch nicht nur, sondern entwickelten darüber hinaus Methoden, wie man sich mit ihm auseinandersetzt. An den frühen Universitäten distanzierte man sich von der bloßen Weitergabe von Lehren und Dogmen. In der Scholastik ging es um die Klärung wissenschaftlicher Fragen mittels theoretischer Erwägungen. Die Neugier und die Suche nach der Wahrheit waren wichtig. Um zu neuen Erkenntnissen und Auslegungen zu kommen, wurden die Argumente für und gegen eine Behauptung oder Aussage formuliert. Anschließend wurde entschieden, was richtiger war. Eine Behauptung galt als widerlegt, wenn sie sich als unlogisch oder als Ergebnis einer begrifflichen Unklarheit erwies oder mit bewiesenen Tatsachen nicht übereinstimmte.

In den ersten Universitäten war die direkte Auseinandersetzung zwischen Professor und Studenten zentral. Vormittags besuchten die Studenten die Vorlesungen («lectio») der «doctores» oder «magistri regentes» (Professoren), um sie am Nachmittag in der zweiten Lehrform, der «disputatio» zu hinterfragen und zu diskutieren.[22] Wie noch zu zeigen sein wird, haben sich die Universitäten von dieser Disputationskunst entfernt. Wie bei den Beamten in China bildeten sich spezielle Gruppen, die sich für Klugheit zuständig fühlten.

21 1088 wurde die Universität Bologna gegründet, ca. 1170 die Universität Oxford, 1209 Cambridge und 1348 Prag.

22 Koch, H.-A. (2008). *Die Universität. Geschichte einer europäischen Institution.* Darmstadt: Wissenschaftliche Buchgesellschaft, S. 31 ff.

Die unheimliche Macht der Wissensverwalter

Durch diese Entwicklung verlor Wissen seine *frei flottierende* Qualität. Es gab nun den *Wissensverwalter*. Klugheit wurde zu einem Kapital, das man für sein soziales Prestige, die politische Karriere oder als Beweis einer Kompetenz einsetzen konnte.[23] Wissen wurde zu einem gesellschaftlich codierten und sanktionierten Gut. Eine Kluft zwischen bildungsfernen und bildungsnahen Schichten, zwischen Intellektuellen und den Bauern oder Plebs tat sich auf. Wer über Bildung verfügte, war wichtig und hatte Aussicht auf eine höhere Stellung.

Als Wissensverwalter wählt man jenes Wissen aus, das einen gesellschaftlichen Vorteil verspricht. An erster Stelle steht nicht die Suche nach neuen und aufrüttelnden Botschaften, der Ausbruch aus gewohnten Denkschemata, um ein Problem neu zu verstehen, sondern es werden vielmehr egoistische und gesellschaftliche Interessen verfolgt. Solche Motive schaden der Klugheit. Die Götter, die aus einer anderen Sphäre berichten, verstummen. Man konzentriert sich auf das Irdische, Bekannte und Vertraute. Weisheit wird zu einem Produkt, das man verwalten kann. Wenn Institutionen Wissen vereinnahmen, droht seine anarchische Qualität verloren zu gehen.

Nicht alle Weisheiten und alles Wissen wurden jedoch gesellschaftlich instrumentalisiert. Die Wissensverwalter grenzten sich früh von Weisheiten ab, die einen wirren, esoterischen oder mystischen Eindruck machten. Die Scholastiker des Mittelalters konnten nichts mit Prognosen anfangen, die aus dem Flug der Vögel herausgelesen wurden.[24] Das rationale Prinzip verbot es, in magischen Zusammenhängen zu denken

23 Bourdieu, P. (1983). *Die verborgenen Mechanismen der Macht*. Hamburg: VSA, S. 49–80.

24 Obwohl man mittlerweile weiß, dass das Verhalten der Tiere viel aussagen kann, z. B. vor einem Tsunami.

oder Ahnungen nachzugehen. Auch Geheimwissenschaften und amoralisches Wissen wurden nicht akzeptiert. Was als unheimlich oder zu fantastisch empfunden wurde, hatte in universitären Institutionen keinen Platz. Oft hatte dieses Wissen jedoch immer noch einen großen Einfluss auf die Menschen und wurde in Geheimgesellschaften verbreitet.

Klug dank Klick: Wird das Wissen zur Ware?

Wissen ist eine Ressource der Klugheit. Das Wissen, das wir uns angeeignet haben, dient dazu, innere Bilder und äußere Eindrücke zu sichten und Schlussfolgerungen zu ziehen. Wenn wir nichts über Epilepsie wissen, verstehen wir nicht, was es bedeuten könnte, wenn ein Mann die Finger reibt, mit den Armen zuckt und plötzlich umfällt. Um kluge Schlüsse ziehen zu können, müssen wir also Wissen internalisieren. Die mündliche Überlieferung von Wissen war und ist hierbei wahrscheinlich von Vorteil. Das Wissen wurde memoriert und in eindrücklichen, wenn auch möglicherweise langweiligen Zeremonien weitergegeben. Die Folge war, dass sich die Menschen viel Wissen aneigneten. Sie kannten die Sprüche und Bilder auswendig, sodass sie beim Denken spontan auf sie zurückgreifen konnten.

Ein weiterer Vorteil der mündlichen Vermittlung war, dass Wissen mit einem *Erlebnis* verbunden war. Die rituelle Partizipation am Wissen der Kultur oder des Stammes war mehr als die Weitergabe von Informationen. Das Wissen wurde gelebt und nicht nur still konsumiert. Die mündliche Vermittlung lässt auch Unbestimmtheiten zu. Sie erlaubt dem Zuhörer, das herauszuhören, was für ihn von Bedeutung ist. Die Imagination wird gefördert.

Ein Nachteil der mündlichen Übermittlung war natürlich, dass man sich aus Gründen der Loyalität auf das Wissen beschränkte, das die eigene Gruppe verbreitete. Insofern war es stark an die jeweilige Gruppe gebunden. Ein weiterer Nachteil bestand darin, dass dadurch, dass das Wissen von einer transzendenten Macht abgeleitet wurde, es eine besondere Mächtigkeit erhielt und wenig Spielraum für eigene Deutungen ließ. Was der Priester, Wakonda, Schamane oder Mönch verkündete, war wahr.

Die Schrift ermöglichte eine ungeheure Verbreitung des Wissens. Es wurde jedem, der lesen konnte, zugänglich und damit war es potenziell jedem möglich, klug zu denken. Rasch bildeten sich jedoch Kreise und Institutionen, die gesellschaftliche Bedeutung des Wissens und damit der Klugheit erkannten. Wie wir gesehen haben, vereinnahmte der Klerus das Wissen für sich. Um seine Macht zu erhalten, erkor er sich zum wichtigsten Wissensverwalter. Erst die Universitäten entrissen den Kirchen das Wissensmonopol. Dort wurden Methoden entwickelt, wie man mit dem Wissen sorgsam umgeht. Statt es zu missbrauchen, um Dogmen zu begründen, wurde es in den Universitäten für Denkoperationen eingesetzt. Wissen wurde debattiert und nicht einfach konserviert. Thesen wurden aufgestellt und neue Schlussfolgerungen gezogen. Wissen diente der Klugheit und wurde nicht zur Legitimation von Dogmen oder Machtansprüchen missbraucht.

Durch das Internet hat sich die Verfügbarkeit des Wissens revolutioniert. Es gibt keinen Klerus, keine Aristokratie und keine Universität, die über das alleinige Verfügungs- und Definitionsrecht über das Wissen verfügt. Wenn wir etwas wissen wollen, dann können wir einfach googeln. Das Internet festigte eine Auffassung von Wissen, die bereits bei der Entwicklung von Lexika eine große Rolle spielte: Man braucht nicht mehr zu lernen, was man auch nachschlagen kann. Es geht nur darum, wie wir es abrufen. Wissensaneignung wurde zu einem technischen Akt. Der Vorteil ist, dass man Wissen in bislang unerreichbaren Dimensionen anzapfen kann. Innert Sekunden können wir Kommentare zu Kants «Kritik der reinen Vernunft» herunterladen oder die Fauna der Kerguellen-Inseln studieren. Alles ist möglich.

Aus der Sicht der Klugheit ist dies jedoch nicht nur ein Vorteil. Es droht die große Beliebigkeit. Um klug zu denken, braucht es *ausgewähltes* Wissen und nicht nur den Blick in die Welt. Ohne Führung und Vorselektion verlieren wir uns in Bibliotheken – ob in realen oder virtuellen. Wenn Wissen nicht durch eine Institution, einen Stand oder eine Zeremonie selektioniert und gewichtet wird, dann passiert das Gegenteil dessen, was man beabsichtigt: Das effektive und wertvolle Wissen geht in einem Berg von Wissensschrott verloren. Banalitäten, Sensationen und Unsinn wird gleich viel Platz eingeräumt wie wertvollen Weisheiten.

Eine intakte und umfassende Bildung ist darum eine Voraussetzung für Klugheit. Kompetenzen, um diese oder jene Frage zu beantworten, genügen nicht. Es braucht ein Grundwissen, um überhaupt die entscheidenden Fragen zu stellen. Wie soll ich die Struktur der Schlösser im Périgord verstehen, wenn ich nichts von den mittelalterlichen Auseinandersetzungen zwischen Fürsten- und Königshäusern weiß? Wissen muss innerlich verfügbar sein. Das eigene Gedächtnis ist die Basis und liefert Material für kluge Denkoperationen und nicht Google oder Wikipedia.

Der kurze geschichtliche Rückblick zeigte nicht zuletzt, wie Wissen zur Zementierung der eigenen Position missbraucht werden kann. Da Kirche und die Aristokratie phasenweise das Wissensmonopol beanspruchten, wurde der Denkraum eingeengt. Statt differenzierten klugen Debatten ging es um Wahrheiten. Vor allem der Klerus beanspruchte das Definitionsrecht der Weisheiten. Ein ähnliches Schicksal droht heute vor allem den Humanwissenschaften. Das Wissen wird verwaltet und für eigene Zwecke eingesetzt.

Kapitel III: Inszenierte Aufregung, hysterischer Tanz oder kollektives Einlullen? Der Einfuss des öffentlichen Diskurses auf das Denken

Gegen eine Dummheit,
die gerade in Mode ist,
kommt keine Klugheit auf.
Theodor Fontane

Klug denken heißt, sich nicht nur auf persönliche Erfahrungen zu verlassen oder die Auffassungen höherer Institutionen blind zu übernehmen. Kluge Menschen verstehen das Wissen ihrer Kultur als Ressource für eigenständige und kritische Gedanken zu nutzen. Wie wir denken, hängt darum auch von den Einbindungen in unsere Gemeinschaft und Zivilisation ab. Demokratische Gesellschaften zeichnen sich durch einen öffentlichen Diskurs aus. Wir hören uns die Geschichten unserer Gemeinschaften an und beteiligen uns an ihren Aufregungen. Man folgt nicht nur den Worten der Schamanen, lässt sich von Zauberern beeinflussen oder glaubt den Kirchenfürsten, sondern am öffentlichen Diskurs darf sich jeder und jede beteiligen. Themen werden über die Medien angestoßen, die wir aufnehmen und weiterspinnen können. Der öffentliche Diskurs präsentiert Themen, über die man nachdenken kann und dank denen die Vergemeinschaftung stattfindet. In demokratischen Gesellschaften studieren wir nicht nur die Verlautbarungen des Hofes, sondern versuchen herauszufinden, was «man» denkt und wohin die Reise geht. Der öffentliche Diskurs beeinflusst unser Denken. Aus diesem Grund muss man seine Mechanismen studieren, um seine Macht auf unser Denken abschätzen zu können.

Die Sonne spiegelte sich im See, eine Gitarre klimperte im Hintergrund und eine Gruppe japanischer Touristen bestaunte die in der Ferne glimmernden Glarner Alpen. Selten wirkte Zürich friedlicher als zu dieser Zeit im Mai 1972. Mein Freund aus New Jersey war beeindruckt. Wir debattierten über Schuhe und Persönlichkeit und verrissen das Konzert der britischen Gruppe *The Troggs*. Meinem amerikanischen Kollegen gefiel unsere Stadt und dank des Wetters herrschte eine mediterrane Atmosphäre. Gut gelaunt kehrten wir in die Wohngemeinschaft zurück – ich mit der stillen Hoffnung, dass mein Mitbewohner schon alle notwendigen Vorbereitungen für das abendliche Essen erledigt hatte und ich es bei ein paar kulinarischen Solidaritätshandlungen belassen konnte. Es kam anders: «Ihr müsst sofort nach New York zurückfliegen! Deine Eltern haben dies ultimativ gefordert!» Erschrocken rief mein Freund bei seinen Eltern an. War seine Schwester verunfallt? Sein Großvater gestorben? «Europa droht in einem Chaos zu versinken! Es ist zu gefährlich!», warnte der Vater seinen Sohn und bot ihm an, den Rückflug zu bezahlen, sodass er schnell zurück in die USA fliegen könne.

Die Stadt Zürich und andere europäische Städte galten und gelten bis heute für Ausländer als relativ sicher. Wir wurden damals mit einem Phänomen konfrontiert, das wir alle inzwischen kennen: Ein Vorfall beherrscht die Medien, erschreckt und löst Ängste aus. Doch: die Auswirkungen stehen in keinem Zusammenhang zur realen Gefahr. Auslöser waren in unserem Fall die Bombenanschläge der Roten Armee Fraktion (RAF) auf US-amerikanische Militäreinrichtungen in Frankfurt, die vier Todesopfer und viele Verletzte forderten.

Bilder der Anschläge wurden auf allen Nachrichtenkanälen in den USA verbreitet und evozierten bei Amerikanern, die in Europa Angehörige hatten, große Ängste. In den Vorstellungen vieler drohte jedem amerikanischen Touristen in Europa das gleiche Schicksal wie den US-Soldaten in Frankfurt. Eine breite öffentliche Debatte war eine der Folgen. Mit meinem Freund aus New Jersey debattierte ich nicht mehr über Schuhe und Musik, die Themen wandelten sich: Wo lauert der nächste Terrorist?

Die Mechanismen des öffentlichen Diskurses

Öffentliche Diskurse basieren auf der Meinungsfreiheit, Artikel 19 der Allgemeinen Erklärung der Menschenrechte der UNO. Weder der Staat, eine Partei noch der Klerus bestimmen, was und wie man denken soll und was man sagen darf. Jeder ist frei, seine Meinung zu äußern.[25] Es werden Themen generiert, die von der Allgemeinheit aufgenommen werden und an deren Diskussion sich alle beteiligen können. Man bespricht Probleme nicht nur in abgeschotteten Kreisen oder in der Familie, sondern es gibt medial vermittelte Anliegen und Ängste. Über Zeitungen, Fernsehen, Radio und Internet erfährt man über Verbrechen, Katastrophen, Unfälle, Promis,

25 Die Meinungsfreiheit wird in den westlichen Staaten verschieden gehandhabt. Während sie in den USA radikaler verstanden wird, kennen europäische Staaten Einschränkungen der Meinungsfreiheit z. B. bei Ehrverletzung, Beleidigungen, Verleumdungen, Jugendschutz, unlauterem Wettbewerb. Parallel dazu hat sich in den 1960er-Jahren im Zuge von Reformer und Bürgerrechtsbewegung der Begriff der «political correctness» entwickelt, der die Sprache auch reglementiert, indem Sprachtabus eingeführt wurden, in den USA z. B. das N-wort. Vgl. Kraft, H. (2004). *Tabu. Magie und soziale Wirklichkeit*. Düsseldorf: Walter.

Erfindungen, Konferenzen, Krankheiten, Literatur und Kunst und über die alltäglichen Auseinandersetzungen in der Politik. Ereignisse und Probleme werden aufgegriffen, Machtspiele entlarvt, Skandale aufgedeckt und Sensationen verbreitet. Wir erfahren von den fürchterlichen Enthauptungen der ISIS bei der Errichtung ihres Kalifats in Syrien, machen uns Sorgen um die Zukunft der Flüchtlinge, die über Ungarn nach Deutschland strömen, regen uns über den Skandal der FIFA oder die Klimaerwärmung auf.

Beim öffentlichen Diskurs geht es nicht nur um Informationsvermittlung, sondern auch um *Debatten.*[26] Die vermittelten Ereignisse werden kommentiert, analysiert und diskutiert. Am Diskurs beteiligen sich Persönlichkeiten des öffentlichen Lebens, Verbandsleiter, Gewerkschaftler, Politiker, Schriftsteller, Intellektuelle, Vertreter von Universitäten und Akademien, Experten, Laien usw. Es wird gemeinsam gedacht. Der öffentliche Diskurs hilft uns, Ereignisse in der Nähe und Ferne zu verstehen und zu beurteilen. Wir werden für neue Themen sensibilisiert und vor unheilvollen Entwicklungen gewarnt: Überalterung, Erderwärmung, Jugendgewalt, Ärztemangel.

Die Frage ist: Wer bestimmt die Themen? Wer sagt, worüber wir nachdenken und worüber wir uns aufregen sollen? Sind es die Nachrichtenagenturen Reuters, AFP und AP?[27] Sind es Redaktionen, die nach Sichtung der Agenturmeldungen und internen Diskussionen als «Gatekeeper» fungieren, entscheiden, was wichtig ist und was als Sensation gilt? Sind es Verleger, die ihre Reporter am Gängelband halten und genaue

26 Der Begriff *Debatte* kommt aus dem Französischen (débattre, [nieder-]schlagen) und bezeichnet ein Streitgespräch, das formalen Regeln folgt und häufig auch zur Vorbereitung von Abstimmungen dient. Eine Diskussion unterliegt dagegen keinen formalen Regelungen. Debatten sind für die Demokratie essenziell und setzen Einstellungs-, Werte- und Meinungsdifferenzen voraus.

27 AFP: Agence Press France, AP: Associated Press.

Vorstellungen hegen, was gedruckt oder gesendet werden darf? Das Presseimperium von Robert Murdoch setze auf Sex and Crime: Nur was in diese Kriterien passt, werde in seinen Zeitungen aufgenommen. Ihm wurde vorgeworfen, er habe die englische Zeitungslandschaft trivialisiert. Vielleicht verläuft die Auswahl aber auch chaotischer, nach dem Motto: Wer am lautesten schreit, am besten manipuliert und intrigiert, schafft es auf die Titelseite? Oder werden wir von Experten gegängelt, die jeden noch so harmlosen Vorfall nutzen, um das eigene Fachwissen zu verbreiten? Werden wir von Prominenten beeinflusst? Wir denken an Afrika, wenn De Bono uns auf die Missstände hinweist, und an die Bedeutung des Friedens, wenn die Miss Schweiz ins Mikrofon haucht, sie setze sich für Weltfrieden ein. Oder: Ist es eine intellektuelle Elite, die uns ihre Themen aufdrängt?

All diese Player und Mechanismen spielen sicher eine Rolle, doch kontrollieren sie den Diskurs? Das Gerede der Menschen untereinander unterliegt anderen Regeln und Dynamiken als eine Schulstunde über den Dreisatz oder die Instruktion vor einer Feuerwehrübung. Da der öffentliche Diskurs durch diverse Mitspieler und viele Faktoren beeinflusst wird, bleibt er unberechenbar. Nicht nur die Themen, auch die Abläufe und Ziele der gemeinsamen Rede sind unbestimmt. Niemand weiß, wer das Thema eigentlich setzt, worüber genau gesprochen werden soll und ob bzw. wie lange es ein Dauerbrenner bleiben wird. Der öffentliche Diskurs ist darum voller Überraschungen. Plötzlich beherrscht ein Thema die Medien und löst Aufregungen, Ängste oder Begeisterungsstürme aus. Alle sind voller Sorge wegen der Strahlenbelastung der Mobiltelefone, fordern den Ausbau des Autobahnnetzes oder das Gegenteil, wollen die Haltung von Pitbulls und gleich aller Kampfhunde verbieten oder Wölfen mehr Freiraum gewähren. Da der öffentliche Diskurs durch eine Vielzahl verschiedener Faktoren und Stimmungen beeinflusst wird, müssen wir ihn als *unabhängige Macht* verstehen.

Die Mechanismen des öffentlichen Diskurses werden verständlicher, wenn wir uns ihm mit *psychologischen* Kategorien nähern. In der Psychologie führt man ein Phänomen nicht nur auf mögliche Verursacher zurück, sondern kehrt den Prozess um: Ein Ereignis will sich durchsetzen und sucht sich Gründe, damit dies möglich wird. Das Ereignis erklärt sich aus einer bestimmten Konstellation heraus und ist nicht Folge vorhergehender Begebenheiten. Wir selber nehmen es oft anders wahr, denken in Kausalitäten. Mögliche Gründe werden aber meistens nachgeliefert und dienen dazu, das Ereignis zu verstehen. In Wirklichkeit ist jedoch das Ziel der Grund. Diesem Mechanismus sind wir im Alltag immer wieder ausgeliefert: Wir reklamieren in einem Restaurant, weil der Wirt die Calamares auf dem Vorspeisenteller vergessen hat, tatsächlich wollen wir nur einen türkischen Kollegen beeindrucken oder der Tischrunde beweisen, dass wir uns durchsetzen können.

Um die Mechanismen des öffentlichen Diskurses zu verstehen, müssen wir darum auch seine *Auswirkungen* miteinbeziehen. Es geht nicht nur um die effiziente Verbreitung von Informationen und Meinungen. In demokratischen Gesellschaften erfüllt er u. a. eine *Zeigefingerfunktion*. Er will Empörungsstürme provozieren, um die Aufmerksamkeit der Öffentlichkeit auf ein bestimmtes Verhalten oder Ereignis zu lenken. Nicht die Informationsvermittlung ist das Ziel, sondern die Emotionalisierung der Gemeinschaft oder Gesellschaft. Welches Thema ausgewählt wird, wissen wir nicht im voraus. In demokratischen Gesellschaften weiß niemand, was als Nächstes kommt. Diese Unberechenbarkeit macht den öffentlichen Diskurs mächtig. Er hält Politiker, Wirtschaftsexponenten und die Prominenz auf Trab. Wegen eines Journalisten, Meinungsumschwungs oder Twitterbeiträgen gerät man ins Visier des öffentlichen Diskurses, wird an einem Tag in den Himmel hinauf gehoben, um am nächsten Tag einen *Shitstorm* erleben zu müssen. Oft sind scheinbare Bagatellen die Auslöser: Einem Politiker wird finanzielle Unregelmäßigkeit vorgeworfen, weil er eine Vorhangstange auf Staatskosten kaufte oder eine Reinigungskraft nicht beim Arbeitsamt meldete. Einer anderen öffentlichen Person wird eine Affäre angedichtet oder ihre Steueroptimierung wird als Betrug bezeichnet. Je nach Laune gebärdet sich der öffentliche Diskurs als Moralapostel, als Aufklärer oder wird zur Dreckschleuder.

Wegen dieser Kontrollfunktion wird der öffentliche Diskurs von Machtträgern gefürchtet. Dies ist nicht erst seit Watergate der Fall, als ein Bericht der *Washington Post* den Rücktritt des Präsidenten zur Folge hatte. Bereits der Krimkrieg im 19. Jahrhundert wurde nicht zuletzt wegen der Berichterstattung diverser Zeitungen und der bissigen Karikaturen in der Satirezeitung *Punch* beendet. Die Zeitungen druckten nicht nur die gefälligen Communiqués der Militärführung ab, sondern auch Berichte von Soldaten, die über Kälte, Hunger und die Inkompetenz von Offizieren klagten. Die Berichte des englischen Orientalisten und Journalisten Thomas Chenery (1826–1884) in der *Times* über die fürchterlichen Zustände in den Spitälern wie auch die schummrigen Bilder vom Valley of Death in der Londoner *Illustrated News* lösten Empörung aus.[28] Es war das erste Mal, dass ein öffentlicher Diskurs direkt die Politik beeinflusste.

Der öffentliche Diskurs ist häufig Gegenspieler der effektiven oder selbst ernannten Elite und Machtträger. Sie können nicht mehr ganz unentdeckt ihre Projekte realisieren, Intrigen spinnen und Abmachungen treffen, sondern werden kritisch beobachtet. Aus diesem Grund ist es in demokratischen

28 Orlando, F. (2011). *Crimea*. London: Penguin, S. 305–311.

Gesellschaften wichtig, in der Gunst der Öffentlichkeit zu stehen und seinen Ruf nicht zu ruinieren. Verurteilungen durch die Medien können nicht rückgängig gemacht werden, auch wenn sich die Vorwürfe als unhaltbar herausstellen. Im Zeitalter der Elektronik verschwinden auch negative Schlagzeilen nicht, sondern sind jederzeit abrufbar.

Welche Themen schaffen es auf die Titelseite?

«Polizeieinsatz bei der Räumung des Gezi-Parks in Istanbul,» «Entrüstungssturm in Bulgarien bei der Wahl Deljan Pejewskis zum Minister», «Algenplage in den Binnengewässern Londons», «Singvögel vom Hagel bedroht». Handelt es sich bei den Nachrichten, die uns die Tagesschau präsentiert oder die wir in der *Neuen Zürcher Zeitung*, der *Frankfurter Allgemeinen Zeitung* oder im *Zollikerboten* lesen, auch wirklich um *relevante* Ereignisse? Ist all das, was kommuniziert, kommentiert, reklamiert und debattiert wird, von gesellschaftlicher Bedeutung? In der Regel gehen wir davon aus, dass die Nachrichten stimmen oder dass zumindest etwas Wahres dran ist, denn sonst würden sie nicht diskutiert und bei uns Empörung, Erstaunen oder Bewunderung auslösen! Wir glauben, dass die Medien das Geschehen der Welt spiegeln und vergessen, dass sie auch durch eigene Regeln und Dynamiken geprägt werden. Es handelt sich um eine Zwischenwelt. Einzelne Geschehnisse werden objektiv widergespiegelt, andere schummrig oder völlig verzerrt dargestellt, manche gar nicht vermittelt. Bevor Informationen im öffentlichen Diskurs aufgenommen werden und uns erreichen, müssen verschiedene Hürden überwunden werden.

Die erste Hürde betrifft die Möglichkeiten der Medienschaffenden. Aus einer unendlichen Masse von Informationen können sie nur einen ganz kleinen Teil berücksichtigen. Ein großer Teil der Agenturmeldungen erreicht die Öffentlichkeit nicht. Bei der Selektion unterliegen Journalisten oft dem Phänomen des Groupthink (Gruppendenkens):[29] Man folgt dem Herdentrieb des eigenen Standes und konzentriert sich auf die Ereignisse, auf die bereits Hunderte von Kollegen ein Auge geworfen haben. Es kommt zu einer unbewussten Angleichung. Vergleicht man die Zeitungen eines bestimmten Tages, dann sind die Ähnlichkeiten der Berichte frappierend. Oft werden die gleichen Kernwörter gebraucht und identische Haltungen eingenommen.

Eine weitere Hürde ist der Ort, wo etwas geschieht. Die Meldungen der Agenturen und Journalisten stammen aus einem kleinen Teil unseres Planeten. Viele Länder, Städte und Täler werden von den Journalisten nicht in den Blick genommen. Es handelt sich dabei nicht nur um unbewohnte Einöden wie die französische Clipperton-Insel vor der Küste Mexikos, auf der seit der Ermordung eines polygamen Schiffbrüchigen durch seine Frauen wirklich nicht viel passiert ist, oder Baffin Island in der Nähe Grönlands, auf der vor allem die Kälte und einige Eisbären regieren. Es gibt ganze Weltregionen, in denen es zu Verbrechen, Genoziden und Katastrophen kommt, ohne dass Fernsehkameras oder Reporter mit Laptops präsent sind. Wir wissen deshalb nichts oder nur wenig über die schrecklichen Konzentrationslager in Nordkorea, die Schlächtereien im

29 Der Sozialpsychologe Irving Janis hat sich 1971 mit der Frage beschäftigt, wie Entscheidungsprozesse in Gruppen getroffen werden und analysierte in diesem Zusammenhang Entscheidungen, die zu politischen Fiaskos führten, wie z.B. 1961 die Invasion in der Schweinebucht. Mit dem Begriff Groupthink beschrieb er das Phänomen, dass von Gruppen getroffene Entscheidungen viel riskanter und gefährlicher sein können, als wenn ein Einzelner eine Entscheidung trifft. Als Charakteristika dieses Prozesses nennt Janis die Illusion der Unverletzlichkeit der Gruppe, ein nicht kritisch hinterfragter Glaube an die Moralität der Gruppe sowie den Konformitätsdruck innerhalb der Gruppe, d.h. Gruppenmitglieder trauen sich nicht, eine dem Gruppendenken konträre Ansicht zu vertreten, was zu einer Vereinheitlichung des Denkens führe. Siehe dazu: Janis, I.L. (1971). Groupthink. Psychology Today, Nov., S 43–46.

algerischen Bürgerkrieg, das brutale Treiben des Diktators Mbasogo in Äquatorial Guinea, der seine eigenen Familienmitglieder umbringen ließ, oder des kasachischen Präsidenten Nazarbayev, der seine politischen Gegner beseitigt. In große Gebiete Kongos, Somalias, Indiens, Chinas, Afghanistans oder Jemens wagt sich kaum ein Journalist vor. Vom syrischen Bürgerkrieg dringen wenige Bilder zu uns. Ohne Berichterstatter vor Ort gibt es keine Medienberichte. Stattdessen ereifern wir uns über die brutalen Polizeieinsätze in Istanbul oder Stockholm oder den Wasserklau durch Schweizer Armeehelikopter im französischen Jura. Die Themen des öffentlichen Diskurses spiegeln nicht die «ganze» Realität wider, sondern nur eine Auswahl. Ohne dramatische Bilder oder engagierte Reporter schaffen es viele Themen nicht auf die Titelseiten und werden damit auch nicht zu einem Teil des öffentlichen Diskurses.

Eine weitere Selektionshürde sind wir selbst. Auch wenn uns die Nachrichten vernachlässigter Weltregionen erreichen würden, ist nicht sicher, ob wir sie wahrnähmen. Wir haben die Tendenz, nur das zu sehen und zu hören, was uns vertraut ist. Sind wir mit vielen Informationen konfrontiert, dann konzentrieren wir uns auf die Ereignisse, die in unser persönliches Beuteschema passen. Wir möchten unsere aktuellen Themen und Ängste bestätigen. Neues und Unbekanntes hat es schwerer, uns zu erreichen. Sorgen wir uns um die globale Erwärmung, nehmen wir die Nachricht von schmelzenden Gletschern in Grönland wahr oder von den Eisbären, die auf Eisschollen vor Labrador herumdriften und elendig verenden, und diskutieren über den Hitzerekord des Monats Juli im Jahre 2015. Wir sehen, hören und diskutieren, was wir bereits wissen.[30] Wir fallen

30 Chabris, Ch. & Simons, D. (2011). *The Invisible Gorilla*. London: Harper.

einem *confirmation bias*[31] anheim, einer verzerrenden Wahrnehmung, die nur nach bestätigenden Informationen sucht. Die Gefahr ist, dass wir bedeutendere Ereignisse übersehen oder überhören. So war die Oktoberrevolution in Sankt Petersburg 1917 den damaligen Zeitungen nicht einmal eine Randnotiz wert.

Hysterien oder Aufklärung?

Informationsvermittlung, Kontrolle, Warnung, Aufklärung sind Aufgaben, die wir dem öffentlichen Diskurs zuschreiben. Erfüllt er eine dieser Aufgaben nicht, reagieren wir mit Befremden. Wieso wurden wir nicht vor der Bankenkrise gewarnt? Warum stellt sich erst kurz vor der Bundesratswahl heraus, dass der Kandidat einer Partei ein Erbschleicher ist?[32] Warum entpuppte sich das Waldsterben als Chimäre und die Vogelgrippe als banale Grippeepidemie?

Der öffentliche Diskurs hat jedoch noch eine andere Aufgabe: Er liefert Material und Hintergrundszenarien, damit wir unser Dasein, uns selbst und unsere Mitmenschen ertragen und verstehen. Der öffentliche Diskurs hat die Rolle des Erzählers übernommen, wie es früher der Schamane oder Dorfweise tat. Wie und was wir denken, hängt von unserem Beeinflus-

---

31 Der sogenannte *Confirmation Bias* (Bestätigungsfehler) bezieht sich auf die Neigung, die Informationen zu beachten, die die eigenen Erwartungen bestätigen und nicht widerlegen. Der englische Denkpsychologe Peter Wason (1924–2003) hat dieses Phänomen als Erster beschrieben. Siehe z. B. Wason, P. C. (1960). On the failure to eliminate hypotheses in a conceptual task. *Quarterly Journal of Experimental Psychology*, 12, 129–140.

32 Dem Bundesrat-Kandidaten und Nationalrat Bruno Zuppiger wurden in der *Weltwoche* im Dezember 2011 Unregelmäßigkeiten bei der Verwaltung der Erbschaft einer früheren Mitarbeiterin vorgeworfen. Er soll rund 240 000 Franken veruntreut und u. a. zur Bezahlung von Rechnungen seines Unternehmens verwendet haben. Zuppiger musste aufgrund dieses Skandals seine Kandidatur zurückziehen.

sungsgrad durch den öffentlichen Diskurs ab. Glauben wir, was wir hören und sehen? Wie gewichten wir die Themen und Aussagen, die wir vernehmen? Sind wir fähig, die Informationsflut zu verdauen und scheinbare Tatsachen zu hinterfragen? Lassen wir uns hysterisieren? Reagieren wir mit Gelassenheit oder moralischer Empörung auf Skandale? Mit Emotionen, wo Denken angesagt wäre? Beeinträchtigt der öffentliche Diskurs unsere Klugheit oder schärft er unser Denken? Um den roten Faden des öffentlichen Diskurses mit Klugheit zu verstehen müssen wir über ihren Einfluss auf unsere Psyche nachdenken.

Projektionsfläche für latente Ängste

Gemeinschaften brauchen Geschichten. Sie transportieren Informationen, wecken Emotionen, sensibilisieren. Geschichten sind jedoch auch eine Möglichkeit, Ängste zu platzieren. Angst ist nicht nur eine Reaktion auf eine reale Gefahr, sondern wir bauen auch eigens Szenarien auf, die uns Angst einflößen, damit wir mit latenten Ängsten besser umgehen können. Existenzielle Ängste wie die Angst vor dem Tod, vor einer Krankheit, einem Überfall, einer persönlichen Katastrophe brauchen ein Ventil. Eine Aufgabe des öffentlichen Diskurses ist darum, in periodischen Abständen für diese Ängste Begründungen oder gute Geschichten zu liefern.[33] Es gibt viele Möglichkeiten: Atomare Katastrophen werden ausgemalt, vor den Auswirkungen der Vogelgrippe oder der Überfremdung wird gewarnt. Entsprechende Informationen werden frisiert, damit sie Ängste auslösen.

---

33 Siehe Giegerich, W (1988). *Die Atombombe als seelische Wirklichkeit*. Zürich: Raben-Reihe (heute Edition-IKM), S. 122–184.

Reale oder vermeintliche Gefahren werden deshalb nicht nur nach dem Schweregrad oder der Eintrittswahrscheinlichkeit eingeschätzt, sondern auch nach ihrem *Inszenierungspotenzial.* Ein Flugzeugunglück mit eindrücklichen Bildern hat ein größeres Schockpotenzial und wirkt weitaus dramatischer als ein Autounfall.[34] Die Vorstellung, dass ein bösartiger Virus in unser Land eindringen und Tausende von Menschen niederstrecken könnte, oder dass wir Opfer einer Atomkatastrophe werden, versetzt uns in Alarmbereitschaft und nicht etwa eine nüchterne Statistik der Verkehrsopfer in Deutschland. Unsere Ängste können besser projiziert und ausgelebt werden, wenn uns ein dramatisches Ereignis mit vielen Betroffenen präsentiert wird.

Die Verbreitung von schrecklichen Informationen hat auch den Zweck, *Besänftigungshandlungen* auszulösen. Wir machen etwas, um uns zu beruhigen. Wir demonstrieren gegen die Klimaerwärmung oder rassistische Übergriffe auf Flüchtlinge. Wir können die Angst mit unseren Mitmenschen teilen. Besänftigungshandlungen geschehen auch auf individueller Ebene. Wir eilen in die Apotheken oder zum Arzt, um uns vor einer Grippe zu schützen, oder annullieren einen Flug nach Ägypten. Der öffentliche Diskurs hat uns sensibilisiert und Handlungen evoziert, mit denen wir uns mit unseren existenziellen Ängsten auseinandersetzen und sie vielleicht sogar bewältigen können. Der Diskurs wirkt als Therapeutikum. Es ist schwierig, Angstmacherei und Hysterie von realen Gefahren

34 Für die subjektive Risikobewertung scheint es einen großen Unterschied zu machen, ob 100 Menschen zur gleichen Zeit sterben (z. B. bei einem Flugzeugabsturz) oder ob 100 Menschen zu verschiedenen Zeitpunkten sterben (z. B. bei Autounfällen). Vgl. auch Jungermann, H., Pfister, H.-R. & Fischer, K. (2005). Die Psychologie der Entscheidung (2. Aufl.). Heidelberg: Spektrum Akademischer Verlag/Springer.

zu unterschieden. Oft entpuppen sich Kampagnen als heiße Luft, während tatsächliche Gefahren übersehen oder unterschätzt werden. Kann sich noch jemand an den massenhaften Einkauf von Impfstoff bei der Vogelgrippe erinnern?

Empörungswellen als gesellschaftliche Notwendigkeit

Anders als wir denken geht es beim öffentlichen Diskurs nicht nur um Inhalte, sondern auch um die *Reaktionen*, die diese auslösen. Wenn wir auf den Inhalt fokussiert sind, ist die Wahrscheinlichkeit groß, dass wir nicht realisieren, dass die Sachinformation auch ein Mittel dafür ist, das Bedürfnis nach Entrüstung zu befriedigen. Damit dies funktioniert, müssen Themen eingebracht werden, die Emotionen wecken. Die Masse will ein öffentliches Psychodrama, an dem man sich lustvoll beteiligen kann, und nicht einen rationalen Diskurs, wie es dem Philosophen Jürgen Habermas vorschwebt.[35] Die Empörung dient verschiedenen Zwecken. Eine Aufgabe ist die Erhaltung der *Kohärenz*. Gemeinschaften drohen auseinanderzubrechen, wenn sie lange in einem Zustand ruhevoller Besonnenheit verharren. Das Zusammengehörigkeitsgefühl von Menschen wird gestärkt, wenn man sich wieder mal tüchtig über etwas aufregen darf. Von Zeit zu Zeit müssen darum die Fetzen fliegen, Emotionen hochkochen und an geeigneten Objekten abgehandelt werden. Man ärgert sich über steigende Krankenkassenprämien, empört sich über das fahrlässige Verhalten des Kapitäns Francesco Schettinos, der die Costa Concordia 2012 vor der Insel Giglio auf einen Felsen aufschlagen ließ, oder über die Machenschaften der FIFA. Der öffentliche Diskurs präsentiert Themen, die uns in Aufregung versetzen.

---

35 Habermas, J. (1972). *Wahrheitstheorien*. In: *Vorstudien und Ergänzungen zur Theorie des kommunikativen Handelns*. Frankfurt a. M.: Fischer, S. 127–186.

Damit Gemeinschaften sich wirklich aufregen, muss jedoch hie und da härteres Geschütz ausgefahren werden. Informationen genügen oft nicht, ein Skandal muss her! Nur wenn wir vor einem Zeitungsstand wegen einer Schlagzeile innehalten, der Atem während der Tagesschau stockt oder wir mit unseren Arbeitskollegen über ein Ereignis reden, ist das Ziel erreicht. Emotionen sind das Schmieröl menschlicher Gemeinschaften.[36] Dank eines Skandals ist kollektive Empörung erlaubt und kann abreagiert werden. Menschen finden durch heftige Gefühlsaufwallungen zusammen.

Unsere Freude an Skandalen

Darüber hinaus können über Skandale die Schattenseiten des menschlichen Daseins ausagiert werden. Wir alle haben Neidgefühle, können eifersüchtig sein, haben sexuelle Fantasien, sind von Gier getrieben oder kämpfen mit Rachegelüsten. Solche Empfindungen gestehen wir uns jedoch nicht ein. Wir lassen sie nicht zu, da sie im Widerspruch zu unserem Selbstbild stehen. Wir versuchen gut zu sein und verdrängen Eigenschaften, die zwar menschlich, aber unerwünscht sind. Skandale bringen diese zum Vorschein. Statt über uns selbst nachzudenken, regen wir uns über das finstere Treiben anderer Menschen auf. Wir können uns dann mit unseren Mitmenschen im Kampf gegen diese unheimlichen Seiten verbünden und uns gleichzeitig selbst beweisen, dass wir eben nicht so sind. Der öffentliche Diskurs präsentiert Skandale, damit wir uns als verschworene Gemeinschaft im Kampf gegen das Dunkel erleben können.[37] Die Empörung verhindert die öffentliche

36 In diesem Zusammenhang ist 2010 ein wichtiges Buch von Stéphane Hessel mit dem Titel «Empört Euch» (Originaltitel: Indignez-vous!) erschienen.

37 Dies hat sich im Laufe der letzten Jahrzehnte möglicherweise verstärkt entwickelt, nicht zuletzt durch das Internet und die unzähligen Seiten zu Skandalen

Akzeptanz des unbotmäßigen Verhaltens und fungiert so als Signal: «Schau, das passiert, wenn man sich so benimmt!» Wie in Beziehungen können Streitigkeiten und Konflikte auch verbinden.[38]

Diesen Mechanismus beobachtet man auch in kleinen Gemeinschaften. Eine Gemeinde in Graubünden wurde alle paar Jahre von einem Skandal erschüttert. Einmal hatte ein Mitglied des Gesangsvereins die Vereinskasse gestohlen und damit seine Schreinerei gerettet, drei Jahre später ließ sich der Pfarrer einen Missbrauch mit einem Konfirmanden zuschulden kommen und wieder vier Jahre später gab es einen Skandal im Fußballklub. Die Skandale regten die Menschen auf, doch gleichzeitig blieb so die Verbundenheit mit ihrem Wohnort erhalten. Die periodischen Aufregungen banden die Bürger an ihren Ort.

Skandale dienen auch der Selbstvergewisserung: Ist die Gemeinschaft noch fähig, Gegenkräfte zu mobilisieren, oder verharrt sie in einem sklerotischen Zustand? Gibt es Menschen, die es wagen, sich den kontroversen Themen zu stellen oder gar eine dem Mainstream entgegenlaufende Meinung zu artikulieren? Skandale können Gesellschaften zu einem Vitalitätsschub verhelfen. Die Aufregung mündet in einer größeren inneren Kohärenz. Man rückt zusammen und hat außerdem das Gefühl, mitten im Geschehen zu stehen. In einer völlig friedlichen und perfekt geregelten Gemeinschaft zu leben wäre unerträglich und wir hätten ein Gefühl der Sinnlosigkeit.

Interessant ist, dass es den sogenannten *Gated Communities* in den Vereinigten Staaten nicht anders ergeht. In diesen

---

von Menschen des öffentlichen Lebens, die auch oft die Privatsphäre der Betroffenen massiv verletzen.

38 Siehe Guggenbühl, A. (2002). *Hast du Lust auf einen Streit*. Freiburg: Herder. Oder info@ikm.ch.

durch Mauern von anderen Wohnquartieren oder Städten abgegrenzten Wohnquartieren will man unter Seinesgleichen sein und sich vor vermeintlich gefährlichen oder verdächtigen Menschen abschotten. Es herrschen strenge Regeln, was den Zutritt, das Parkieren der Autos, die Sauberkeit und das gemeinsame Leben betrifft. Jeder Bewohner verpflichtet sich, die Gesetze der Community zu befolgen und sich «anständig» zu verhalten. Man träumt von einem ruhigen, geordneten und vor allem sicheren Leben. Tatsächlich ist dort die Zahl der Einbrüche geringer als der Durchschnitt in den USA. Interessanterweise produzieren jedoch auch diese speziellen Communities ihre Aufregungen: Gewalt in Partnerschaften ist ein großes Thema und man ärgert sich über Jugendliche, die die Idylle durch sinnlosen Vandalismus und Drogen zerstören.[39] Die Vorstellung, man könne Irritationen und Aufregungen ein für alle Mal verbannen, erweist sich als Illusion. Auch Gated Communities brauchen Skandale.

Gesellschaftliches Palaver als kollektives Kraulen

Majestätisch blickt er in die Ferne. Hinter ihm sitzt sein kleinerer Kollege und inspiziert sorgfältig den Rücken seines großen Kompagnons. Hier und dort kratzt er und pickt kleine Dreckpartikel aus dem Fell. Neben den beiden tummeln sich fröhlich zwei Halbstarke am Boden. Zwischendurch hört man ein Grunzen oder Schnurren. Diese Schimpansen machen nicht den Eindruck, unter Stress zu stehen. Sie scheinen den sonnigen Tag zu genießen und froh zu sein, nicht jagen oder eine Nuss knacken zu müssen. Die kleine Szene aus einem

39 Addington, L.A. & Rennison, C.M. (2013). Keeping the Barbarians Outside the Gate? Comparing Burglary Victimization in Gated and Non-Gated Communities. *Justice Quarterly*, 1, S. 168–192.

Film über das Leben der Schimpansen erinnert an *dolce far niente*, an das süße Nichtstun. Lange Zeit beachtete man in der Forschung diese Verhaltensweisen nicht und konzentrierte sich bei der Beobachtung der Affen auf konstruktive Tätigkeiten. Herumhängen gehörte nicht dazu. Die Zeit des gegenseitigen Kraulens wurde als unbedeutend gesehen. Diese Haltung änderte sich, als man realisierte, dass auch das Kraulen eine wichtige soziale Funktion erfüllt. Wenn Schimpansen genügend Zeit haben, sich gegenseitig anzuschnurren, den Rücken zu kratzen, zu lausen und sich herumzutummeln, sinken die internen Spannungen und es kommt zu weniger Mobbing.[40] Die Kraulzeit ist für den Zusammenhalt ihrer Gemeinschaft wichtig.

Auch Menschen kraulen sich. Das gegenseitige Kraulen wurde jedoch durch die Sprache abgelöst bzw. erweitert. Statt uns zu schubsen und zu lausen, tauschen wir strukturierte und identifizierbare Geräusche aus. Die Aufregungen und das Palaver, die durch die öffentlichen Diskurse ausgelöst werden, lassen sich darum auch als kollektives Kraulen verstehen. Die Ohren, die Schalldruckwellen wahrnehmen, haben sich ja bekanntlich aus dem Tastsinn heraus entwickelt.[41] Statt uns herumzutummeln, tauschen wir Töne und Geräusche aus, durch die wir Freund von Feind unterscheiden und eine gemeinsame, verbindende Wirklichkeit schaffen. Die Sprache ist eine hoch entwickelte Ton- und Klangabfolge zur Diskriminierung von Inhalten und dient der Kommunikation. Es wird geredet, debattiert, attackiert, gelobt und reflektiert, weil wir uns periodisch auf eine gemeinsame tonale Wirklichkeit einstimmen wollen. In der Sprache der Psychologie der 1970er-

40 Dunbar, R. (1996). *Grooming, Gossip and the Evolution of Language*. Cambridge: Harvard University Press.

41 Ditfurth v., H. (1976). *Der Geist fiel nicht vom Himmel – Die Evolution unseres Bewußtseins*. Hamburg: Hoffmann und Campe.

Jahre hieß das: Wir können uns «spüren». Durch den Austausch von Tönen veranstalten wir ein gigantisches gegenseitiges Kraulen, weil wir uns als Gemeinschaft erleben und den Zusammenhalt stärken wollen.

Entlastung von eigenem Fehlverhalten

Der öffentliche Diskurs prangert Fehlverhalten an und wir entsetzen uns darüber. «Heute habe ich einen Mann beobachtet, der einer Frau das Portemonnaie aus ihrer Handtasche gestohlen hat!», empört sich eine Frau und findet das Verhalten des Mannes absolut verwerflich. Wenn es um eigenes Fehlverhalten geht, setzen wir aber zuweilen ganz andere Maßstäbe und rechtfertigen amoralische Handlungen durch Selbstabsolutionen: «Heute habe ich kein Biofleisch gekauft. Eigentlich bin ich gegen Massentierhaltung, doch die Preise für Fleisch sind einfach zu teuer! Das liegt an den Managerlöhnen!» «Heute bin ich schwarzgefahren, denn ich hatte meine Tageskarte verloren und wollte nicht doppelt zahlen.» «Ich wollte nicht fremdgehen, Treue ist für mich ganz wichtig. Aber an diesem Abend habe ich mich so einsam gefühlt und außerdem war ich auch leicht angetrunken!» Wir handeln oft gegen unsere innere Moral, entlasten uns jedoch mit einer probaten Erklärung, um uns aus der Verantwortung zu stehlen.[42]

Die Inszenierung moralischer Debatten

Eine Gesellschaft ohne Moral ist weder vorstellbar noch wünschenswert. Der öffentliche Diskurs beschreibt nicht nur, was wir tun und treiben, sondern definiert auch, wie wir uns ver-

42 Livingstone-Smith, D. (2004). *Why We Lie. The Evolutinary Roots of Deception and the Unconscious Mind.* New York: St. Martin's Press.

halten sollen,[43] inszeniert moralische Diskussionen. Man schlägt Kinder nicht, trägt Sorge zur Natur und sagt die Wahrheit. Manchmal waltet der öffentliche Diskurs aber auch wie ein Gerichtshof und identifiziert Sündenböcke, Opfer und Bösewichte. So wurde Daniel Vasella, dem ehemaligen CEO der Novartis, die Teilschuld an der Annahme der Abzockerinitiative untergeschoben. Herrnstein und Murray, die Verfasser des Buches «The Bell Curve»[44] wurden des Rassismus bezichtigt, weil sie erwähnten, dass Schwarze in bestimmten Intelligenztests schlechter abschneiden. Im *Time Magazine*, im *Harper's* und im *The New Republican* wurden sie als Pseudowissenschaftler und Rassisten beschimpft, obwohl sie an keiner Stelle die Rasse in Zusammenhang mit Intelligenz setzten, sondern die Ursachen offen ließen und den Intelligenzbegriff an sich zur Diskussion stellen wollten.[45]

Obwohl Vorfälle noch gar nicht richtig geklärt sind, kommt es deshalb immer wieder zu Vorverurteilungen, die für die betreffenden Personen fatale Folgen haben. Die Reputation, oft auch das Privatleben und die Karriere werden zerstört. Ein Beispiel: Ein Lehrer saß abends alleine im Büro seiner Schule und korrigierte Arbeiten. Zwischendurch surfte er auf seinem privaten Laptop gedankenlos im Internet und klickte eine Partnervermittlungsseite an, auf der das Bild einer spärlich bekleideten Frau in lasziver Pose erschien. Zwei Schüler standen vor dem Fenster des Büros und beobachteten ihn dabei. Sofort fotografierten sie die Szene mit ihrem Handy und verbreiteten sie über WhatsApp in der Klasse. Der Vorfall blieb nicht geheim. Eine Mutter entdeckte das Bild auf dem Handy

---

43 Diese Orientierungsfunktion kann der Kluge dann im Sinne der Selbstorientierung nutzen. Siehe zum Thema Klugheit als Selbstorientierung: Luckner, A. (2005). *Klugheit*. Berlin: Walter de Gruyter.

44 Herrnstein, J. Richard & Murray, Ch. (1994). *The Bell Curve: Intelligence and Class Structure in American Life*. New York: Free Press.

45 Siehe Sowell, Th. (2013). *Intellectuals and Race*. New York: Basic Books, S. 82–84.

ihrer Tochter und löste Alarm aus. Die Eltern der Schüler versammelten sich und empörten sich über das Verhalten des Lehrers. Aussprachen und Elternabende beruhigten die Lage nicht. Der Lehrer wurde im Dorf als «Porno-Lehrer» bezeichnet. Das Fernsehen witterte eine Story und berichtete von dem Vorfall. Schulleitung und Schulpflege gerieten unter Druck und mussten Maßnahmen ergreifen. Eine Anzeige wurde erstattet, der private Computer des Lehrers wurde von der Polizei konfisziert und die Mädchen begannen, sich an schlüpfrige Sprüche des Lehrers zu erinnern. Der Pädagoge wurde entlassen. Einige Monate später stellte sich nach der juristischen Klärung heraus, dass die Bilder harmlos waren und der Lehrer nichts Pornografisches auf seinem Computer heruntergeladen hatte. Im öffentlichen Diskurs war der Fall jedoch bereits abgeschlossen. Niemand interessierte sich mehr für ihn. An eine Wiedereinstellung im Schuldienst war nicht zu denken. Der Lehrer war das Opfer eines fehlgeleiteten öffentlichen Diskurses, einer modernen Hexenjagd geworden. Es ging nicht um die seriöse Untersuchung eines Tatbestandes, sondern um eine kollektive Verurteilung.[46] Ein Opfer musste her.

Der öffentliche Diskurs kennt keine Gnade und nimmt wenig Rücksicht auf einzelne Personen. Wenn ein Sündenbock gefunden wurde, kann dies eine Dynamik auslösen, der sich die Beteiligten nicht entziehen können.[47] Beim obigen Beispiel lässt sich folgende Dynamik vermuten: Wegen der medialen Präsenz des Themas sexueller Missbrauch mutierte der Vorfall zu einem zwingenden Verdacht und öffnete Tür und Tor für Fantasien jeglicher Couleur. Die Eltern stellten sich vor, wie sich der Lehrer an ihre Töchter heranmacht und

46 Guggenbühl, A. (2013). Die Gerichtshöfe der Moral. *Weltwoche*, Nr. 29, 18.7.2013, S. 26–27.

47 Girard, R. (2010). *Gewalt und Religion*. Berlin: Matthes & Seitz.

sie belästigt. Man musste reagieren, da es nun um den Schutz der Kinder ging. Nicht reflektiert wurde, inwiefern der Lehrer stellvertretend für eigene verdrängte Fantasien stand. Und dies führte dazu, dass jede noch so kleine Geste als Übergriff wahrgenommen wurde. Der Lehrer musste geopfert werden, um die unbewussten Fantasien abzuwehren. Reflexionen dieser Art übersteigen in der Regel den Denkhorizont des öffentlichen Diskurses. Kaum jemand wagt es, bei erhitzten Debatten auf eigene Fantasien und Triebe hinzuweisen. Man mimt lieber den Moralapostel.

Bei der Skandalisierung des Verhaltens eines Mitmenschen gibt es einen wichtigen Grundsatz: Das Selbstbild der Angehörigen des Mainstreams darf nicht infrage gestellt werden! Moralische Empörung ist wichtig, doch sie muss an Einzelpersonen oder Institutionen ausagiert werden. Ist die Kritik zu harsch und vor allem selbstentlarvend, dann reagieren wir mit Abwehr. Die Kritik wird ignoriert, ins Lächerliche gezogen oder relativiert. Die erklärten Haltungen einer Gemeinschaft dürfen nicht *grundsätzlich* hinterfragt werden.

Wirklich kritische Themen eignen sich darum schlecht für ein Debattenthema oder einen Skandal. Dass europäische Staaten sich verantwortungslos auf Kosten der nächsten Generation verschulden und es schon vor der griechischen Schuldkrise einige Staaten gab, die aufgrund von Schulden ihre Unabhängigkeit verloren,[48] nehmen wir allenfalls zur Kennt-

48 Der Versuch, in Panama eine Kolonie zu gründen, führte Schottland Ende des 17. Jahrhunderts in eine finanzielle Katastrophe. England übernahm die Schulden von 398000 Pfund unter der Bedingung, dass das schottische Parlament aufgelöst wird. Siehe Devine, T.M. (1999). *The Scottish Nation*. London: Allen Lane Penguin. Auch das Osmanische Reich ging u.a. wegen seiner immensen Schulden bei den Franzosen und Briten zugrunde. 1874 mussten 60% der Einnahmen des Osmanischen Reiches für Schuldzinsen verwendet werden. Siehe Wheatcroft, A. (1993). *The Ottomans Dissolving Images*. London: Viking, S. 191.

nis, doch Skandalpotenzial hat das Thema nicht.[49] Gilt man im öffentlichen Diskurs als «Nestbeschmutzer», wenn man den entsprechenden Hinweis macht?

Diese Doppelmoral zeigt sich z.B. auch bei der Energiedebatte: Wir sind gegen Atomkraftwerke, fordern umweltschonende Alternativenergie und kritisieren den Wachstumsglauben. Gleichzeitig verbrauchen wir jedoch Jahr für Jahr mehr Strom, kaufen leistungsfähigere Computer, Farbfernseher mit Breitbildschirm, opponieren gegen Windräder und rüsten die Ferienwohnung in den Agaven mit Airconditioning aus. Und möchte man wissen, wie viel Bürger den günstigsten Stromanbieter wählen, obwohl sie gegen Atomstrom sind? Oder: Wie sieht es mit dem Kauf von billigen Klamotten nach den Katastrophen in den Textilwerken von Bangladesch aus? Mündet das proklamierte Umdenken in entsprechendes Handeln? Kritische Stimmen werden vernommen, doch sie lösen keine Empörungswelle aus wie beim Beispiel des Lehrers. Man erkennt an diesen Beispielen, dass der Diskurs droht, zur Scheindebatte zu werden.

Das Festhalten an der Idee des Wirtschaftswachstums wird heftig kritisiert. Banken und Firmen wirft man Gewinnmaximierung vor. Privat lieben wir jedoch den Fortschritt und streben nach materiellem Wachstum. Wir fordern Verzicht, doch nicht bei uns selbst. Oder: Wir sind besorgt über die Armut in Afrika, doch gleichzeitig sperren wir durch Importzölle und Qualitätskriterien die Produkte der afrikanischen Länder vom europäischen Markt aus. Ein Kleinbauer in Kamerun kann

49 Ferguson, N. (2013). *The Great Degeneration.* New York: Penguin Press. Siehe auch Kotlikoff, L. J. & Burns, S. (2012). *The Clash of Generations. Saving Ourselves, Our Kids, and Our Economy.* Cambridge: Free-Press. Die beiden Autoren bezeichnen die Überschuldung der westlichen Staaten als «fiscal child abuse» und sind überzeugt, dass sie, wenn keine Gegenmaßnahmen getroffen werden, einen ökonomischen Kollaps zur Folge haben. Siehe vor allem S. 59ff.

seine Baumwolle oder sein Palmöl nicht direkt in Europa verkaufen, da er keine Chance hat, die Normen der EU zu erfüllen. Wir schotten uns ab und schauen auf unsere Interessen, definieren uns jedoch als soziale Wesen. Unsere Gier und unser Egoismus eignen sich schlecht zum Skandal und Thema des öffentlichen Diskurses. Um sich aufzuregen, wählt man deshalb Gruppen oder Personen, die einer Randgruppe, der Politikerkaste, der Prominenz oder dem kriminellen Milieu angehören.

Bestätigung der eigenen Überlegenheit

«Nebel im Kanal: Europa von der Welt abgeschnitten!», lautete eine Schlagzeile der schottischen Zeitung *Press & Journal* in den 1950er-Jahren. Die Zeitung hing jahrelang auf der Toilette meines Onkels und erinnerte an die Selbstverständlichkeit, mit der sich die Briten als Zentrum der Welt betrachteten. Heute fände in Großbritannien eine so groteske Schlagzeile sicherlich keinen Anklang mehr. Sie weist jedoch auf eine weitere Funktion des öffentlichen Diskurses hin: Er vermittelt ein Gefühl von Überlegenheit. Man ist das Zentrum der Welt. Natürlich geschieht dies nicht offen. Wir würden abstreiten, dass wir Zeitungen lesen, Fernsehen schauen oder im Internet surfen, um unsere eigene Grandiosität zu bestätigen und uns als Mittelpunkt des Geschehens zu verstehen, sondern sind überzeugt davon, dass wir uns informieren wollen.

Im Gegensatz zu dem verstorbenen venezolanischen Diktator Hugo Chavez, der in epischer Breite seine bolivarische Revolution als die großartigste Erfindung des 21. Jahrhunderts anpries,[50] geben sich die meisten Exponenten des öffentlichen

---

50 Eine Tochter Chavez' bemerkte, dass das Pferd, auf dem Simon Bolivar auf einer Münze abgebildet war, den Kopf nach hinten dreht. Dies widersprach der Vor-

Diskurses bescheidener. Sie verstehen sich als selbstkritische Observatoren des sozialen und politischen Geschehens und nicht als Chauvinisten, die nur sich selbst und die eigene Kultur loben. Das Gefühl der eigenen Überlegenheit wird subtiler vermittelt. Man definiert sich als Vertreter einer progressiven intellektuellen oder moralischen Position und beansprucht für sich, zu den aufgeklärten, selbstkritischen Weltbürgern zu gehören. Solche Ideologien helfen auch dem Mainstream, sich als sozial und progressiv zu verstehen. Der «schamlosen» Ausbeutung der arktischen Regionen muss ein Riegel vorgeschoben, Fußballrowdys müssen härter bestraft und Schulsysteme endlich vereinheitlicht werden. Es ist ein Skandal, dass Schwarze in den USA vermehrt ins Gefängnis gesteckt werden, die Amerikaner die ganze Welt aushorchen; die Irakkriege der Bush-Präsidenten waren eine Katastrophe und die Palästinapolitik Israels ist ein Verbrechen. Solche Themen sind sicherlich wichtig und dürfen nicht ignoriert werden.[51] Sie dienen jedoch auch dazu, ein Gefühl der Überlegenheit zu vermitteln, ohne dass wir uns selbst als besser erklären müssten. Es werden Themen geliefert, die uns selbst nicht direkt betreffen, die sich jedoch dazu eignen, uns als Vertreter der «richtigen» Ideologie zu präsentieren.

Wenn wir uns am öffentlichen Diskurs beteiligen, passen wir uns häufig den Positionen an, die dort vertreten werden. Wer eine abweichende Position vertritt, dem drohen Sanktionen und er wird zu einem willkommenen Demonstrationsobjekt für das eigene Überlegenheitsgefühl.

Eine Gesellschaft, die sich dem Geist und dem Denken verpflichtet, die klug sein will, darf keine Scheuklappen auf-

---

wärtsstrategie der bolivarischen Revolution, darum ließ Chavez die Münzen einschmelzen und neue anfertigen, sodass das Pferd nach vorne schaute.

51 Es geht hier nicht um die Inhalte, sondern um die Psychologie der öffentlichen Diskurse.

setzen. Bei Themen, bei denen wir über wenig Erfahrung verfügen oder die uns scheinbar ideologisch «korrekt» und einseitig präsentiert werden, sollten wir zurückhaltend sein. Oft sind wir zu weit entfernt vom betreffenden Ereignis und nicht unmittelbar von der Thematik betroffen. Wenn wir uns prinzipiell als Gutmenschen verstehen, die Ungerechtigkeiten und Missstände bekämpfen, neigen wir zu Schnellschüssen und einer überheblichen Haltung. Wir fühlen uns legitimiert, die Situation der Frauen in Saudi-Arabien, die Vorgehensweisen der Asset-Manager oder die Kinderarbeit in Bangladesch zu kritisieren, verschließen aber die Augen vor unseren eigenen Schattenseiten. Wir picken eine Information heraus, erklären sie zum Skandal und fühlen uns überlegen.[52] Wir lassen uns von den Themen einnehmen, mit denen wir unsere Überlegenheit herausstellen können. Der öffentliche Diskurs kalibriert uns und liefert uns Stoff. Meistens scheint die Haltung klar, die «man» einnehmen muss. Studiert man die Themen jedoch vertiefter, dann zeigt sich oft, dass das Problem viel komplexer ist. Die Gefahr ist, dass das vertiefte Nachdenken zu kurz kommt.

Prinzipiell müssen wir davon ausgehen, dass wir nicht besser, intelligenter und progressiver sind als die Menschen und Gruppen, die im öffentlichen Diskurs angeprangert werden. Wir wissen nicht, wie wir reagieren würden, bekämen wir für unsere Arbeit einen Bonus von ein paar Millionen. Könnten wir der Versuchung widerstehen? Eine Begründung, wieso unsere Arbeit ein paar Millionen wert sein könnte, würde uns schon in den Sinn kommen.

---

52 Ganz anderes verhält es sich natürlich bei Menschen, die es nicht nur bei den Deklamationen belassen, sondern sich persönlich für die Entwicklung Afrikas, die Aufhebung der Kinderarbeit oder die Recht der Frauen einsetzen. Den Worten folgen hier Taten.

Das Überlegenheitsgefühl ist ein Teil einer Schattenabwehr. Damit wir funktionieren, unsere alltäglichen Aufgaben anpacken und zu uns stehen können, brauchen wir ein positives Selbstbild. So sind zum Beispiel 63 Prozent der Amerikaner fest davon überzeugt, dass sie überdurchschnittlich intelligent sind,[53] und die meisten Menschen glauben, dass sie überdurchschnittlich attraktiv aussehen.[54] Sich zu überschätzen ist eine Grundeigenschaft des gesunden Menschen. Problematische Eigenschaften, dass wir lügen, Mitmenschen ausnutzen, feige sind oder intrigieren, werden verdrängt.[55] Wir betrügen uns, damit wir zu uns stehen können und am Morgen, wenn wir uns im Spiegel ansehen, denken: Es lohnt sich, dieses Individuum der Menschheit zu präsentieren. Aus diesem Grund schieben wir problematische Eigenschaften anderen Personen und Gruppen zu. Wir sind ganz sicher keine Rassisten. Diese gibt es nur in Ostdeutschland. Wir sind keine Machos, sondern holen die Tochter vom Kindergarten ab, bügeln unsere Hemden selbst, können Windeln wechseln, abwaschen, kochen, vergessen keine Geburtstage und sprechen nicht andauernd über Fußball.

Denkverbote

Der öffentliche Diskurs vermittelt uns das Gefühl, die wesentlichen Herausforderungen unserer Gesellschaft erkannt zu haben. Doch wir können dabei auch einer Täuschung unterlie-

53 Bei Männern liegt die Rate sogar bei 71 %. Chabris, C. & Simons, D. (2010). *The Gorilla and Other Ways Intuition Deceives Us*. London: Harper and Collins, S. 91.

54 Gabriel, M. T., Critelli, J. W. & Ee, J. S. (1994). The Narcissistic Illusions in Self-evaluations of Intelligence and Attractiveness. In: *Journal of Personality* 62, S. 143–155.

55 Siehe Guggenbühl, A. (2008). *Anleitung zum Mobbing*. Oberhofen a. Thunersee: Zytglogge Verlag.

gen. Vielleicht werden wir umnebelt und entfernen uns von den Realitäten des Lebens? Vielleicht lassen wir uns von der Inszenierung des öffentlichen Diskurses ablenken und verlieren den Blick für das Wesentliche? Aufgrund des Mainstreaming werden Themen selten kritisch debattiert und Widersprüche übersehen. Debattieren hieße ja, dass es eine Vielzahl verschiedener Positionen gibt, die alle legitim und die Anlass für Auseinandersetzungen sind.

Eindrücklich zeigt sich dies bei den Themen Gender und Sexualität. Studiert man den aktuellen öffentlichen Diskurs, dann werden Geschlechtsunterschiede im Verhalten und Denken fast ausschließlich auf die Sozialisation und Stereotypien zurückgeführt. Natürlich seien die Menschen körperlich verschieden, wird betont, doch psychische Eigenschaften, Begabungsunterschiede, geschlechtsspezifische Kompetenzen und Interessen sind anerzogen. Jeder, der etwas anderes sagt, gilt als Verfechter alter Rollenmodelle. Es wird an diesem Dogma festgehalten, obwohl es *diametral* den Lebenserfahrungen der überwiegenden Mehrzahl der Menschen widerspricht. Wissenschaftlich können auch klare Unterschiede festgestellt werden.[56] Als die SUVA-Studie des Statistikers Bruno Lanfranconi feststellte, dass das Unfallrisiko bei Frauen am Morgen doppelt so hoch sei wie bei Männern,[57] wurde dieses Resultat im öffentlichen Diskurs sofort relativiert,[58] harsch kritisiert,[59] ins

---

56 Bischof-Köhler, D. (2002). *Von Natur aus anders. Die Psychologie der Geschlechtsunterschiede*. Stuttgart: Kohlhammer.

57 Lanfranconi, B. (2013). *Die Unfallrisiken von Autofahrerinnen und Autofahrern im Vergleich. Daten der Unfallversicherer nach UVG (Hrsg.)*. Kommission für die Statistik der Unfallversicherung UVG (KSUV), SUVA, Fluhmattstrasse 1, CH-6002 Luzern.

58 Siehe z. B. *Tages Anzeiger*, 9.1.2012.

59 Die Beratungsstelle für Unfallverhütung monierte sofort, dass Männer – absolut gesehen – mehr Unfälle verursachen und auch häufiger gegen Verkehrsregeln verstoßen. Damit war die Diskussion für sie erledigt.

Lächerliche gezogen[60] und schnell wieder schubladisiert. Eine solche Aussage war nicht genehm. Genderspezialisten hoben hervor, dass die Unfallhäufung der Frauen mit ihrem morgendlichen Stress zu tun habe, der bei Frauen viel größer sei, da Männer sich immer noch weigern würden, sich an der Familienarbeit zu beteiligen! Die Schablone der Diskriminierung des weiblichen Geschlechts durch gesellschaftliche Stereotypen, die in den Köpfen sturer Männer existieren würden, wurde hervorgeholt. Auch bei der Berufswahl will man von einer Geschlechtsdifferenz nichts wissen. Man führt geschlechtsspezifische Präferenzen auf die Sozialisation zurück und setzt auf Programme, die diese falschen Zuschreibungen eliminieren.

Ein ähnliches Phänomen zeigte sich bei einer Untersuchung zur Attraktivität von Männern, die sich stark im Haushalt beteiligen.[61] Demnach sind Hausmänner in den Augen vieler Frauen nicht sexy. Diese Information ließ man nicht zu. Sofort wurde von Journalisten nachgeschoben, dass dafür die Frauen bei Hausmännern grundsätzlich zufriedener und glücklicher seien.

Ist selbstständiges Denken möglich oder wiederholen wir Gehörtes?

Ob es um die Vermittlung des Gefühls moralischer Überlegenheit, Mainstreaming, die Inszenierung von Skandalen oder Ausblendung konträrer Themen geht: Wir nehmen diese Mechanismen in der Regel nicht bewusst wahr, realisieren

60 In der *Hamburger Morgenpost* vom 9.1.2012 wurde gefragt, ob die Unfälle der Frauen durch die Schweizer Luft verursacht werden.

61 Moir, A. & Moir, B. (1999). *Why Men Don't Iron. The New Reality of Gender Differences.* London: Harper, S. 241ff.

nicht, dass wir an Inszenierungen teilnehmen, bei denen es nicht primär um die Inhalte geht. Wir schließen uns dem Mainstream an, getrieben vom tiefen Verlangen dazugehören. Wer will schon eine abwegige Meinung vertreten, als komisch gelten oder durch Kritik seine Karriere gefährden?[62] Wegen des natürlichen Wunsches, sich an den Kraulaktivitäten unserer Gemeinschaft zu beteiligen, haben kritische Gedanken und Tiefenreflexion oft keine Chance. Andersartige Ideen und Einwürfe werden ignoriert, ganz im Sinne des alten Sprichworts «Was nicht sein darf, existiert nicht».

Das Denken richtet sich nach dem offiziellen Kanon und mag wagt nicht, ungewöhnliche Schlüsse zu ziehen und sich selbst zu hinterfragen. Dass dies zu einer gesellschaftlichen Katastrophe führen kann, zeigt das Beispiel des Untergangs der Lebensgemeinschaft der Osterinseln, die vom Kapitän James Cook 1774 für die Europäer entdeckt wurde.

Immer wieder sagten sie das Wort «Miru».[63] Leider verstand keiner auf Deck, was damit gemeint war. Der Blick der klein gewachsenen Insulaner, die man an Bord geholt hatte, drückte Verzweiflung aus, ihre Körper waren ausgemergelt. Die Menschen waren in einer fürchterlichen Verfassung. Cook, der Kapitän der englischen Flottille, konnte sich nicht vorstellen, was auf dieser entlegenen, unattraktiven Pazifikinsel geschehen war. Bizarr schienen ihm die vielen, riesige Steinköpfe, die man über den steil abfallenden Küsten sehen konnte. Doch: Wieso waren viele umgestoßen worden? Die Engländer in ihren Barken standen vor einem Rätsel.

---

62 Im Zweiten Weltkrieg haben nach Ervin Staub nicht die angepassten Bürger Widerstand geleistet, sondern vielfach Menschen, die in den Augen ihrer Mitmenschen als speziell und sozial inkompetent galten. Siehe Staub, E. (1989). *Evil. The Origins of Genocide and Other Group Violence.* New York: Cambridge University.

63 Holzbalken, die sie zum Bauen von Kanus brauchten.

Die tragische Geschichte der Inselbevölkerung versuchte man Jahre später zu rekonstruieren. Zwei-, dreihundert Jahre vor der Ankunft Cooks war die Insel scheinbar von bis zu 30 000 Menschen bevölkert gewesen, die sich von der üppigen Vogelpopulation und der Landwirtschaft ernährten. Die Insel war fruchtbar und dank der Palmwälder konnte man Kanus bauen, mit denen die Nachbarinseln besucht werden konnten. Die Gesellschaft war in zwei Schichten unterteilt: die herrschende Kriegerkaste und das gemeine Volk. Die Elite war überzeugt, von den Göttern abzustammen und über einen direkten Draht zu ihnen zu verfügen. Sie beeindruckten ihr Volk durch pompöse Zeremonien und große, lang gezogene Gebäude, *Hare Paenga* genannt. Das Leben war gut, es gab die üblichen Auseinandersetzungen und Spannungen, die in Gemeinschaften vorkommen.

Aus unerklärlichen Gründen verschlechterten sich jedoch die Lebensumstände. Eine Wasserquelle nach der anderen versiegte und die Waldbestände gingen zurück, was einen Einfluss auf die Vogelpopulation hatte. Die großen Vogelschwärme blieben aus, nur noch einzelne Vögel verirrten sich auf die Insel. Man stand vor einem Rätsel. Wegen der steilen Küsten und der spärlichen Strände war es schwierig, im Meer zu fischen. Dazu kam, dass immer weniger Holz zum Bauen von Booten zur Verfügung stand, sodass man die Nachbarinseln nicht mehr besuchen konnte. Hunger und Unzufriedenheit breiteten sich unter den gewöhnlichen Bürgern aus, die in den ausgetrockneten Gebieten verharren mussten und sich nicht in eine noble Hare Paenga auf einen Hügel zurückziehen konnten. Die herrschende Klasse hatte jedoch die Antwort auf das Problem: Die Götter verlangten Ehrerbietung! So mussten die einfachen Inselbewohner Köpfe aus dem vulkanoiden Boden meißeln, sie an die Küsten schleppen und dort aufstellen – eine unglaubliche Herausforderung. Über die Jahre wurden in mühevoller Arbeit mehr als 300 gigantische Köpfe aus Stein gemeißelt, an die Küsten geschleppt und dort aufgestellt, sogenannte *Moai*. Doch trotz der unmenschlichen Anstrengungen zur Huldigung der Götter verbesserte sich die Lage nicht. Die Vögel kamen nicht zurück, die Bäume wuchsen nicht nach und die Quellen waren weiterhin versiegt. Das Volk begann zu murren. Wieso mussten sie schuften und auf alles verzichten, während sich die Elite auf den Gipfeln bequem einrichtete und die wenigen Wälder und Quellen für sich beanspruchte? Es kam zu Aufständen: Man missachtete die Anweisungen der Oberen und stieß einzelne der gigantischen Köpfe um.[64] Streit, Hunger und Kannibalismus breiteten sich aus. Die Gesellschaft brach zusammen und wurde auf 1500 Bewohner dezimiert. Die letzten Bewohner wurden von Peruanern 1862 bis 1863 zwangsevakuiert.

Die riesigen Köpfe, die sie für ihre Götter errichtet hatten, konnten die Inselbevölkerung nicht vor ihrem Untergang bewahren. Heute nimmt man an, dass die Rodung der Wälder die Katastrophe auslöste. Über zehn Millionen Palmen waren im Laufe der Zeit abgeholzt worden, was fatale ökologische Konsequenzen hatte. Die Quellen versiegten, das Land vertrocknete und die Artenvielfalt ging zurück. Die Geschichte der Osterinsel zeigt exemplarisch, wie eine Kultur aus Gründen eines fehlgeleiteten Diskurses untergehen kann. Aufgrund des fehlenden Wissens über ökologische Zusammenhänge realisierten die Bewohner nicht, dass die Abholzung der Wälder die Ursache für all die Übel war und nicht, wie der herrschende Diskurs lautete, der Unmut der Götter.

Auch heute lassen wir uns immer wieder vom öffentlichen Diskurs vereinnahmen. Wir denken nur in den zugelassenen

---

64 Diamond, J. (2006). *Collapse. How Societies Choose to Fail or Succeed*. London: Penguin, S. 109.

Kategorien und erkennen dadurch die eigenen Beschränkungen nicht. Vielleicht sind wir in einer ähnlichen Situation wie die Bewohner der Osterinseln? Wir palavern eifrig über Probleme, diskutieren grandiose Lösungen, während wir blind sind für die wirklichen Herausforderungen. Wir widmen uns dem Kraulen, stillen unser Bedürfnis nach Aufregung und bestätigen unser Überlegenheitsgefühl, während eine Katastrophe naht.

Gemäß dem schottischen Ökonomen Niall Ferguson droht aufgrund des gigantischen Schuldenbergs der westlichen Staaten ein riesiges Wirtschaftsdebakel.[65] Die Schulden Deutschlands betragen 80 Prozent des Bruttosozialprodukts, in Italien sind es 119 Prozent, in Frankreich 86 Prozent, Irland 106 Prozent und Griechenland 170 Prozent! Es handelt sich um Geld, das bereits ausgegeben, jedoch noch nicht über Steuern eingenommen wurde. Deutschland müsste fast ein ganzes Jahr auf alle Ausgaben verzichten, um die Schulden zurückzuzahlen. Das daraus resultierende Szenario: Die Schulen stellen den Unterricht ein, die Spitäler werden geschlossen, die Straßen werden nicht geflickt, das Militär wird aufgelöst, Polizisten werden in den unbezahlten Urlaub geschickt und neue Projekte stillgelegt. Die Einzigen, die ihre Arbeit nicht einstellen dürften, wären die Steuerbeamten! Man kann sich eine solche Situation nicht vorstellen. Oder: Der griechische Staat müsste seine Dienste mehr als zwei Jahre lang einstellen, um seine neu ausgehandelten Schulden zurückzuzahlen. Wirklich dramatisch wird die Situation, wenn man die *impliziten* Schulden dazurechnet. Darunter versteht man die Verpflichtungen, die Staaten eingehen, für die aber keine Rückstellungen gemacht wurden, z.B. Renten- und Pensionszusagen oder Pflege- und Gesundheitsleistungen, die den Bürgern versprochen werden

65 Ferguson, N. (2013). *The Great Degeneration*. London: Penguin Press.

und oft erst Jahrzehnte später anfallen. In Deutschland betragen diese 300 Prozent, in Griechenland 700 Prozent und in den USA 1700 Prozent des Bruttosozialprodukts![66]

Mit anderen Worten: Die heutige Generation lebt auf Kosten zukünftiger Generationen! Diese werden für die Schulden ihrer Vorfahren aufkommen müssen. Vorausgesetzt, das ganze Wirtschaftssystem bricht nicht zusammen und es kommt zu keinen größeren militärischen Konflikten oder Umweltkatastrophen, müssen unsere Enkel und Urenkel für uns schuften, unsere Schulden abzahlen oder aber ein geniales neues Wirtschaftssystem erfinden, das unglaubliches Wachstum ermöglicht! Ist der Generationenvertrag nur in eine Richtung gültig? Opfern wir unsere Enkel und Urenkel für unser Wohl? Während zu Zeiten des Schriftstellers Jeremias Gotthelf im bernischen Emmental die Kinder und Enkel die Begehrlichkeiten ihrer Großeltern zurückwiesen und reklamierten, wenn der Äti[67] zwei gekaufte Würste wollte, beanspruchen wir heute das ganze Essen für uns. Die Meinung unserer Nachkommen kümmert uns wenig und außerdem sind wir längstens unter der Erde, wenn sie klagen und Verwünschungen aussprechen.[68] Das System macht es möglich, unsere Enkel auszubeuten. Da wir unsere Schattenmotive nicht erkennen und einen unbedarften Rationalismus pflegen, bleibt auch unser Selbstbild intakt.

---

66 Siehe *Neue Zürcher Zeitung* vom 11.3.2011.

67 Großvater auf Berndeutsch.

68 Die Geschichte lehrt, dass immer wieder hoch entwickelte Kulturen untergingen, weil sie die Zeichen der Zeit nicht erkannten und sich durch ihren Zivilisationslärm betören ließen. Nicht nur das Römische Reich schlidderte 476 grandios seinem Untergang entgegen, während sich die Elite sich selbst widmete, auch die Ming-Dynastie in China endete im 17. Jahrhundert in einer Katastrophe, weil man nicht auf die Folgen der kleinen Eiszeit vorbereitet war. Siehe Parker, G. (2013). *Global Crisis: War, Climate Change and Catastrophe in the Seventeenth Century*. New Haven: Yale University.

Vielleicht hat die heutige Debatte um die Energiewende eine ähnliche Qualität. Wir reden uns ein, die Welt retten und das Klima beeinflussen zu können, während wir effektiv zivilisatorischen Raubbau betreiben. Den Planeten zu retten, tönt edler, als sich für Budgetkürzungen einzusetzen, die uns empfindlich treffen und Opfer mit sich bringen. Stecken wir uns grandiose Ziele, während wir die unmittelbaren Probleme ignorieren? Um welche Themen machen wir einen Bogen?

Öffentliche Diskurse dienen verschiedenen Zwecken. Es geht nicht primär um Informations- und Wissensvermittlung, sondern auch um die Befriedigung des Bedürfnisses nach Aufregung, Partizipation und inszenierter Moral. Der öffentliche Diskurs dient uns auch als Therapeutikum: Verdrängte Themen werden öffentlich diskutiert, damit sie uns nicht beherrschen. In regelmäßigen Abständen werden Menschen oder Institution an den Pranger gestellt, damit wir uns von Schattenmotiven abgrenzen und moralisch integer fühlen können. Der öffentliche Diskurs ist kein Spiegel der Gesellschaft, sondern selektiert Ereignisse, um unterhaltsame Geschichten über die Abgründe des Menschen erzählen zu können.

Wenn wir denken, dann lassen wir uns unweigerlich von den Vorfällen, Skandalen, Aufregungen und Ängsten beeinflussen, die uns medial vermittelt werden. Die Gefahr droht, dass der öffentliche Diskurs unser Denken einschränkt. Klugheit heißt, Distanz zu den Aufregungen des öffentlichen Diskurses zu wahren. Vor allem wenn man als Politiker, Journalist, Pädagoge oder Unternehmer eine öffentliche Aufgabe hat, ist es wichtig, dass sich unsere Gedanken nicht nur auf den Mainstream stützen. Außergewöhnliche Schlussfolgerungen und freche Gedanken sind schwierig, wenn man sich vom öffentlichen Diskurs vereinnahmen lässt. Es gibt kaum mehr Platz für Weise, Klassenclowns oder Hofnarren, die Tabus aufbrechen, auf Widersprüche hinweisen und die Karten neu mischen.

Diejenigen Personen werden beklatscht und erhalten Preise, die sich an die Regeln und den Mainstream-Kanon halten.

Das Internet hat die Tendenz zur Vereinnahmung durch den Mainstream erhöht, da es dort oft nur um die Anzahl der Klicks oder Followers geht. Wenn der Mainstream-Kanon zur Referenz wird, droht eine Denkverengung und eine Homogenisierung der Debatten auf Kosten des Erkenntnisgewinns. Klugheit bedeutet, außerordentliche Schlussfolgerungen zu ziehen – *jenseits* des Mainstreams. Meinungsverschiedenheiten erweiteren den Denkraum.[69] Wenn Aussagen aufgrund des Mainstream-Kanons unterdrückt werden, dann droht geistige Verarmung.

Was es braucht, sind *Gewichtungen* und eine *denkerische Bearbeitung* der Informationsflut. Es braucht kluge Menschen mit Meinungen und Haltungen, die einzelne Themen auswählen und differenziert und unabhängig vom Mainstream beurteilen. Sei dies die Flüchtlingswelle aus Afrika, die Krise in der Ukraine, die Frage des Vaterschaftsurlaubs, AKWs oder homosexuelle Ehen. Ohne solche Gegenstimmen muss man befürchten, dass der Klugheitsindex eine Gesellschaft sinkt.

69 Sunstein, C. R. (2003). *Why Societies Need Dissent*. Cambridge: Harvard University Press.

Kapitel IV: Dank Normierung und Standardisierung zur perfekten Einheitsgesellschaft?

Denken ist die schwerste Arbeit, die es gibt.
Das ist wahrscheinlich auch der Grund,
dass sich so wenige Leute
damit beschäftigen.
Henry Ford

Die Umrisse waren klar zu erkennen: Polypen! Von Seitenwänden drängten sie in den Luftkanal. Diese kleinen, gemeinen Wucherungen waren es also, die mich des Nachts leiden ließen und mir meinen wohlverdienten Schlaf raubten! Beide Nasenlöcher waren verstopft und verhinderten sogar ein entspanntes Schnarchen. «Da werden wir wohl etwas herausschneiden müssen, hier oben und noch da hinten», meinte der Rhinologe. Ich vertraute ganz seiner Expertise und seiner sicheren Hand. Ein Ende meines nächtlichen Leidens war in Sicht! Aus heiterem Himmel kam jedoch der Schlag: «Ich muss dich noch über mögliche Komplikationen informieren: Es besteht eine geringe Wahrscheinlichkeit, dass wir – natürlich unbeabsichtigt – einen Sehnerv durchschneiden, dann würdest du erblinden. Ich muss dich auch darauf hinweisen, dass dein Gehirn betroffen werden könnte; eine permanente Hirnschädigung wäre die Folge. Weiter gibt es noch die Gefahr von Infektionen, und außerdem ...» Ich konnte irgendwann nicht mehr zuhören, so sehr verwirrten mich alle diese Risiken. Natürlich wies mein kompetenter Arzt und Kollege immer wieder auf die geringe Wahrscheinlichkeit solcher Vorfälle hin, jedoch vergebens. Seine Warnungen lösten eine Flut von Horrorszenarien in mir aus: Ich sah mich als blinden, dumpfen und lahmen Krüppel durch die Hintertür des Krankenhauses hinausgeschmuggelt, um den Ruf des Hospitals nicht zu schädigen, und den Rest meines Lebens in einem Pflegeheim mit dem Namen «Arkadia» verbringend. Nie mehr würde ich im Zürichsee schwimmen, Spaziergänger als Mountainbikefahrer erschrecken oder meine Familie sehen können. Schrecklich! Schließlich nahm ich doch meinen Mut zusammen und fragte: «Wie viele Patienten sind schon wegen *dir* erblindet oder verblödet?» «Niemand!», war seine kurze Antwort. Ich war sofort wieder im Lot und hatte das Vertrauen zurückgewonnen.

Was war geschehen? Der Arzt hatte lediglich seine Pflicht getan. Denn seine Aufgabe besteht nicht nur darin, das Handwerk als Arzt zu beherrschen, sondern er muss darüber hinaus auch Vorschriften und festgelegte Abläufe, Standards einhalten. Die Aufklärungspflicht legt fest, dass man Patienten über Gefahren informiert, sodass es zu einer informierten Zustimmung, einem *informed consent*[70] kommt. Es geht um das Recht der Patienten auf Aufklärung, um Leid und unwürdigen Umgang einzudämmen.[71] Die Absicht hinter dieser Vorschrift

70 Siehe z. B. Beller, F. K. (2000). Informed consent: Patientenaufklärung oder Patientenberatung? *Speculum – Zeitschrift für Gynäkologie und Geburtshilfe, 18, 6-11.*

71 Was heute für selbstverständlich gehalten wird, nämlich dass alle Menschen selbst entscheiden, welcher medizinischen Maßnahme sie zustimmen und welche Intervention oder Behandlung sie ablehnen, war selbst in jüngster Vergangenheit nicht selbstverständlich. Z. B. fanden Zwangssterilisationen bis in die

ist sicher sinnvoll. Bei der Umsetzung gibt es jedoch «Nebenwirkungen». Oft versteht der Patient die Informationen nicht, kann nicht einschätzen, was die genannten Risiken und ihre Eintrittswahrscheinlichkeiten bedeuten.[72] Durch die Vorschrift, den Patienten auf alle möglichen Gefahren hinzuweisen, kommt möglicherweise Misstrauen auf, das Gegenteil dessen, was beabsichtigt wurde.

Obiges Beispiel verweist auf ein grundlegendes Problem bei Standardisierung von Interaktionen zwischen Menschen. Individuelle Besonderheiten und Situationen werden zweitrangig. Ein Arzt oder eine andere Fachperson wird zum Vollstrecker eines unpersönlichen Aktes und geht nicht auf die besondere aktuelle Situation ein. Ein System ersetzt persönliche Fähigkeiten. Gleichzeitig werden jedoch gerade damit hohe Qualität und Professionalität suggeriert.

Es ist Aufgabe des Staates, gesetzliche Rahmenbedingungen bei Dienstleistungen zu erlassen. Wir alle wollen nur von tüchtigen Ärzten behandelt werden, wie wir auch nur von seriösen Finanzexperten oder Architekten beraten werden wollen. Standards dienen der nachhaltigen Qualitätssicherung und Kontrolle und sind insofern wichtig. Es stellt sich jedoch die Frage, wie sie sich auf den beruflichen Alltag auswirken.

Standards legen fest, wie man was wann tun soll. Sie sind Ausdruck von generalisiertem Wissen oder anerkannten Kompetenzen. In vielen Bereichen sind sie unerlässlich, z. B. bei

---

1980er-Jahre statt (siehe z. B. SRF «Echo der Zeit» vom 2.4.2013). Die Unrechtmäßigkeit geschlechtlicher Umwandlungen, die an Säuglingen durchgeführt wurden, sind erlebtes Unrecht vieler Menschen; siehe http://www.tagesanzeiger.ch/leben/gesellschaft/Als-Zwitter-geboren-Kastriert-hat-man-mich/story/10683048.

72 Siehe dazu auch: Fischer, K. & Jungermann, H. (2003). Zu Risiken und Nebenwirkungen fragen Sie Ihren Arzt oder Apotheker: Die Kommunikation von Unsicherheit im medizinischen Kontext. *Zeitschrift für Gesundheitspsychologie,* 3, 87–98.

medizinischen Operationen, in der Luftfahrt, im Verkehr, in der Lebensmittelindustrie. Wie steht es jedoch mit der Klugheit? Inwieweit sind Standards bei der Arbeit mit Menschen sinnvoll?

Damit der Alltag runder läuft: Warum wir Normen und Standards brauchen

Bei Normen handelt es sich um Vorstellungen davon, wie man sich in einem speziellen Kontext verhält, ein Problem löst oder eine Herausforderung bewältigt. Sie regeln gesellschaftliche Abläufe. Diese stillen Übereinkünfte, die zumeist nicht aufgeschrieben werden, erleichtern das Leben und wir empfinden sie als natürlich: Beim Einsteigen in einen Eisenbahnwagon stehen wir nicht vor der Tür, sondern seitlich davon, damit die ankommenden Passagiere aussteigen können. Im Sommer laufen wir in der Regel nicht nackt durch die Straßen, wir begrüßen den Chef nicht mit «Hallo Alter», sagen «bitte» wenn wir einen Kaffee bestellen oder befragen einen Gastgeber nicht nach seinem Sexualleben. Standards sind von einer Berufsgruppe als verbindlich erklärte Normen. Standards haben einen Soll-Anspruch, während es sich bei Normen um eine neutrale Kategorie handelt. Wenn wir also von Standard sprechen, dann implizieren wir, dass die betreffende Richtlinie respektiert werden sollte. Normen sind von Gruppe zu Gruppe unterschiedlich und entwickeln sich mit der Zeit. In der Schweiz und in Deutschland ruft man einen Kellner zu sich, wenn man etwas bestellen will, in England wartet man im Pub stoisch, bis man vom Wirt angesprochen wird.[73] Keine Kommission hat über diese Normen entschieden.

73 Fox, K. (2004). *Watching the English. The Hidden Rules of English Behaviour*. London: Hodder.

Im privaten Leben richten wir uns fast ausschließlich nach ungeschriebenen Normen. In der Wirtschaft, im Verkehr, im öffentlichen Diensten, im Bank- und im Bildungswesen regeln schriftliche Vereinbarungen, wie man etwas herstellt oder ausführt. Solche Standards oder Normen verhelfen zu einem reibungslosen Funktionieren von Systemen und Institutionen. Beim Zusammenspiel technischer Systeme sind sie notwendig. Dank genormter Eisenbahngleise gibt es einen internationalen Fernverkehr und keine Wartezeiten oder mühsames Umsteigen bei Grenzübergängen wie zu Beginn des Eisenbahnzeitalters.[74] Die Normierung von Haushaltsgegenständen erleichtert unseren Alltag enorm. Wir müssen nicht für jedes Küchengerät einen extra Stecker einbauen oder für Lampen spezielle Glühbirnen anfertigen.

Dank Normierungen werden auch viele Arbeitsabläufe effizienter ausgeführt: Ein Mauerbau würde ewig dauern, hätte jeder Stein eine andere Breite oder Höhe, obwohl es zweifelsohne auch schön aussieht, wenn man die Steine so lässt, wie sie sind – wir alle kennen die schönen Gartenmauern in Italien. Wenn die Backsteine oder Ziegel jedoch alle die gleiche Größe haben, baut man genauer, kostengünstiger und stabiler. Unzählige Gegenstände passen nur dank Normen aufund zueinander und erfüllen so ihren Zweck. Normen gibt es deshalb für Fenstergrößen, Schrauben, Türen, Papier, Rollatoren, Kopierfilter, Mikrofilme, Tanklöschfahrzeuge, Nietlöcher, Handsägen, Skistöcke, Schlafdecken, Schauglasplatten und Hunderte anderer Gegenstände. Meistens wurden sie vom Deutschen Institut für Normen festgelegt.[75] Wir sind froh, dass es solche Normierungen gibt, und manches Mal wün-

---

74 Wolmar, Ch. (2010). *Blood, Iron and Gold. How the Railroads transformed the World*. New York: Public Affairs.

75 DIN: Deutsches Institut für Normen. Siehe http://www.din.de.

schen wir uns sogar mehr davon. Wenn wir das Netzteil unseres Laptops oder Handys verloren haben und aus unserem Sammelsurium alter Netzteile keines passt, wären wir froh, würden die internationalen Computerhersteller nicht nur an ihre Verkaufszahlen, sondern auch an die Kunden denken und sich auf *einen* Typ von Anschlussstecker einigen.

Wir sind auch froh, dass es Standards und Qualitätskriterien in der Tierhaltung gibt. Könnten wir wirklich Hundefleisch von Schweinefleisch unterscheiden? Oder Rattenfleisch von Hühnerfleisch? Dank Normen und Qualitätskriterien müssen wir nicht selbst Kontrollen durchführen und können auf die Einhaltung der Hygienestandards vertrauen. Normen sind also sinnvoll und zeugen von einem hohen Zivilisationsniveau.

Für die Wirtschaft sind Standards und Normen überlebenswichtig. Unternehmer können global agieren, wenn internationale Standards für ihre Produkte festgelegt und respektiert werden. Gäbe es eine chaotische Größenvielfalt von Tischplatten, Wendelbohrern und unterschiedliche Vorstellungen von der Konsistenz von Schokolade, Milch oder Käse, wäre es schwierig, ein Produkt außerhalb des Heimatmarkts anzubieten. Nicht-normierte Produkte verschwinden vom Markt und werden für die Besitzer rasch zu einem Problem. Die Schrauben meiner Rollläden in meiner alten Wohnung in Zürich darf ich auf keinen Fall verlieren: Sie wurden nach englischen Maßen, in Inches, hergestellt und sind nirgends mehr erhältlich. Heute werden Schrauben nach europäischen Einheitsnormen fabriziert.

Für internationale Normen in der Industrie ist die Internationale Organisation für Standardisierung – kurz ISO zuständig. Diese Vereinigung von Normierungsorganisationen verschiedener Länder hat die Aufgabe, Vorschläge auszuarbeiten, die dann in den verschiedenen Ländern eingeführt werden können.[76] Die Normen dienen der Wirtschaft als Orientierungshilfe und erleichtern den Handel. Sie sollen jedoch auch Kunden vor minderwertigen, gefährlichen oder unbrauchbaren Produkten schützen. Kunden erkennen und erwerben nicht instinktiv die besten Produkte, sondern die verfügbaren, günstigsten, angesagtesten oder jene, die gut vermarktet wurden. Normen kompensieren die Unwissenheit der Bürger und Bürgerinnen und schützen vor Dummheiten. Der Staat nimmt ihnen eine Intelligenzleistung ab, indem er sich um die Qualität der Produkte kümmert. Qualitätslabel sollen Kunden helfen, ein Produkt zu beurteilen. Sie wollen z. B. wissen, welche Eier von Freilandhühnern stammen.

In der Berufswelt wie auch im öffentlichen Leben gibt es verschiedene Standard*typen*. Bei vielen geht es nicht um die Qualität der Handlung oder Operation, sondern lediglich um das Festsetzen einer Konvention: Ob wir auf der Straße die linke oder rechte Seite benutzen, ist aus der Sicht der Qualität irrelevant. Es ist jedoch von Vorteil, wenn man sich auf *eine* Seite einigt. Qualitative Normen sind differenzierter. Sie enthalten *Skalierungen*, unterscheiden verschiedene Stufen: Etwas kann schlecht, gut, besser oder ausgezeichnet sein. Diese Normen postulieren *qualitative* Unterschiede.

76 Es gibt Sensibilisierungsprozesse und einige Produkte, bei denen es sich anders verhält: Bei Nahrungsmitteln wollen Kunden aus ethischen oder ökologischen Gründen wissen, wie die Tierhaltung ist und woher die Nahrung stammt. Auch in der Textilindustrie schaut man seit den letzten erschreckenden Nachrichten (zum Beispiel dem Einsturz des Rana-Plaza-Gebäude in Bangladesch im April 2014, bei dem mehr als 1100 Textilarbeiterinnen starben) sensibilisiert auf asiatische Fabriken, in denen menschenunwürdige Arbeitsbedingungen herrschen und die aufgrund von Kinderarbeit günstige Kleider liefern. Andere Produkte scheinen davon weniger betroffen zu sein. Z. B. hat Apple trotz der Skandale bei der produktionsinvolvierten Firma Foxconn (heute: FIH MOBILE) keine Umsatzeinbrüche erlebt.

Wie Normen und Standards entstehen

Der Untergang der Titanic am 15. April 1912 löste eine Schockwelle aus. Durch die Presse erfuhr die breite Öffentlichkeit von den erschütternden Szenen, die sich während der zwei Stunden, bis das Schiff versank, abgespielt hatten. Die Bevölkerung war entsetzt, die Behörden alarmiert. Das bis dato als unsinkbar gehandelte Schiff wurde bei seiner Jungfernfahrt von einem Eisberg aufgeschlitzt und versank anschließend in den Tiefen des Meeres. Mehr als 1500 Menschen starben. Solche Katastrophen mussten verhindert werden. Taten waren gefragt. Eine Konferenz zur Errichtung von Mindeststandards in der Seefahrt wurde einberufen und 1914 wurde die «International Convention for the Safety of Life at Sea» erlassen. Diese schrieb die ausreichende Ausstattung mit Rettungsbooten, Besetzung der Funkstationen rund um die Uhr und die Errichtung einer Internationalen Eispatrouille vor. Die Seefahrt wurde verbindlichen Normen unterworfen.

Als im Dezember 2005 in Genf der sechsjährige Süleyman von einem Pitbull angegriffen worden war, gab es ebenfalls einen Aufschrei in der Öffentlichkeit. Strengere Hundehaltergesetze und die Maulkorbpflicht wurden gefordert,[77] um solche Katastrophen zukünftig zu vermeiden.

Formalisierte Normen werden oft als Antwort auf ein Problem erlassen. In einem Bereich, in dem bisher jeder tun oder lassen konnte, was er wollte, kommt es zu einem Vorfall. Die Öffentlichkeit wird aufgeschreckt und verlangt anschließend vom Staat und von den Berufsverbänden, solche Vorfälle zu verhindern. Normen und Gesetze sollen das entsprechende

77 Drei Hunde waren einem Käfig entrissen und jagten den Knaben, rissen ihn zu Boden und zerfleischten ihn minutenlang, zerbissen sein Gesicht, verletzten ihn schwer am Hals und rissen ihm Teile der Kopfhaut ab. Der Knabe starb während des Angriffs.

Arbeitsgebiet regulieren. In demokratischen Ländern werden Normen nicht von der Regierung eigenmächtig festgelegt, sondern nach einer komplizierten Prozedur erlassen und führen zu Gesetzen. Menschen sitzen zusammen und überlegen sich, wie man ein Problem beheben kann. Von einem Departement, Ministerium, Verband oder Industriezweig wird eine Kommission einberufen. In der Schweiz geschieht dies sowohl auf föderaler wie auf kantonaler Ebene; in Deutschland können die Länder wie auch der Bund Fachpersonen berufen oder sich intern des Themas annehmen.[78] Die Ausschüsse, Gremien, Kommissionen oder Expertenrunden werden oft ergänzt durch Vertreter von Verbänden, Gewerkschaften oder Ausbildungsinstitutionen. Es gibt auch Gremien, die sich von Amts wegen mit aktuellen Problemen, Ängsten und Bedürfnissen befassen, wie z.B. die interkantonalen Direktorenkonferenzen in der Schweiz.[79] Sie setzen sich zusammen aus den Regierungsräten der entsprechenden kantonalen Departemente: die Erziehungsdirektorenkonferenz (EDK), die Gesundheitsdirektorenkonferenz (GDK) oder die Finanzdirektorenkonferenz (FDK). Diese interkantonalen Konferenzen treffen sich drei- bis viermal jährlich, um die Leitthemen ihres Gebietes zu definieren. Aufgenommen werden politisch Brisantes sowie Themen des öffentlichen Interesses. Politiker und Politikerinnen tauschen sich aus und hören sich Fachmeinungen an. Wie geht man mit jugendlichen Straftätern um? Müssen die Sicherheitsvorschriften für Canoeing erhöht werden? Braucht es strengere Regeln beim Investmentbanking? Wie soll die Lehrerausbildung gestaltet werden? Die Politiker suchen nach Antworten und lassen sich beraten, v.a. von Fach-

78 In Deutschland und in der Schweiz ist geregelt, welche Themen Ländersache sind und mit welchen Themen sich der Bund länderübergreifend beschäftigt.

79 Wir werden uns hier im Wesentlichen auf Beispiele aus der Schweiz beschränken.

personen aus dem universitären Bereich, die sich wissenschaftlich mit dem Thema auseinandergesetzt haben. Sie werden konsultiert, bevor interne Diskussionen geführt werden und ein Konsens gesucht wird.

Der Steuerstreit der Schweiz mit den USA, der Finanzausgleich und das Steuerrecht waren Themen der Finanzdirektorenkonferenz. Die Erziehungsdirektorenkonferenz widmete sich unter anderem dem Anforderungsprofil der Grundschulen, den PISA-Studien, dem Sprachunterricht (zwei Fremdsprachen) und der Umsetzung der Richtlinien zur Bologna-Reform. Die Gesundheitsdirektorenkonferenz befasste sich mit der Zulassung von Herztransplantationen, der Finanzierung der ärztlichen Weiterbildung oder der Psychiatrieplanung.

Nach diesen Diskussionen und Konsultationen werden Überlegungen angestellt, *wie* eine Norm oder ein Standard aussehen könnte. Vorschläge werden gemacht. Der Diskussionsrahmen wird ausgeweitet. Entwürfe werden ins Parlament eingebracht oder von der Regierung entgegengenommen. In der Schweiz sind Vernehmlassungen üblich: Verbände, Gemeinden, Gewerkschaften, Arbeitnehmer, ausgewiesene Fachpersonen, Kantone, Parteien und Ausbildungsinstitutionen erhalten die Gelegenheit, ihre Meinung zu äußern. Einsprüche, Bedenken und Änderungsvorschläge werden angehört. Meistens werden die ersten Entwürfe revidiert und es erfolgen erneute Diskussionen, bevor sie mit einer Zweidrittelmehrheit verabschiedet und anschließend an die Regierung oder das Parlament weitergeleitet werden. Die Vorschläge werden im Parlament debattiert und durch Abstimmungen verbindlich.[80] Parlamentarier oder die Regierung formulieren dann die entsprechenden Gesetze. Man denkt nun über die

80 Sofern die Regierung nicht Normen aufgrund bestehender Gesetze eigenmächtig für verbindlich erklären kann. Bauen die Normen auf bestehenden Gesetzen auf, dann werden sie auf dem Verordnungsweg festlegt.

Kriterien nach, um das Verhalten der Menschen im betreffenden Arbeitsbereich zu kontrollieren. Sanktionen werden festgelegt, die wirksam werden, wenn sich jemand nicht an die Vorschriften hält.

Dieser Exkurs zeigt, dass Normen in der Politik meistens über *Gruppenprozesse* festgelegt werden. Menschen sitzen zusammen, diskutieren, vertreten Thesen, verhandeln und informieren sich. In demokratischen Gesellschaften sind Gruppenprozesse die Basis für die Festlegung von Normen. Niemand plädiert ernsthaft dafür, dieses System durch eine Autokratie zu ersetzen, in der eine Person oder Clique über Normen entscheidet. Gruppenprozesse bergen jedoch auch Gefahren in sich. Die Beteiligten sind nicht primär nur an den Inhalten interessiert, sondern stimmen sich in die Gruppe ein, wollen dazugehören und passen sich an. Man versucht einen Konsens zu erreichen. Verrückte Ideen oder Argumentationen haben wenig Chance, aufgenommen zu werden. Man orientiert sich automatisch an den Zeitgeist-Paradigmen; dem Gemeinsamen. Das Denken wird eingeschränkt, Klugheit geht verloren.

Nicht immer steht ein außerordentliches Ereignis vor der Festlegung einer neuen Norm, oft genügt ein Meinungsumschwung. Das Bild ist wunderschön: Große Mandelaugen, ein leicht erstaunter Blick, volle Lippen, perfekte Frisur, feine Gesichtszüge! Die Schauspielerin Audrey Hepburn ist in Japan auch Jahre nach ihrem Tod zu einem Inbegriff graziler Weiblichkeit und Schönheit, zu einer Ikone geworden. Nur etwas an diesem Bild stört aus heutiger Sicht: Sie hält eine Zigarette zwischen ihren Fingern! Diese wunderbare Frau raucht! Heute würde sie als schlechtes Beispiel für die Jugend gelten. Wir haben *andere* Vorstellungen über das Rauchen. Mit Erotik hat es nichts mehr zu tun.

Mit Normen und Standards wird auf Veränderungen der Werte und Lebenseinstellungen einer Gesellschaft reagiert.

Beim Rauchen brauchte es keine dramatische Katastrophe, stattdessen drangen die Warnungen von Experten immer mehr ins kollektive Bewusstsein. Die medizinische Forschung konnte nachweisen, dass Rauchen zu Krebserkrankungen und einer geringeren Lebenserwartung führt. Nach einer Sensibilisierung und einer öffentlichen Debatte war man bereit, das Rauchen in Restaurants, in Büros und öffentlichen Räumen zu verbieten. Die Normen konnten entwickelt und durchgesetzt werden, weil die Argumente überzeugten. Man *versteht*, dass man in öffentlichen Räumen nicht rauchen soll. Auch die Zahlen nach diesen Regelungen überzeugen: Die Rauchverbote in Europa und den USA sollen die Anzahl der Herzinfarkte jährlich um 26 Prozent vermindert haben.[81]

Solche Normen sind eine Antwort auf *Unvernunft*. Sie sollen uns vor uns selber schützen. Die meisten Menschen würden es riskieren, in einem leicht angetrunkenen Zustand nach Hause zu fahren, wenn es keine andere Fahrgelegenheit gibt und eine Taxifahrt viel kostet. Sie tun es, auch wenn sie die Unfallzahlen kennen. Sie haben die üblichen Ausreden parat: Man fahre langsam, kenne die Strecke, habe außerdem nur wenig getrunken. Man unterliegt einer Selbsttäuschung. Im Straßenverkehr musste die Freiheit zu fahren, wie es einem passt, eingeschränkt werden, nachdem das Verkehrsvolumen und die Geschwindigkeit der Fahrzeuge angestiegen waren und es zu immer mehr Unfällen kam. Obwohl allen klar war, dass man sich und andere durch hohe Geschwindigkeiten und riskante Manöver in Gefahr bringt, änderten die meisten Fahrer ihre Fahrweise nicht. Saßen sie einmal hinter dem Steuer, ging es nur noch um die Umsetzung des Potenzials unter der

81 Meyers, D.G., Neuberger, J.S. & He, J. (2009). Cardiovascular Effect of Bans on Smoking in Public Places. A Systematic Review and Meta-Analysis. *Journal of the American College of Cardiology*, 54, 14, 1249–55.

Motorhaube. Die Verführung durch den Moment war größer als die realistische Einschätzung der Gefahren.

Durch Normen wurden die Fahrer gezwungen, ihre Fahrweise zu ändern bzw. das Risiko empfindlicher Sanktionen in Kauf zu nehmen. 1909 wurden im Deutschen Reich Geschwindigkeitsbeschränkungen eingeführt und ab den 1920er-Jahren begann man, die Fahrbahnen zu markieren. Viele Fahrer fassten damals solche Regelungen als Schikane auf. Die Gesetze reduzierten jedoch Unfälle eklatant und erleichterten den Verkehrsfluss.

Normierungen erleichtern das Leben auch in weniger dramatischen Lebensbereichen. Treppen mit Handlauf wurden verlangt, nachdem man realisiert hatte, dass sich dadurch Zahl der Treppenstürze signifikant vermindern ließ. Normen führt man jedoch nur ein, wenn *plausible* Gründe vorliegen. Keinem Menschen kommt es in den Sinn, nächtliche Schlafstellungen zu normieren, weil hie und da ein Schlafender aus dem Bett fällt und sich verletzt, oder Gangarten zu standardisieren, weil Menschen ja immer wieder beim freien Gang stürzen. Es gibt auch keine Regelung, die das Verhalten auf Brücken definiert: Die Gefahren sind klar und schließlich möchte die meisten Menschen nicht ihr Leben auf Spiel setzen. Werden jedoch *zu viele* Normen eingeführt, dann kommt es womöglich zu einer negativen Auswirkung auf das Denken der betreffenden Menschen. Es wird nicht mehr selbstständig gedacht, sondern die Norm nimmt einem das Denken ab. Klugheit geht verloren.

Standards sind problematisch in der Arbeit mit Menschen

Das Denken in Normen hat bei wirtschaftlichen und technischen Themen nicht haltgemacht. Es wurde zum Lösungsansatz in Arbeitsgebieten, die von der Begegnung zwischen

Menschen leben: Beratung, Schulung, Therapie, Verkauf, Weiterbildung. Während die Nützlichkeit in der Industrie eindeutig ist, stellt sich bei menschlichen Interaktionen die Frage, ob Normen die Qualität der Arbeitsleistung wirklich steigern.

Eine Kollegin erzählt mir von einer Patientin, die sie in einer Klinik behandelt hatte und für die sie eine ambulante Psychotherapie plante. Hier trat der Konflikt zwischen standardisiertem und individuell angepasstem Vorgehen deutlich zutage. Während des Aufenthalts in der Klinik konnte sie mit der Patientin individuell arbeiten und der Patientin gelang es, ein Vertrauensverhältnis zu ihr herzustellen. Nach einer bestimmten Zeit konnte sie entlassen werden unter der Bedingung, dass die Konsultationen fortgesetzt wurden. Indiziert waren zwei Sitzungen pro Woche. Leider konnte sich die Patientin zwei wöchentliche Zugreisen nicht leisten. Man suchte nach Alternativen und beschloss, jeweils eine Sitzung als Videotelefontermin durchzuführen. Der Krankenversicherung waren jedoch die Hände gebunden. Der Standard legt fest, dass Sitzungen in einem Behandlungszimmer durchgeführt werden, die Patienten müssen physisch präsent sein. Die Kosten wären für die Versicherung nicht gestiegen, aber der Vorschlag entsprach nicht den gängigen Standards, die unabhängig vom Einzelfall gelten. Der Standard verhinderte eine pragmatische, sinnvolle Lösung.

Um als Psychologe, Zugbegleiterin, Physiotherapeut, Bankangestellte, Feuerwehrmann oder Erzieherin zu arbeiten, genügt es nicht, sich selbst dazu zu erklären.[82] Will man der entsprechenden Berufsgruppe beitreten, bedarf es einer ent-

82 Es gibt Ausnahmen: Um Künstler, Kunstmaler, Sportler, Musiker und sogar Wahrsager zu sein, braucht es keine spezielle Akkreditierung durch Berufsverbände oder Ausbildungsinstitutionen. Bis vor Kurzem konnte sich jeder in der Schweiz auch Psychologe nennen.

sprechenden Ausbildung und man muss ihre Standards übernehmen. Man verpflichtet sich, das dazugehörende Wissen und Können zur Grundlage der Arbeit zu machen und den Beruf nach den neuesten wissenschaftlichen Erkenntnissen auszuführen. Standards setzen fest, über welche Kompetenzen jemand verfügen muss, um eine bestimmte Tätigkeit auszuführen. Sie beziehen sich auf konkrete Handlungen, die in einem bestimmten Setting angewendet werden. Die Qualitätskriterien einer Handlung hierfür sind bekannt.

Wie wirken sich jedoch Standards auf die Denk- und Beurteilungsfähigkeit und das berufliche Selbstverständnis aus? Können sie auch negative Effekte haben, zu einer Arbeitsweise führen, in der man sich ausschließlich auf formale Regeln bezieht («tick the box»)? Besteht die Gefahr, dass sich Menschen, die ihren Beruf ausüben, in Bürokraten verwandeln, denen der Mut zu Eigenurteil und eigenständigem Denken fehlt? Dass sie die Abläufe befolgen, weil es die nun mal gibt, auch wenn sie keinen Sinn ergeben. Wie jener indische Beamte in Coimbatore, der für eine Bewilligung eines Erweiterungsbaus meines Onkels auf einer Teeplantage unbedingt den Mädchennamen seiner Mutter, meiner Großmutter, in Schottland wissen musste. Das Formular hatte die entsprechende Rubrik.

Das Anpassungssyndrom

«Letzte Woche hatte ich viel Arbeit, doch ich bin noch nicht zufrieden mit mir. Ich möchte mehr leisten. Es ist mir ein wichtiges Anliegen, dass wir unsere Jahresziele erreichen!», hat ein Mitarbeiter in seinem Bericht festgehalten und in der mündlichen Runde nochmals bekräftigt. Ein anderer Mitarbeiter meint pathetisch: «Wir müssen alles daran setzen, dass nicht Einzelne ihrem Egoismus frönen, das System ausnutzen. Es geht ja schließlich um Gerechtigkeit und das gemeinsame Wohl!» Alle nicken. Ein kleiner Ausschnitt aus einer wöchentlichen Sitzung von Sekretären einer Universität in China, die von der kommunistischen Partei angestellt wurden, um sich in der Universität für die Werte und Ziele der Partei einzusetzen – und natürlich Abweichungen und destruktive Meinungsäußerungen zu melden. Die Gruppe belobigt dann auch, dass sie *alles* daran setze, Korruption, Geldverschwendung zu verhindern und Privilegierungen zu verunmöglichen. Der Clou: Praktisch alle Teilnehmer haben ihre Statements aus dem Internet heruntergeladen! Keiner will mit seinen Äußerungen fehlgehen. Es geht darum, den Erwartungen der Partei zu genügen. Selbstständiges Denken oder gar kritische Gedanken werden nicht erwartet.[83]

Nun: wir leben in Europa in demokratischen Gesellschaften. Es besteht Meinungsfreiheit. Man kommt nicht ins Gefängnis oder wird in eine ferne Provinz verbannt, wenn man bei der Arbeit ausdrückt, was man denkt. Von der Dynamik, die zu der oben beschriebenen Maskerade führt, sind wir jedoch nicht gefeit. In Institutionen, in denen überdies ein hoher Formalisierungsgrad herrscht, verfallen die Mitarbeiter oft in einen *Anpassungsmodus*. Sie denken und sprechen lieber in den vorgegebenen Kategorien, formulieren keine außergewöhnlichen Gedanken, aus Angst, die Karriere zu gefährden oder als Außenseiter oder rückschrittlich zu gelten. Man hält die Standards scheinbar ein.

Könnte ein Schulleiter z. B. frei und offen infrage stellen, ob das propagierte Prinzip der Inklusion in der Schule, d. h., dass Kinder mit und ohne Behinderungen von Anfang an gemeinsam miteinander lernen, tatsächlich sinnvoll ist? Natürlich ist

83 Persönliche Schilderung eines Parteisekretärs, siehe auch: McGregor, R. (2012). *The Party. The Secret World of China's Communist Parties.* London: Penguin.

das Prinzip an sich richtig, aber stimmen auch die Bedingungen dafür? Hat sich ein Begriff einmal als neue Leitidee in den Köpfen festgesetzt, ist es schwierig, selbst mit richtigen Argumenten und Fragen noch einmal eine Debatte zu initiieren.

Durch ein Übermaß an Regulierungen wird selbstständiges Denken verhindert. Es kommt zu Lippenbekenntnissen. Wichtige Fragen werden nicht angedacht und über Praxis wird nicht reflektiert. Kluges Handeln wird verhindert. Man fügt man sich scheinbar und produziert die entsprechende Rhetorik, schaltet um auf den Anpassungsmodus. Die Standards werden zum Teil einer *Inszenierung*. Oft kommt es sogar zu einer doppelten Buchführung, d.h., man hält sich scheinbar an den Standard, kritisiert ihn jedoch innerlich oder unter Freunden. Als Abteilungsleiter erteilt man die Qualifikationen seiner Mitarbeiter gemäß der Normalverteilung, obwohl man eigentlich mit allen zufrieden ist; als Lehrer macht man Kreuze auf dem Evaluationsblatt für Elterngespräche, obwohl man den Sinn nicht einsieht, und bei der Feedback-Sitzung beteuert man, dass man selbstverständlich die Vorgaben des Gender-Mainstreaming eingehalten hat. Es kommt zu einer allgemeinen Heuchelei, Maskierung, Doppelbödigkeit und Scheinheiligkeit, denn eigentlich denkt man anders und verfolgt andere Ziele.

Standardisierungswahn im Bildungssystem nach PISA – ein Fallbeispiel

Betretene Stille breitete sich aus, als sich die Türe öffnete und die Studentin den Raum betrat. Ihren Blick auf den Boden gerichtet, niemanden grüßend nahm sie in der mittleren Bankreihe Platz. Seit dem plötzlichen Tod ihres Vaters vor zwei Wochen hatte man sie nicht gesehen. Allen Studierenden im Raum war klar, dass der Tod ihres Vaters für die junge Frau ein großer Schock gewesen sein muss. Nach der Scheidung ihrer Eltern war sie zu ihrem Vater gezogen. Mit ihrer Mutter hatte sie sich zerstritten und keinen Kontakt mehr. Stumm nahm sie ihren Platz ein. Ich war als Psychologiedozent für die Lektion verantwortlich. Sollte ich fortfahren, als wäre nichts geschehen? Sollte ich sie vor allen nach ihrer Befindlichkeit fragen? Sie nach der Lektion ansprechen oder so tun, als wüsste ich von nichts? Der Zufall wollte es, dass genau in dieser Psychologiestunde die Themen Abschied und Trauer auf dem Plan standen! Hatte die Studentin vielleicht bewusst entschieden, bei diesem Thema ihr Studium wieder aufzunehmen? Ich kannte ihr Motiv nicht. Wichtig war jedoch, dass sie sich entschlossen hatte, ihre Ausbildung fortzusetzen und nun wieder unter uns war. Die anderen Studentinnen warfen mir erwartungsvolle Blicke zu. Ich soll die Situation meistern, wurde mir stumm kommuniziert. Dummerweise saßen ausgerechnet an diesem Tag die Mitglieder der kantonalen Aufsichtskommission im Raum und blickten streng nach vorn. Zusammen mit dem Rektor war es ihre Aufgabe, meine Lektion zu bewerten. Die Gruppe verfolgte meine Worte und Handlungen mit Argusaugen. Was tun?

Meine vorbereitete Lektion, die auch Gruppenarbeit und ein Fallbeispiel beinhaltete, konnte ich unmöglich durchführen. Ich schob meine Vorbereitungen zur Seite und sprach spontan über Trauerprozesse, Umgang mit Schmerzen und Abschied. Die Schülerinnen lauschten in absoluter Stille meinen Worten. Ich fühlte mich wie ein Pfarrer bei einer Trauerfeier. Die üblichen Zwischenfragen, Bemerkungen und lebhaften Diskussionen, die die Klasse sonst auszeichnete, blieben aus. In stummer Ergriffenheit teilten wir die Trauer der Studentin. Eine Powerpoint-Präsentation mit den Hauptmerkmalen eines Trauerprozesses wäre unpassend gewesen. Alle realisierten dies – außer natürlich die Mitglieder der

Schulkommission! Unberührt saßen sie da, schauten herum, machten auf ihren Blättern Kreuzchen und Notizen, tuschelten und schritten von Pult zu Pult. Sie waren die Einzigen, die sich in Anbetracht der Situation unpassend verhielten!

Nach der Lektion wollte ich die Schulkommission auf die besonderen Umstände aufmerksam machen und ging auf sie zu. «Ein Gespräch unmittelbar nach Schulbesuch ist nicht vorgesehen! Gemäß Protokoll müssen wir zuerst unsere Eindrücke austauschen und auswerten», teilte mir der Schulleiter etwas verlegen mit. Man wolle sich nicht durch meine Worte und Erklärungen beeinflussen lassen. Objektivität sei verlangt! Die Lektion werde aufgrund *klarer* Standards beurteilt. Zwei Wochen später erfuhr ich, dass man mit mir nicht zufrieden war. Kritisiert wurde das Fehlen didaktischer Hilfsmittel, der Verzicht auf eine Powerpoint- Präsentation, auf Gruppenarbeiten und auf die Rhythmisierung des Unterrichts. Durch meinen Frontalunterricht seien die Schülerinnen zur Passivität gezwungen worden, teilte mir der Rektor trocken mit. Die Auswertung der Beobachtungsbögen und Notizen hätten dies ergeben. Mir wurde eine Weiterbildung empfohlen. Ich war perplex. Die Schulkommission hatte sich vorgenommen, professionell vorzugehen. Standards sollten die Grundlage meiner Mitarbeiterbeurteilung sein? Mein Glück war, dass ich ein gutes Einvernehmen mit dem Rektor hatte und ihm die besonderen Umstände nachträglich erklären konnte. Er zeigte volles Verständnis. Mein Jahresziel wurde umformuliert und die Beurteilung revidiert.

Die nächste Generation zu bilden, unser Wissen weiterzugeben und Fähigkeiten zu fördern, gehört zu den Kernaufgaben einer Gesellschaft. Kinder und Jugendliche müssen sich jenes Wissen und jene Fertigkeiten aneignen, die sie auf das Leben vorbereiten, damit sie in Beruf und Privatleben, als Eltern und Staatsbürger ein erfolgreiches und autonomes

Leben führen können. Da Eltern nicht alles übernehmen können, um soziale Ungleichheit auszugleichen, und um flächendeckend eine gute Versorgung zu gewährleisten, haben wir Schulen und Krippen eingerichtet. Die Schule ist der Ort, wo sich Erwachsene systematisch um die jüngere Generation kümmern, sich mit ihr auseinandersetzen und in der Persönlichkeitsentwicklung helfend und lehrend beiseitestehen. Diese Aufgabe wird nicht an alte Landesknechte oder den Klerus delegiert, wie vor mehr als zweihundert Jahren, sondern von Pädagogen übernommen.

Denker und erfahrene Praktiker entwarfen Konzepte und dachten über die gute Schule nach. Heinrich Pestalozzi sah in der Wohnstube ein Vorbild für den Unterricht: Lehrpersonen sollten mit den Schülern eine Beziehung aufnehmen. Rudolf Steiner teilte den Unterricht in Epochen ein und erhob den Klassenlehrer zu einer Person, der Kinder über Jahre begleitet, und Maria Montessori entwickelte Objekte, mit denen die Schüler spielerisch lernen können. Die Schule wurde als Raum verstanden, in dem Menschen mit Menschen arbeiten. Pädagogische Handlungen sah man in Beziehungen eingebettet. Wie der Unterricht aussehen sollte, war von den Vorstellungen und Ansätzen der jeweiligen Pädagogen abhängig. Persönlichkeiten prägten die pädagogische Landschaft. Dann kam die PISA-Studie.[84]

Fallstricke der PISA-Studie

So wie nach dem Untergang der Titanic die Seefahrtsbestimmungen aufgrund des Schocks eingeführt wurden, war das im Fall von PISA mit den Schulreformen. Angesichts der medialen Aufregung war man überzeugt, ein Problem lösen zu müs-

84 Program for International Student Assessment (PISA).

sen. Im Gegensatz zur Titanic, wo es zu einer Katastrophe mit über 1500 Toten kam, ist bei PISA jedoch nicht sicher, ob es sich um ein wirkliches oder herbeigeredetes Ereignis handelt. Haben die Schulen, die schlecht abschnitten, wirklich versagt oder wurde das Thema von verschiedenen Personen und Institutionen angeheizt? Profitierten gar Erziehungswissenschaftler und Bildungspolitiker von der kollektiven Hysterie, indem sie sich als Macher profilieren und ihren Einflussbereich erweitern konnten? Die Kunde von gravierenden Schwachstellen ermöglichte es, sich als Retter eines scheinbar maroden Systems anzubieten. Ob die Reformen *wirklich* nötig sind und Schüler und Schülerinnen *tatsächlich* kompetenter und intelligenter machen, oder ob sie lediglich einen großen bürokratischen Aufwand insbesondere für das Lehrpersonal zur Folge haben und Zusatzkosten verursachen, ist jedoch zweifelhaft.[85] Offen ist auch, ob die Maßnahmen dazu führen, dass die Schüler de facto mehr oder besser lernen. Die heftigen Debatten ließen auch vergessen, dass bei PISA lediglich klar umgrenzte Leistungen erfasst wurden und nicht das gesamte System Schule. Dennoch wurden die PISA-Resultate zur entscheidenden Messgröße der Schulqualität. Schulen leisten aber noch viel mehr und anderes, als gemessen wurde.

Es stimmt auch nicht, dass Leistungen erst nach PISA systematisch erhoben wurden. Lehrpersonen haben schon davor die Leistungen ihrer Schüler erfasst und auch verglichen.[86] Neu war bei PISA lediglich, dass man die Vergleichsgruppe ausgeweitet hat. Hatte man sich bisher am Klassendurchschnitt orientiert, an früheren Klassen oder der Parallelklasse, wurden nun die Leistungen in einem internationalen Setting

85 Temes, P. S. (2002). *Against School Reform (And in Praise of Great Teaching)*. Chicago: Ivan R. Dee.

86 Zum Beispiel mit Klassen-Cockpit, einem Instrument zur Qualitätssicherung der Schule.

positioniert. Dadurch erhielten die PISA-Resultate in der öffentlichen und wissenschaftlichen Wahrnehmung ein weitaus größeres Gewicht. Denn nun ging es auch um einen Wettbewerb der Nationen. Finnland gegen Deutschland, Schweiz gegen Österreich. Gegenindikatoren oder andere Beurteilungsformen hatten durch diesen Hype keine Chance.

Internationalen Vergleichen muss man mit Skepsis begegnen. Nationen haben jeweils ganz unterschiedliche Rahmenbedingungen, eine andere Geschichte, eine spezielle Bevölkerungsstruktur, sie pflegen eine andere Politik, einen anderen Glauben, andere Mythen und haben eine je eigene Identität. Schulen und ihre Unterrichtsformen und Werte sind ein Spiegel des jeweiligen Landes. Werden die Schüler auf Leistungen in Tests getrimmt? Ist eine Schule auf akademische Karrieren ausgerichtet oder konzentriert sie sich auf Basiskompetenzen? Welchen Wert haben die Berufslehren? Welchen Preis zahlen die Schüler, wenn sie zu Bestleistungen angehalten werden, wie es zum Beispiel in China üblich ist?[87] Sind den Schülern die Testformen vertraut?[88] Vergleiche suggerieren eindeutige Qualitätskriterien. Unterschlagen wird dabei jedoch, dass über die Güte einer Schule nicht entschieden werden kann, ohne den jeweiligen Kontext zu berücksichtigen.

Gleichwohl sind Schultests wichtig. Sie ermöglichen Lehrpersonen, sich ein Bild über den Leistungsstand ihrer Schüler und Schülerinnen zu machen und ihren Unterricht entsprechend zu gestalten. Standardisierte Tests wie PISA sind neben

87 In China herrscht für Kinder ein unglaublicher Leistungsdruck, zum Teil wird das gesamte Schicksal der Familie an den zukünftigen Erfolg des Kindes geknüpft. Siehe z.B. Chua, A. (2011). *Die Mutter des Erfolgs. Wie ich meinen Kindern das Siegen beibrachte.* Zürich: Nagel & Kimche. Siehe auch: http://www.spiegel.de/schulspiegel/wissen/chinesische-schueler-auswendiglernen-sehr-gut-phantasie-ungenuegend-a-734775.html [10.9.2015].

88 http://www.tagesanzeiger.ch/schweiz/standard/Der-Plan-ueberfordert-die-Schueler/story/25897539 [10.9.2015].

dem persönlichen Eindruck, dem Feedback der Kinder, eigenen Prüfungen und den Rückmeldungen der Eltern *eine* Form der Leistungsbeurteilung. Das Problem ist jedoch, dass die PISA-Studie zur *Hauptbeurteilungsmethode* avancierte. Andere Stimmen wurden nicht mehr gehört. Das ermöglichte es Erziehungswissenschaftlern, Bildungsexperten und -bürokraten, die Deutungshoheit an sich zu reißen und sich der Öffentlichkeit mit ihren Methoden und Interpretationen des Schulgeschehens zu empfehlen. Im Gegensatz dazu verloren die Praktiker vor Ort mit ihren Beurteilungen und Beobachtungen im Diskurs immer mehr an Gewicht und hatten sich von nun an an die Vorgaben und Anweisungen der Behörde, Schulleiter und Handbücher zu halten. Die Lehrpersonen wurden zu Ausführungsbeamten degradiert. Mit anderen Worten: Praktische Erfahrungen wurden entwertet. Die Schule wurde zu einem Experimentierfeld der Wissenschaft.

Der PISA-Schock und die Reaktionen

Bis zur PISA-Studie war man der Schweiz und in Deutschland überzeugt, dass die Schulen ein exzellentes Niveau aufweisen. Doch die Ergebnisse der Studie, der ersten internationalen Schülerbewertung, welche die Kompetenzen der 15-jährigen Schüler aus 32 Ländern in Mathematik, den Naturwissenschaften und im Leseverständnis erfasste und am 4. Dezember 2001 vorgestellt wurden, waren ernüchternd. In Deutschland waren die Leistungen im weltweiten Vergleich *unterdurchschnittlich*. Fast jeder vierte 15-Jährige konnte nur auf Grundschulniveau lesen und Texte verstehen und auch die Mathematikkenntnisse waren schlecht. Die deutschen Schüler zählten zur Risikogruppe! In der Schweiz waren die Resultate etwas besser, doch Länder wie Finnland, Korea, Hongkong überflügelten Deutschland und die Schweiz klar! 5000 Schüler und Schülerinnen waren geprüft worden. In Europa schnitten die finnischen Schüler in den Multiple-Choice-Fragen und Textaufgaben am besten ab.

Die Ergebnisse der PISA-Studie wurden medial skandalisiert. Die Folge waren heftige Debatten. Man sprach von dem schwärzesten Tag der Geschichte der Schulen und malte sich düstere Szenarien aus: Ist das Wirtschaftswachstum in Gefahr? Müssen wir uns auf einen Abstieg vorbereiten? Man konstatierte eine Bildungskatastrophe, wollte das Übel an den Wurzeln packen, forderte Maßnahmen und suchte nach Sündenböcken! Haben die Pädagogen an der Front versagt? Setzen wir altbackene Methoden ein? Politiker und Ministerien nahmen sich des Themas an und klinkten sich in Fachdiskussionen ein. Man befürchtete, dass Kinder und Jugendliche nicht mehr genügend auf das Leben vorbereitet werden und die Wirtschaft darunter leidet. Antworten waren gefragt!

Aufgeschreckt durch den öffentlichen Diskurs wandten sich die Bildungs- und Erziehungsministerien in der Schweiz wie auch in Deutschland an die Erziehungswissenschaftler. Was weiß man dort über Schulqualität? Wie können die Leistungen verbessert werden? Die Stunde der Bildungsexperten hatte geschlagen! Die kollektive Aufregung bot Fachleuten, die sich theoretisch und wissenschaftlich mit Erziehung und Schule beschäftigten, eine Einflugschneise. Nun waren objektive Urteile und Methoden gefragt. Im systematischen Messen und Vergleichen, wie in der PISA-Studie praktiziert, wurde die Lösung gesehen. Politiker wollten Schulkonzepte, die Objektivität und eine Qualitätssteigerung des Unterrichts suggerierten. Da Bildung ein Indikator für die wirtschaftliche Stärke eines Landes ist, mussten konkrete Ergebnisse her! Der Input und die Struktur der Schule mussten genau definiert werden. PISA stipulierte, dass man über objektive Daten über die Qualität der Schule verfügt und somit Reformen fordern und deren Ergebnisse dann anschließend messen konnte!

Eine Konsequenz des PISA-Schocks war, dass die bisherigen Schulstrukturen, Lehrpläne und Beurteilungsformen infrage gestellt wurden. Man hatte vermeintlich die Schwächen der Schule aufgedeckt. Der Schulbetrieb muss reguliert werden! Auf ihrer Plenarsitzung beschloss darum die Kultusministerkonferenz[89] im Dezember 2001 «erste Konsequenzen aus den Ergebnissen der PISA-Studie» und «konkrete Maßnahmen zur Verbesserung der schulischen Bildung in Deutschland,»[90] und zwar «zur konsequenten Weiterentwicklung und Sicherung der Qualität von Unterricht und Schule auf der Grundlage von verbindlichen Standards».[91] Hatte man sich bisher auf die Arbeit von lokal verankerten Schulinspektoren, die oft aus den Reihen der Lehrer stammten, auf Berichte von Laienschulpflegern oder Aufsichtskommissionsmitgliedern verlassen, sollten nun speziell zertifizierte Fachpersonen die Bewertung der Schule übernehmen bzw. ergänzen. Bisher hatte man sich auf den Input konzentriert, auf Bildungsinhalte, die die Lehrer vermitteln. Nun interessierte der Output, die Resultate der Bildungsvermittlung, was die Schüler und Schülerinnen an Leistungen und Wissen vorweisen können. So wurden «ergebnisorientierte Leistungsstandards» gefordert.[92] Die konkreten Ergebnisse der Arbeit der Lehrpersonen sollten erfasst werden, um die Schulqualität objektiv zu überprüfen, um «gute» von «problematischen» Schulen zu unterscheiden und Schwächen beheben zu können.

89 Ständige Konferenz der Kultusminister der Länder in der Bundesrepublik Deutschland.

90 Pressemitteilung vom 6. Dezember 2001, zit. n. Herzog, W. (2013). *Bildungsstandards*. Stuttgart: Kohlhammer, S. 9.

91 Ebenda, S. 9.

92 Maradan, O., Mangold, M. (2005). Bildungsstandards in der Schweiz. Das Projekt HarmoS· *ph-akzente, 12 (2),* Seite 3–7.

Die eingeführten Leistungsstandards wurden durch den Begriff der *Kompetenzen* theoretisch abgestützt. Dabei geht es um «die bei den Individuen verfügbaren oder durch sie erlernbaren kognitiven Fähigkeiten und Fertigkeiten, um bestimme Probleme zu lösen, sowie die damit verbundenen motivalen, volitionalen und sozialen Bereitschaften und Fähigkeiten, um die Problemlösungen in variablen Situationen erfolgreich und verantwortungsvoll nutzen zu können.»[93] Diese Kompetenzen sollen den Schülerinnen und Schülern bei der Bewältigung von *konkreten* Lebensaufgaben helfen und mit Tests gemessen werden. Als Kompetenzen werden genannt: «kommunikative», «interkulturelle», «strategische», literarische», «motorische», «historische» sowie «Raumverhaltens-» und «Bildkompetenz».[94] Um eine Schule zu bewerten, müssen die Kompetenzen operationalisiert, also messbar gemacht werden. Gute Ergebnisse gelten als Beweis, dass die Schüler und Schülerinnen über die entsprechenden Kompetenzen verfügen und somit gut auf das Leben vorbereitet sind. Die Schule hat gute Arbeit geleistet.

Die Eidgenössische Erziehungsdirektorenkonferenz (EDK) legte am 16. Juni 2011 fest, über welche Grundkompetenzen die Schüler und Schülerinnen in der Schweiz am Ende des vierten, achten und elften Schuljahres verfügen sollen. Diese wurden nicht im Rahmen einer öffentlichen Debatte bestimmt, man orientierte sich an Gremien, internationalen Organisationen und den PISA-Vorgaben.[95] Grundkompetenzen werden für die Muttersprache und Fremdsprachen, Mathematik und Natur-

93 Weinert, F.E. (2001). Vergleichende Leistungsmessung in Schulen – eine umstrittene Selbstverständlichkeit. In Weinert, F.E. (Hrsg.), *Leistungsmessungen in Schulen*. Weinheim und Basel: Beltz Verlag, S. 27f..

94 Labudde, P. (Hrsg.) (2007). *Bildungsstandards am Gymnasium, Korsett oder Katalysator?* Bern: h.e.p.

95 Siehe: Herzog, W. (2013). *Bildungsstandards*. Stuttgart: Kohlhammer, S. 89.

wissenschaften definiert. Beim Lesen sollen die Schüler am Ende der vierten Klasse mithilfe von «gezielten Fragen dazu angeleitet werden, einen Text als Ganzes zu verstehen, Informationen zu erfassen».[96] Bei den sozialen Kompetenzen wird festgehalten, dass die Schüler «gute und tragfähige Beziehungen zu anderen Menschen unterhalten», kooperationsfähig werden und mit «anderen zusammenarbeiten» können und «Konflikte benennen, Lösungsvorschläge suchen und Konflikte lösen»[97] können. Der Unterricht wird nicht mehr auf der Grundlage von Inhalten, sondern von erwünschtem Verhalten geplant werden. Dieses kann mithilfe von Standards erfasst, gemessen und verglichen werden.

Damit die Leistungsstandards landesweit erreicht werden, wurde der sogenannte Lehrplan 21 entwickelt und soll im Rahmen von HarmoS[98] in allen Kantonen verbindlich eingeführt werden. Auf diese Weise können nationaler Durchschnitt und Referenzgrößen errechnet und die Qualität der Schulen verglichen werden. Schulen, die ihre Leistungen *nicht* erbringen, stehen unter Rechtfertigungsdruck. Die Schulen werden somit stärker als zuvor von oben nach unten gesteuert. Die Vereinheitlichung der Schulbetriebe über Leistungsstandards und Kompetenzen ermöglicht ein professionelles Controlling und Bildungsmonitoring, Erziehungsdirektionen und Bildungswissenschaftler verfügen über ein Steuerungsinstrument. Durch diesen Systemwechsel können Bildungswissenschaftler Einfluss auf den Schulbetrieb ausüben und ihre Ideen einbringen.

---

96 Grundkompetenzen für die Sprache. Schweizerische Konferenz der Erziehungsdirektoren. Freigegeben an der Plenarversammlung am 16. Juni 2011, S. 12.

97 Projekt Deutschschweizer Lehrplan. Geschäftsstelle der deutschsprachigen EDK-Regionen, verabschiedet an der Plenarversammlung der deutschsprachigen EDK-Regionen am 18. März 2011, S. 21.

98 Interkantonale Vereinbarung über die Harmonisierung der obligatorischen Schule (HarmoS).

Vom Sinn und Unsinn der erfolgten Maßnahmen

Konsultiert man die eigenen Erinnerungen, fällt es schwer, ein eindeutiges Urteil über die Schule als Instanz der Wissensvermittlung zu fällen. Was ist von den unzähligen Unterrichtsstunden geblieben, die man hinter der Schulbank sitzend verfolgte? Natürlich haben wir viel internalisiert. Wir sind zu dem geworden, was wir sind, *weil* wir den Lernstoff einmal durchgearbeitet haben, auch wenn wir oft meinen, wir hätten alles vergessen. Woran wir uns jedoch oft noch sehr gut erinnern können, sind die Menschen, die sich uns in der Schule gewidmet haben: die Lehrer, die uns begeisterten, aufmunterten, inspirierten, jedoch auch jene, die uns langweilten oder mit uns schimpften. Während der Schulzeit haben wir Erfahrungen mit liebevollen, strengen, arroganten und schwierigen Lehrpersonen gesammelt: mit dem strengen Mathematiklehrer, der uns mit endlosen Wurzelrechnungen quälte, der freundlichen Englischlehrerin, die so spannend von ihrer Zeit in Vancouver berichtete, oder dem jähzornigen Primarschullehrer, der gerne Fotografien zeigte, die er in seiner Freizeit aufgenommen hatte.

Auf Kosten der Individualität: Standardisierte Lehrpraxis

Erinnerungen können natürlich täuschen. Dennoch geben sie uns Hinweise dafür, was uns *wirklich* beeindruckte und beschäftigte. Und sie machen deutlich, dass die Schule von Menschen lebt, die bereit sind, mit Kindern oder Jugendlichen in *Beziehung* zu treten, sich ihnen zu öffnen und sie an ihren Gedanken, Emotionen und Interessen teilhaben zu lassen. Die Schule ist der Ort, an dem auch eine vielschichtige persönliche Auseinandersetzung zwischen Kindern und Jugendlichen und einem Erwachsenen stattfindet. Die Lehrenden lehren nicht nur, sondern disziplinieren, orientieren, coachen, beraten, trösten und ermuntern ihre Schüler und Schülerinnen. *Wie* sie unterrichten, welche Methoden sie einsetzen und auf welche Inhalte sie sich konzentrieren, hängt stark von der Persönlichkeit der Lehrperson ab. Lehrer führen kein vorgegebenes Programm aus, sondern interpretieren es je nach Situation spontan und nach bestem Wissen und Gewissen. Sie variieren Vorlagen, erweitern oder reduzieren Lerneinheiten, entwickeln ein eigenes Unterrichtskonzept und wagen hie und da Verrücktes. Sie prägen den Unterricht auch durch ihre Vorlieben, Interessen und ihr Temperament. Und auch das ist ein wesentlicher Teil dessen, was die Schüler beeindruckt, möglicherweise anregt und später in Erinnerung bleibt.

Aus wissenschaftlicher Sicht ergibt sich dadurch ein Problem. Wenn die Qualität einer Arbeit von der *persönlichen* Gestaltung abhängt, ist die Vergleichbarkeit natürlich schwierig. Es gibt Lehrpersonen, die aufgrund ihrer Spontaneität und ihres Humors erfolgreich sind, andere wegen ihrer Erzählgabe oder Empathie und wieder andere beeindrucken die Schüler wegen ihres Sachwissens und ihrer Originalität. Wie soll man das empirisch erfassen und in verbindlichen Normen ausdrücken? Den Einfluss des Humors einer Lehrperson auf die Leistungen der Schüler in Mathematik lässt man kaum je objektiv ermitteln. Es wäre aus methodologischer Perspektive ein Messfehler.[99]

Dazu kommt, dass sich auch Schulklassen voneinander unterscheiden. Jede Schulklasse hat ein eigenes Profil. Es

99 Tests versuchen, durch Erhebung vorher definierter Faktoren einen Zusammenhang zwischen diesen Faktoren und der Leistung zu errechnen. Alles, was nicht erhoben wird, gehört in der Statistik in den Messfehler, d.h. die Varianz der Werte, für die es keine Erklärung gibt, weil sie ex ante nicht berücksichtigt worden sind.

kann sein, dass eine Unterrichtsmethode bei einer Klasse nicht greift, während sie bei einer anderen genau die Richtige ist. Was in einer Klasse funktioniert, wird in einer anderen zum Desaster.

Will man Vergleiche ziehen, muss das Beurteilungsprozedere reproduzierbar und die Testmethode valide sein. Demnach müssten der Persönlichkeitsfaktor der Lehrperson und das Klassenprofil neutralisiert oder wenigstens minimiert werden. Nur so kann man Resultate einander gegenüberstellen und verallgemeinern. Gegen solche Studien ist an sich nichts einzuwenden. Vergleiche sind interessant und für die Diskussion über die Leistung der Schule hilfreich. Problematisch ist nur, dass diese Art von Studien mittlerweile eine Vormachtstellung einnimmt. Viele wichtige Faktoren werden ausgeblendet, sodass die Resultate manchmal wenig mit dem *effektiven* Schulgeschehen zu tun haben. Oft wird ein wenig relevantes Detail zum Kernmerkmal des Unterrichts erhoben: die Auftrittskompetenz, die Organisation der Lernlandschaften oder die Powerpoint-Präsentation. Das ist so, als wenn man über die Qualität eines Filets Wellington nach dem Salzgehalt entscheiden würde. Vergleichbarkeit durch Standardisierung, ein für spezifische Aufgaben in Technik und Wirtschaft entwickelter Ansatz wurde auf Menschen übertragen. Wegen der Vielschichtigkeit des Unterrichts reicht dieser Ansatz jedoch nicht aus, um die professionelle schulische Arbeit qualifiziert und differenziert zu beurteilen.

Die Botschaft hinter den entsprechenden Reformen ist, dass die Schule nicht von Individualisten geführt werden soll. Die Lehrpersonen sollen keine eigenen Schwerpunkte setzen und persönlichen Erfahrungen einbringen, sondern ihren Unterricht nach neuesten wissenschaftlichen Erkenntnissen und nach vergleichbaren Leistungen ausrichten.

Aus Lehrkörpern werden Teams

Ein weiterer im neuen Bildungsdiskurs wichtiger Begriff ist der des *Teams*. Die Lehrpersonen einer Schule sollen sich als Team verstehen, was Zusammenarbeit, Offenheit, Dialog und Gemeinschaftssinn impliziert. Nur Eigenbrötler, Misanthropen oder Querulanten würden sich gegen diese positiven Inhalte stellen. Versteht man die Lehrerschaft als Team, werden Probleme gemeinsam gelöst, Werte, Haltungen und Lehrmittel geteilt und es herrscht eine Feedbackkultur. Gegenüber Eltern tritt man als Team auf und stellt sich als Persönlichkeit in den Hintergrund.

Nur: Aus arbeitspsychologischer Sicht ist die Definition des Lehrkörpers als Team problematisch. In den meisten Schulen arbeiten Lehrpersonen *nicht* als Team. Das liegt nicht am bösen Willen, schlechten Schulklima oder an mangelnder Einsatzbereitschaft, sondern an der Tatsache, dass das Kerngeschäft der Lehrpersonen die *individuelle* Auseinandersetzung mit den Schülern und der Klasse ist. Der pädagogische Akt ist ein *singulärer Akt* zwischen zwei Menschen oder einer Gruppe und einem Menschen – ob es sich um Erklärungen, Gespräche, Konflikte oder Ermunterungen handelt. Es ist jeweils eine einzelne Person, die selbstverantwortlich vor der Klasse steht und die Kinder in den Unterricht einbindet und zum Lernen motiviert. Lehrpersonen arbeiten als «Einzelkämpfer». Das widerspricht der Kerndefinition eines Teams. Als Team bezeichnet man eine Gruppe, in der die Einzelnen *zusammen* eine Aufgabe, ein Problem oder eine Herausforderung bewältigen. Teams gibt es in Restaurants: Liefert die Küche nicht das bestellte Essen, dann hat der Service ein Problem. Oder auf dem Bau: Man muss eng zusammenarbeiten, um das Dach oder die Mauer zu errichten oder die elektrischen Leitungen einzuziehen. Ein Team ist nur dann wirklich ein Team, wenn alle in einen gemeinsamen Arbeitsprozess involviert sind. In den Organisationswissenschaften spricht man von Aufgaben- oder Informationsinterdependenzen. Spricht man bei Lehrpersonen von einem Team, handelt es sich um eine Konstruktion, die nicht die Realität schulischer Arbeit spiegelt.

Versteckt sich hinter dem Plädoyer für den Teamgedanken möglicherweise ein machiavellistischer Schachzug? Man erklärt den Lehrkörper zum Team, damit Gruppenprozesse obligatorisch werden und die einzelnen Lehrpersonen an Einfluss verlieren. Auf Lehrerkonferenzen müssen Lehrpersonen verbindliche Lernziele definieren, Unterrichtsmaterialien teilen und sich über Präventionsstrategien zu Alkoholismus, Cybermobbing und Gewalt einigen. Durch das Teamkonzept wird es höheren Instanzen möglich, auf das Geschehen im Klassenzimmer Einfluss zu nehmen. Im Namen des Teams wird koordiniert und vereinheitlicht. Das Team soll sich einigen, wie ein erfolgreicher Unterricht aussieht und wie Elterngespräche durchgeführt werden.

Um keine Missverständnisse aufkommen zu lassen: Gegen den Teamgedanken ist nichts einzuwenden! Für viele Arbeitsprozesse sind sie unabdingbar und geradezu Ausweis von Professionalität. Teams können jedoch nicht auf dem Reißbrett kreiert werden, sondern sie entstehen in und durch die Praxis. Zu einem Team wird man zusammengeschweißt. Die Mitglieder einer Band werden durch ihren Auftritt zum Team, so wie die Ärzte und das Pflegepersonal, die gemeinsam eine Herzoperation ausführen. Lehrpersonen hingegen arbeiten nur in Ausnahmesituationen zusammen: bei der Organisation eines Sporttages, der Durchführung eines Klassenlagers oder gelegentlich beim Teamteaching[100]. Das Kerngeschäft der Lehr-

100 Dabei stehen zwei Lehrpersonen gleichzeitig vor der Klasse. Hierfür braucht es natürlich genaue Absprachen.

personen ist die Arbeit mit Schülern und Schülerinnen. In diesem Gebiet sind sie Meister.

Wenn ein Lehrkörper sich als Team versteht, ohne durch die Praxis zusammengeschweißt zu sein, besteht die Gefahr, dass sich *alternative* Profilierungskriterien entwickeln. Nicht die Leistungen im Kernbereich sind entscheidend, sondern Nebensächlichkeiten, ob man z. B. ein nettes Schwätzchen mit Kollegen und Kolleginnen halten kann. Der Kollege, der unbequeme Fragen stellt, wird hingegen als Ärgernis empfunden. Außerdem drohen künstlich generierte Teamaktivitäten von der eigentlichen Aufgabe abzulenken, nämlich Kinder zu unterrichten. Die Arbeit wird «aufgebläht» und oft ist nicht klar, wem diese Aktivitäten nützen: dem Weiterbildner, dem Schulleiter, der Bildungsdirektion, der Forschung?

Ein problematischer Machtzuwachs? Die Position des Schulleiters

Eine weitere strukturelle Maßnahme nach PISA betrifft die Leitung der Schulen: In der Schweiz wurde die Position des Schulleiters eingeführt.[101] Während es früher nur einen sogenannten Schulhausvorstand gab, der für die Organisation der Bibliothek, Materialbeschaffung und den Kaffee im Lehrerzimmer zuständig war, ist nun der Schulleiter für die Klassenzuteilungen, die Leitbilder, die Qualitätsentwicklung und -sicherung verantwortlich. Es wirkt bei Personalgeschäften mit, entscheidet über sonderpädagogische Maßnahmen, leitet Schulkonferenzen, unterstützt Behörden, wirkt bei Elterngesprächen mit und ist für die Kommunikation nach innen und außen zuständig. Durch den Aufgabenbereich des Schulleiters werden Lehrpersonen in vielen Bereichen entlastet, erhalten bei Konflikten mit Eltern Unterstützung und haben eine Per-

101 Die folgenden Ausführungen beschränken sich auf die Schweiz.

son, bei der sie Anliegen und Wünsche vorbringen können. Vor allem wenn eine Lehrperson mit einem reduzierten Pensum unterrichtet, ist die Schulleitung eine wichtige Integrationsfigur. Sie hat großen Einfluss auf die Schulhauskultur und die Haltungen, die man als Lehrkörper vertritt.

Durch die Schulleitungen können Lehrpersonen aber auch eher von Außeninstanzen beeinflusst werden. Erziehungs- oder Bildungsdirektionen, Schulkommissionen oder -pflegen haben einen Ansprechpartner, über den sich Reformen, Weiterbildungen und Evaluationen leichter kommunizieren und umsetzen lassen. Über den Schulleiter können Order an die Lehrkräfte erteilt werden.

Handbücher als Kontrollmittel?

Darüber hinaus wurden in der Schweiz als Reaktion auf PISA *Handbücher* zur Schulqualität verfasst. Auf der Grundlage von festgelegten Standards werden darin *verbindliche* Qualitätsvorgaben formuliert, Fragebögen zur Fremd- und Selbstkontrolle und Vorgaben zur schulinternen Zusammenarbeit bereitgestellt. Die Handbücher sollen die Grundlage des pädagogischen Handelns der Lehrpersonen, der Evaluation ihrer Arbeit, der Mitarbeiterbeurteilung und externer Beurteilungen sein. Das Handbuch für Schulqualität vom Kanton Zürich legt z.B. fest, dass «Schwerpunkte und Vorgehensweisen im Aufbau fachlicher Kompetenzen über das Schuljahr und die Schuljahrgänge hinweg *schulintern geplant, koordiniert* und *ausgewertet*» werden. «Planung, Koordination und Auswertung werden dokumentiert, die Dokumentationen sind den Lehrpersonen zugänglich. Der Aufbau fachlicher Kompetenzen wird regelmäßig überprüft und weiterentwickelt: Attraktive Stoffvermittlung, fächerübergreifende Zusammenarbeit und fachliche Weiterbildung werden durch eine teamorientierte Schulorganisation unterstützt.»[102] Außerdem soll es «Verfahren und Instrumente für die schulinterne und -externe Kommunikation» geben und es werden Verfahren zur Regelung «zur internen Zusammenarbeit (z.B. Leitungs- und Teamsitzungen, Klassenrat)», «für den Beschwerde- bzw. Konfliktfall» und «für die Personalführung» entwickelt.[103] Des Weiteren heißt es: «Schulqualität professionell gestalten und beurteilen vermag [...], wer sich auf systematisch entwickelte, anerkannte Qualitätserwartungen beziehen kann.»[104] Gefordert wird eine Überprüfung der Qualitätsziele und -vorgaben «und der Systemqualität mittels wissenschaftlicher Evaluationen auf interkantonaler, nationaler oder internationaler Ebene» durch die Fachstelle zur Schulbeurteilung.[105]

Solche Vorgaben klingen auf ersten Blick überzeugend. Man hat den Eindruck, es werde nun eifrig an der besten Schule, die man sich vorstellen kann, gearbeitet. Wir dürfen jedoch nicht vergessen, dass die Schule eine Institution ist, in denen junge Menschen *unfreiwillig* miteinander Zeit verbringen. Sie müssen sich den Erwachsenen fügen. Vor allem von der Pubertät an sind sie gierig nach dem Leben draußen. Schüler interpretieren das Schulgeschehen nach anderen Vorgaben wie die Erwachsenen und vor allem Schulentwickler.

Gesteuerte Angestellte versus eigenständige Persönlichkeiten

«In jeder Klasse gibt es mindestens einen, oft auch mehrere Schüler oder Schülerinnen, die einem Lehrer riesige Freude bereiten: Schüler, die begierig den Lernstoff aufnehmen und

102 Handbuch Schulqualität. Bildungsdirektion des Kantons Zürich. 2. Ausgabe 2011. S. 81; Hervorhebungen durch die Autoren.
103 Ebenda, S. 81.
104 Ebenda, S. 7.
105 Ebenda, S. 10.

verstehen!», berichtete mir ein Sekundarschullehrer und fügte hinzu, dass es in einer seiner Klassen ein Mädchen gebe, das durch ausgezeichnete mündliche Beiträge auffalle und auch im Schriftlichen Top-Noten mache! Ich freute mich mit ihm. Als er das Aussehen und den Kleidungsstil der Schülerin schilderte, wurde ich hellhörig. Könnte es sein, dass es sich um das 13-jährige Mädchen handelt, das wöchentlich zu mir in die Therapie kommt? In den Sitzungen klagte sie über ihre Eltern, schilderte das Clubben mit Freunden, ärgerte sich über gemeine WhattsApp-Kommentare und gestand, hinter dem Schulhaus zu kiffen. Der Schulunterricht selbst kam nicht zur Sprache. Spielte sie nur bei mir das rebellische Mädchen? Als ich sie in der nächsten Stunde nach der Schule fragte, klagte sie über ihren Deutschlehrer. Er sei ein Typ, der sein Fach «total überschätze» und die Klasse mit Aufgaben überhäufe. Sie und ihre Freundin hätten jedoch einen Trick, um gute Noten zu bekommen, einen guten Eindruck zu machen und in Ruhe gelassen zu werden: Sie würden in den Schulstunden Fragen stellen, die er am Anfang oder in vergangenen Stunden selbst gestellt hätte. Wichtig dabei sei, die gleichen Wörter wie er zu verwenden. So gingen sie auch bei schriftlichen Arbeiten vor, der Wortlaut sei entscheidend! Die Wirkung sei «voll krass»: der Lehrer reagiere begeistert, beantworte die Fragen langfädig und belohne sie mit guten Noten! Der Stoff interessiere sie nicht «groß», Hauptsache sie fliege nicht von der Schule.

Das Mädchen erlebt die Schule als hektischen Zirkus, in dem die Erwachsenen das Sagen haben. Sie wählt jedoch aus, was sie interessiert. Diese Wahl verläuft nicht nur auf der bewussten Ebene, sondern wird auch von ihren psychischen Bereitschaften beeinflusst. Sie passt sich an, wenn es ihr entgegenkommt und ihren Interessen entspricht. Sie reproduziert den Lernstoff und die verlangten Kompetenzen, um der Lehrperson zu gefallen oder weil sie im Moment nicht Besseres zu tun hat. Vordergründig fügt sie sich den Codes, die von den Lehrpersonen aufgestellt werden. Sie mimt Neugier, wenn es gefordert wird, definiert brav Ziele, wenn es das selbst organisierte Lernen verlangt, und artikuliert sich im Klassenrat so, wie es die Lehrperson gerne hört.

Bei diesem Mädchen handelt es sich nicht um eine besonders raffinierte Person. Die meisten Schüler und Schülerinnen verhalten sich im schulischen Kontext ähnlich. Mit Beginn der Vorpubertät, ab elf oder zwölf Jahren, beginnen sie, ihre wirklichen Gedanken, Gefühle und oft auch Interessen zu kaschieren. Das Verhalten wird vom sozialen Kontext definiert und ist nicht Ausdruck genuiner Persönlichkeitseigenschaften.[106] Die Schule erleben sie als Bühne, auf der man eine bestimmte Rolle einnimmt. Man richtet sich nach den Codes und dem ungeschriebenen Skript, die das Schulgeschehen bestimmen.[107] Lehrpersonen sind als Bezugspersonen wichtig, doch nur wenn sie bereit sind, sich mit den Schülern auseinanderzusetzen. Verhalten sie sich als «Coachs», die sie in einem selbsttätigen Lernprozess begleiten sollen, dann ist die Gefahr groß, dass sie sich vom Unterricht abwenden.

Typisch für dieses Alter ist auch der Einfluss der Peers, der Gleichaltrigen. Man orientiert sich an dem, was die anderen denken. Man möchte dazugehören. Oft wählen Schüler als Gruppe klammheimlich Fächer ab: Wenn Französisch in der Schülerschaft unpopulär ist, kann die Lehrperson sie auch mit den besten Lektionen nicht dafür begeistern. Man setzt sich in der Schule ein, wenn es als cool gilt und die Lehrperson sympathisch ist.

---

106 Goffmann, E. (2003). *Wir alle spielen Theater. Die Selbstdarstellung im Alltag.* München: Piper.

107 Siehe auch Guggenbühl, A. (2013). *Von Gangstern, Diven und Langweilern.* Bern: HEP-Verlag. S. 11–22.

Nicht alle Schüler verfügen über die notwendigen Kompetenzen für solche Anpassungsleistungen. Manche Schüler und Schülerinnen verhalten sich grundsätzlich renitent. Sie erleben den Unterricht als unangenehme Unterbrechung der Freizeit oder Ablenkung von ihren Leidenschaften. Für sie geht es im besten Fall darum, mit möglichst wenig Aufwand die Position in der Klasse zu behalten und Lehrpersonen nicht zu sehr zu ärgern. Wieder andere Schüler werden von persönlichen Themen absorbiert, leiden unter familiären Belastungen oder kämpfen mit persönlichen Schwierigkeiten. Ihre persönliche Situation verhindert, dass sie sich dem Schulunterricht öffnen.

Die Schule erfüllt verschiedene Funktionen: Sie ist Aufbewahrungsanstalt, Disziplinierungsinstanz, Kontaktbörse, Wertevermittlerin, Klatschquelle, Integrationsinstanz, Verkuppelungsbasar, staatliches Machtsymbol und Bildungsträger. Das Lernen im Sinne der Vorbereitung auf das Leben ist eingebettet in einen komplexen Prozess des schulischen Betriebs, in dem sich Zeiten der Konzentration und des Unterrichts abwechseln mit Zeiten strukturierter Freizeit und chaotischem Miteinander. Außerdem: Die Schüler lernen ebenso in der Gemeinschaft der Mitschüler und in den Auseinandersetzungen mit den verschiedenen Lehrerpersönlichkeiten wie durch den an sie herangetragenen Stoff. Durch die Erfahrungen mit einem cholerischen Lehrer lernen sie, was es heißt, einem Temperament ausgeliefert zu sein. Durch eine Mobbingsituation erfährt ein Schüler, wie sich Neid auswirken kann. Und mit Frustration umgehen zu können, ist ebenfalls ein Lernziel, das sich erst im Nachhinein als wichtig herausstellen kann. Unterrichten ist darum kein komplett kontrollierbarer Akt, durch den wir das Persönlichkeitsprofil junger Menschen gestalten, sondern ein interaktives Geschehen in einem halbchaotischen Umfeld mit unklarem Ausgang.

Schüler und Schülerinnen sind keine Tabula rasa, sondern verfügen bereits bei Schuleintritt über ein eigenes Persönlichkeitsprofil: Sie sind brav, introvertiert, frech, laut oder unaufmerksam. Die meisten sehen sich nicht als form- und beeinflussbares Objekt, sondern als eigenständigen Menschen.[108] Was sie vom vermittelten Stoff aufnehmen, entscheiden sie selbst. Der Stoff wird nicht einfach übernommen, sondern interpretiert. Er muss für sie interessant sein und Sinn ergeben. Inhalte, die nachvollziehbar sind, motivieren sie. Richtet sich der Unterricht nach Kompetenzen aus, die selbsttätig über Lernlandschaften erworben werden sollen, dann setzen sich die Schüler innerlich vom Unterricht ab. Da der Unterricht besucht werden muss, überlegen sie sich, *wie* sie reagieren und welche Maske sie aufsetzen müssen, um die Lehrpersonen zu manipulieren. Oft setzen sie Taktiken ein, die maximalen Einfluss versprechen. Die Kompetenzen, die man den Lehrpersonen beweisen muss, sind oft nur von geringer Nachhaltigkeit und werden kaum je permanente Verhaltenseigenschaften, wie man sich das als Pädagoge vorstellt. Sofern man sie später im Beruf nicht braucht, verlernt und vergisst man den Großteil des Wissens und Könnens, das man in der Schule unter Beweis stellen musste.

Lehrpersonen stehen vor einer speziellen Herausforderung: Sie müssen immer wieder von Neuem eine Gruppe von Kindern oder Jugendlichen überzeugen, dass sich Lernen lohnt. Mit welcher Strategie sie erfolgreich sind, ist von Klasse zu Klasse unterschiedlich. Klassen zeichnen sich durch eine

108 Paradoxerweise tritt dieses Phänomen vor allem in Wohlfahrtsstaaten auf. In der Schule wird weniger eine Möglichkeit des sozialen Aufstiegs gesehen, sondern des Miteinanderzusammenseins. Aus diesem Grund ist die Motivation, zur Schule zu gehen, um etwas zu lernen, in armen Ländern stärker ausgeprägt als in den reichen Industrienationen. Man strengt sich mehr an, weil die Schulbildung überlebensnotwendig ist. Vgl. http://www.nzz.ch/aktuell/feuilleton/fernsehen/vier-tage-fussmarsch-1.18142881 [10.9.2015].

Vorgeschichte, Stärken, Schwächen und sensible Punkte aus. Ob man Frontalunterricht, Gruppenarbeit, Werkstattunterricht, dialogisches Unterrichten einsetzt oder selbst organisiertes Lernen initiiert, kann nur in Auseinandersetzung mit der jeweiligen Klasse entschieden werden. Um zu reüssieren, braucht es neben didaktischen Fähigkeiten Kreativität, Wagemut, Optimismus und die Fähigkeit, um die Ecken zu sehen. Pädagogische Tricks, raffinierte Settings, ausgeklügelte Lehrmittel und Bildungsstandards sind Unterstützungshilfen, doch machen sie nicht den Kern des Unterrichtens aus. Persönlichkeit, spannende Lerngeschichten und die Leidenschaften der Lehrpersonen sind wichtiger. Einer Lehrerin gelingt es, den Schüler die französische Kultur näherzubringen, weil sie für Frankreich schwärmt, in einer anderen Klasse sind die Schüler und Schülerinnen von der Physik wegen der waghalsigen Experimente fasziniert und in einer dritten Klasse haben die Schüler einen Sinn für Gerechtigkeit entwickelt, weil ihre Lehrerin in dieser Hinsicht sehr engagiert war.

Die jeweilige Situation in der Klasse und die Befindlichkeit der Schüler und Schülerinnen sind Ausgangspunkt des Unterrichts. Der Alltag der Lehrpersonen wird geprägt von spontanen Handlungen: Sie müssen intervenieren bei Konflikten, Erklärungen abgeben bei Fragen, trösten bei Enttäuschungen, strafen bei Regelbrüchen, schlichten bei Streitigkeiten, nervöse Kinder beruhigen, schwierige Gespräche führen, Kinder ermuntern, Tabus ansprechen, Debakel verhindern, Lob aussprechen, Verhandlungen führen und Verhärtungen verhindern. Muss ein Lehrkörper jedoch zwingend nach Teamideen und Standards arbeiten, besteht die Gefahr, dass sich der Fokus zu stark verschiebt. Die unzähligen Herausforderungen der Praxis rücken in den Hintergrund und werden oft nicht mehr wahrgenommen. Es geht weniger um die Entwicklung neuer Ideen als vielmehr darum, die eigenen Handlungen auf

Standards abzustimmen. Die Praxis verliert als Ideenlieferant an Bedeutung. Wenn Prüfungen bevorstehen, Lernkontrollen durchgeführt werden müssen und auf Integrationslehrer, Förderlehrer, schulische Heilpädagogen, die sich alle auch in der Schulstube aufhalten, Rücksicht genommen werden muss, dann bleibt kein Raum mehr für spontanes Singen oder ein paar Übungen mit der Klasse im Freien. Es droht ein Verlust an Kreativität und intuitivem Vorgehen. Wird selbst organisiertes Lernen erwartet, muss so unterrichtet werden, auch wenn viele Schüler überfordert sind oder die Klasse mit dieser Methode nichts anfangen kann. Das System definiert die Herangehensweisen der Pädagogen und nicht ihre eigene Klugheit. Sowohl Lehrpersonen wie Schüler und Schülerinnen schalten dann auf Anpassungsmodus. Eigene Ideen, kreative Antworten und eine ungewöhnliche Unterrichtsführung haben keinen Platz mehr. Tiefere Begegnungen zwischen Lehrpersonen und Schülern sind kaum mehr möglich.

Standardisierungen werden der Komplexität der Schule nicht gerecht

Mit den Standards und dem Kompetenzbegriff wurde der Schule ein System aufgedrängt, das wenig mit der Schulrealität zu tun hat. Inhalte wurden zweitrangig. Interessant in Bezug auf Klugheit ist, wie dies möglich war. Ausgangspunkt war wie beschrieben eine öffentliche Debatte zu den Ergebnissen der PISA-Studie. Die internationale Rangliste wurde zu einem Thema und eine gute Position auf dieser zur nationalen Ambition. Politiker gerieten in Zugzwang und wandten sich den Experten zu. Mangels einflussreichen Stimmen aus der Praxis übernahmen wissenschaftliche Disziplinen dankbar diese Rolle: Endlich interessierte man sich für ihre fortschrittlichen Konzepte. Der Wissenschaft wurde die Definitionsgewalt übergeben. Man vertraute ihren Schlussfolgerungen, weil sie als empirisch gesichert galten. Nicht realisiert wurde, dass man damit den Denkradius einschränkte. Es rückten Ansätze ins Zentrum, die nur einen kleinen Teil der Schulwirklichkeit betrafen. Eine differenzierte Reflexion über die Situation der Schule, ihre Aufgaben, Stärken und Schwächen fand nicht statt. Man geriet in eine Falle: Statt umfassend und vertieft über ein Thema nachzudenken, folgte man einem intellektuellen Modetrend.

Dem halbchaotischen Alltag der Lehrpersonen standen Bildungstheoretiker gegenüber, die nach generellen und überprüfbaren Aussagen über die Schule suchen. Ihre Ideen entwickeln sie selten in direkter und persönlicher Auseinandersetzung mit der Praxis, ihre Unterrichtskonzepte spiegeln eher den jeweiligen wissenschaftlichen Diskurs wider, dem sie angehören wollen. Es geht um Variationen aktueller Auffassungen und nicht um neue Entwürfe. Damit man die eigene Stellung behalten oder sich profilieren kann, muss man sich der vorherrschenden Denkrichtung anpassen und die aktuelle Ideologie respektieren. Viele Konzepte werden zusätzlich mit gesellschaftlichen Kernwerten wie Gerechtigkeit, Chancengleichheit, Gender oder Präventionen von Gewalt oder Rassismus alimentiert. Durch diesen Trick präsentiert man sich als Reformer und redet der Bevölkerung ein, es gehe um eine Erhöhung des Bildungsniveaus. Die Schulen sollen sich reformieren und sich an verbindlichen Standards orientieren. Da es sich gemäß der eigenen Definition um vorbildliche Leistungsziele handeln soll, erhöhe sich das Bildungsniveau. Effektiv soll die Schule dem Einfluss lokaler Traditionen und der Pädagogen in der Praxis entzogen werden. Experimente, die von der Basis ausgehen, sind nicht mehr möglich, da dadurch womöglich ein Standard verletzt wird. Der Weg ist frei für eine Einheitsschule, auf die lokale Matadoren, Kommunen oder Pädagogen keinen Einfluss mehr haben. Es wird auch viel schwieriger für die Schule, lokale Traditionen und Werte aufzunehmen. Da Vergleiche über die Qualität einer Schule entscheiden, müssen sie sich diesem Mainstream anpassen.[109]

Viele aus dem akademischen Milieu glauben, das Schulgeschehen besser und umfassender beurteilen zu können als Lehrpersonen, die sich nur auf eigene Erfahrungen berufen können. Für sie ist die durch Standards definierte Lernsituation der Praxis überlegen, weil die Ergebnisse als replizierbar und valide gelten. Praktiker stehen mit ihrer Intuition und ihrem deduktiven Schlüssen auf verlorenem Posten. Sie können nur mit individuellen Erfahrungen, eigenen Schlussfolgerungen und ihrem persönlichem Eindruck argumentieren. Da ihre Gedanken der konkreten Arbeit mit den Schülern entstammen, gelten sie als einseitig und subjektiv, zuweilen als interessante Spekulationen, doch sicher nicht zu Leitgedanken taugend. Hinweise, dass die Realität schulischer Praxis um einiges komplexer ist, als man es sich im Labor ausdenkt und in Experimenten reproduziert, verhallten im Leeren. Die Praxis blieb bei der Reformdiskussion unberücksichtigt.

Die (geheimen) Versprechen

Warum wurden Standards und das Messen von Leistungen an Menschen so attraktiv? Vordergründig geht es um hehre Werte: Qualitätssicherung, Gesundheit, Gerechtigkeit, Chancengleichheit. Aber: Menschen haben eine lange Tradition, ihre wahren Motive hinter schönen Wörtern zu verstecken. Standards eignen sich gut für Maskierungen. Arbeitet eine Institution nach Standards, dann steht uns ein Mittel zu Verfügung, um sich aus der Verantwortung zu stehlen. Man disku-

109 Krautz, J. (2015). *Kompetenzen machen unmündig*. Streitschriften zur Bildung, Heft 1. 15ff. Herausgeber: Gewerkschaft Erziehung und Wissenschaft Berlin. www.gew.berlin.de.

tiert über die Einhaltung der Standards und nicht darüber, was es sonst noch bräuchte, um ein Problem zu lösen oder eine Herausforderung zu bewältigen. Man konzentriert sich auf einen Aspekt und übersieht die anderen Facetten der Praxis.

Hinter dem Standardisierungsbedürfnis verbirgt sich ein weiteres Motiv. Wir sind einer unendlichen Vielfalt von Naturphänomenen und menschlichen Verhaltensweisen ausgesetzt, einer Vielfalt, die uns fasziniert und das Leben interessant macht. Beim menschlichen Verhalten kann Vielfalt aber auch zu Problemen führen. Wie soll man das eigene Leben gestalten? Soll man eine Familie gründen? Sind lange Ausbildungszeiten sinnvoll? Wie sieht die ideale Beziehungsgestaltung aus? Die Vielfalt verweist auf die Ambivalenzen und Dilemmata unserer menschlichen Existenz, was uns aus dem Gleichgewicht und im Extremfall innerlich zerreißen kann. Sie löst eine Sehnsucht nach *Eindeutigkeiten* aus. Wir möchten endlich, endlich von unseren Ambivalenzen befreit werden und Unklarheiten beseitigen. Aus diesem Grund sind wir empfänglich für *Einheitsvorstellungen*. Und da die Vereinheitlichung auf höchstem Niveau geschehen soll, müssen wir die Best Practice zur Norm erklären!

Auch hier wird ein Ansatz, der in der technischen Welt sinnvoll ist, auf das menschliche Verhalten übertragen. Der Vereinheitlichungsglaube wird mit Vorstellung assoziiert, dass es auch für menschliche Verhaltens- und Denkweise *eine* beste Lösung gibt, die von Gremien, Experten und Institutionen mithilfe von einwandfreien Verfahren gefunden werden kann.[110]

Vereinheitlichung hat auch eine so hohe Attraktivität, weil sie unsere Ursehnsucht nach einem ouroborischen Zustand totaler Harmonie anspricht. Gemäß diesem archaischem

110 Siehe dazu Sowell, Th. (2009). *Intellectuals and Society*. New York: Perseus, S. 113ff.

Mythos gab es vor der Entstehung menschlichen Bewusstseins keine Differenzen und Gegensätze. Dieser Zustand wurde durch die Schlage, die sich in den Schwanz beißt, dargestellt.[111] Dieser Mythos, der immer noch eine große Faszination ausübt, wird aktiviert und zur Grundlage einer Ideologie, die das Volk, Politiker und Wissenschaftler mobilisieren kann. Die große Gefahr besteht darin, dass Vereinheitlichung angestrebt wird, wo *Vielfalt* geboten wäre. Wenn sich die Medizin, der Unterricht an Schulen, die Psychotherapie und manch andere Arbeit von Menschen an Menschen an Standards, einer einheitlichen, vermeintlich besten Lösung orientieren soll, die dann von oben herab durchgesetzt wird, dann amputieren wir eine grundlegende Eigenschaft des Homo sapiens: unsere Fähigkeit, aus einer Situation eigenständige und ungewöhnliche Schlüsse zu ziehen, zu differenzieren. Wir reduzieren uns selbst zu Objekten, die man nach genauen Instruktionen formatieren sollte, damit sie ihre Bestleistung erbringen. Menschen sind jedoch keine Maschinen, sondern Wesen, die denken können und kluge Schlussfolgerungen ziehen.

Plädoyer für einen kreativen Umgang mit Normen

«Entweder akzeptierst du die Regeln oder du spielst nicht mehr mit!» «Das ist gemein: Mein Gegner wurde doch abgeknallt, jetzt darf ich wieder aufs Feld!» «Nein!» Dieser Dialog fand nicht auf einem Schlachtfeld statt, sondern zwischen einer Mutter und einem störrischen Jungen, der mit Freunden Völkerball spielte. Zwei Mannschaften mussten sich gegen-

111 Bischof, N. (1998). *Das Kraftfeld der Mythen. Signale aus der Zeit, in der wir die Welt erschaffen haben.* München/Zürich: Piper (insbes. zweiter Teil: *Das Chaos,* 6. Kapitel: *Der kosmogonische Inzest,* S. 191–224).

seitig mit einem Ball treffen. Wer getroffen wurde, hatte das Spielfeld zu verlassen, hatte ein «Leben» verloren. Wem ein Treffer gelang, erhielt einen Bändel und damit ein zusätzliches «Leben». Dieses konnte an einen Mitspieler weitergegeben werden, der auf der Sitzbank saß, weil er sein «Leben» verloren hatte, sich damit aber wieder am Spiel beteiligen konnte! Die Spielregeln waren klar, verständlich und wurden von allen akzeptiert. Doch je länger das Spiel dauerte, desto mehr begannen die Jungen, die Spielregeln umzudeuten! Einige fanden, dass es genüge, wenn ein Gegner abgeknallt werde, um wieder mitspielen zu können, und keine Bändelübergabe abgewartet werden müsse. Andere Jungen konzentrierten sich darauf, möglichst viele Bändel zu bekommen, denn es machte sich gut, viele Bändel am Gurt zu präsentieren! Verzweifelt versuchte die Mutter immer wieder, den Jungen die korrekten Regeln beizubringen. Sie wusste, dass die Jungen Spielregeln verstanden und auch fähig waren, sie zu befolgen. Aber war es eigentlich nötig, dass sie auf Einhaltung der klassischen Regeln bestand? Schließlich hatten die Jungs doch ein eigenes funktionierendes Regelwerk entwickelt und hatten viel Spaß dabei.

Die kleine Episode verweist auf eine Grundproblematik von Verhaltensanweisungen. Auch *wenn* Regeln zugestimmt wird und alle Betroffenen bestrebt sind, sie umzusetzen, hat man keine Gewähr, dass sie auch wirklich befolgt werden. Denn der Mensch ist keine Maschine, die nach einem Programm funktioniert, sondern er interpretiert Situationen, die er antrifft, immer wieder neu und zieht seine eigenen Schlussfolgerungen. Er überlegt sich, wie man es auch anders machen könnte.

Eine Tendenz zur Missachtung von Regeln und Standards ist nicht zwingend ein Zeichen von Ungehorsam, sondern unserer Fähigkeit zur Imagination. Kreative und denkende Menschen halten sich nicht an Regeln, die keinen Sinn ergeben.[112]

Für die Befolgung einer Regel gilt folgender Grundsatz: Ist sie nicht mit einem tieferen, emotionalen Motiv verlinkt, ist die Aussicht klein, dass sie auf längere Zeit befolgt wird. Denn dann ist der Energieaufwand möglicherweise zu hoch, sie zu beachten, es sei denn, es drohen Druck und Sanktionen. Sobald uns Freiraum gewährt wird, wir uns nicht beobachtet fühlen und Strafmaßnahmen unwahrscheinlich werden, folgen wir eigenen Überlegungen. Standards, die menschliche Interaktionen betreffen, werden durch die Umstände und Psychologie der Beteiligten verändert. Wir passen sie der eigenen Befindlichkeit, den Wünschen der Umgebung und unseren inneren Bildern an. Leider wird in vielen Lebensbereichen trotzdem an der Wirkung oberflächlicher Regeln und Einsichten festgehalten. In vielen Schulen gilt die Stopp-Regel. Wer von einem Kampf oder einer Auseinandersetzung genug hat, ruft «Stopp!». Der andere muss dann zwingend seinen Angriff einstellen oder mit seinen Beleidigungen aufhören. Die Stopp-Regel wird scheinbar beachtet, doch effektiv wird sie manipuliert. Man beleidigt, provoziert einen Mitschüler, bringt ihn zur Weißglut. Wenn er sich dann zu wehren beginnt, ruft man laut Stopp und mimt den Unschuldigen. Ohne Einsatz und Klärung der Situation durch die Lehrpersonen greift eine Stopp-Regel unter Schülern und Schülerinnen nicht.

Bei zwischenmenschlichen Interaktionen betreffende Regeln und Standards handelt es sich um Orientierungspunkte, um Vorstellungen, wie etwas sein könnte. Es ist offen,

---

112 David Graeber beschreibt, wie neue Managementformen die Bürokratisierung gefördert haben. Er meint, dass es sich bei rebellischen Menschen oft um kreative, denkende Geister handelt, die über eine große Imagination verfügen. Graeber, D. (2015). *The Utopia of Rules. On Technology, Stupidity, and the Secret Joys of Bureaucracy.* Brooklyn: Melville Publishing House, vor allem S. 134f.

ob und wie sie umgesetzt werden. Die Anstandsregel, sich zum Gruß die Hand zu geben und in die Augen zu schauen, kann man auf vielerlei Weise umsetzen.[113] Der Händedruck kann lasch sein, man kann die Hand des Gegenübers fast zerdrücken, man kann den Blick lange halten, verächtlich lächeln, mit den Augen zwinkern, weiter weg oder sehr nahe stehen. Standards, die das menschliche Verhalten reglementieren, haben *immer* einen Interpretationsspielraum.

Da wir bei Regeln und Standards, die unser Verhalten betreffen, eigene Schlüsse ziehen, haben sie oft nicht die gewünschte Wirkung. Der Chirurg hat mich über die Gefahren der Operation informiert, was in mir jedoch keine Abwägung der Risikofaktoren, sondern eine Flut von Befürchtungen ausgelöst hat. Die europäischen Staaten versuchen, Transparenz in die Vermögensverhältnisse ihrer Bürger zu bringen, um Steuerhinterziehung zu verhindern. Bankdaten müssen offengelegt werden und das Bankgeheimnis wird abgeschafft. Doch findige Menschen suchen dann eben nach anderen Wegen, um die Steuern möglichst niedrig zu halten.

Je mehr Regeln und Standards, desto mehr greift man in die Trickkiste, um sie zu umgehen. Der Staat traut dem Bürger nicht und umgekehrt. Als Griechenland der Grexit drohte, wurden Milliarden aus dem Land geschmuggelt. Die Bürger wurden kreativ, legten ihr Geld in Wertgegenständen wie Bilder oder Gitarren an, die man in zollfreien Lagern in den Schweizer Bergen unterbringen konnte. In vielen Dörfern wich das lokale Gewerbe auf Tauschhandel aus und in Restaurants wurden Gästen keine oder alte Quittungen gegeben, um die Mehrwertsteuer nicht zahlen zu müssen. Schattenbanken wurden attraktiv, in denen die Geschäfte auf Vertrauen und

113 Siehe Stokar, Ch. (2012). *Der Schweizer Knigge*. Zürich: Beobachter-Verlag.

nicht Regeln beruhen. Es ist naiv zu glauben, dass sich menschliches Verhalten ausschließlich durch Formalisierungen und Vereinheitlichung steuern lässt.[114] Der Kontrollaufwand, der geleistet werden müsste, um all die Regeln und Gesetze einzuhalten, übersteigt die Möglichkeiten demokratischer Staaten. Bürokratie allein macht keine Gesellschaft, sondern fördert das Austricksen und Umgehungsstrategien.

Will man, dass Standards und Normen beachtet werden, dann müssen sie überzeugen und von glaubwürdigen Personen direkt vermittelt werden. Menschen wollen, dass man sich ihnen zuwendet und ihre Situation kennt. Napoleon Bonaparte realisierte dies und beeindruckte seine Soldaten, indem er immer wieder die direkte Begegnung und das Gespräch suchte. Er wurde bei seinen Soldaten zu einem Mythos. In der Grande Armée kursierten schwärmerische Geschichten über Begegnungen mit dem großartigen General.[115] Führungspersonen verstehen etwas von der vielschichtigen Motivstruktur, den unbewussten Absichten und kontextuellen Faktoren von Menschen, die auf ein Ziel eingestimmt werden sollen. Sie kennen die Praxis. Erfahrene Lehrpersonen wissen, dass sich Schüler nicht von Bildungsprogrammen oder unpersönlichen Powerpoint-Präsentationen beeindrucken lassen, sondern von Menschen, die sich mit Leidenschaft für ihre Bildung einsetzen.

---

114 Eine andere Situation finden wir in diktatorischen Gesellschaften vor, die Regeln aufgrund von Angst und Terror durchsetzen. Die Folge ist jedoch oft, dass sich die Menschen scheinbar anpassen, dabei jedoch in die innere Immigration flüchten. Während der Herrschaft Saddam Husseins im Irak hing in den meisten Wohnungen im Eingangsbereich ein Bildnis des Diktators. Scheinbar war es eine Ehrenbezeugung, effektiv war es eine Art Dämonenabwehr. Man erhoffte sich mehr Sicherheit vor den Übergriffen der Geheimpolizei Husseins.

115 Dabei führte er mehrere Hunderttausende von Soldaten bei seinem Russlandfeldzug in den Tod. Napoleons Führungsqualitäten werden exzellent beschrieben in Zamoyski, A. (2004). *Moscow 1812. Napoleon's Fatal March.* New York: HaperCollins Publisher.

Was im schulischen Unterricht wichtig ist, gilt für alle Berufe, die mit Menschen zu tun haben: Hier sind *Flexibilität* und gelegentlich *unorthodoxes* Vorgehen gefordert – nicht zuletzt eine Voraussetzung für Erfolg. In der Psychotherapie wäre eine standardisierte Kommunikation unsinnig, so wie es in gewissen Trainingsmodulen vorgeschlagen wird. Es gilt, sich auf das Individuum und seine Lebensgeschichte einzulassen. Der Psychotherapeut muss ertragen, dass die Zielsetzung zu Beginn seiner Arbeit mit einem Patienten oft nicht klar ist. Der Kompetenzbegriff soll jedoch, gemäß Plänen der European Association of Psychotherapy (EAP) europaweit Grundlage der psychotherapeutischen Arbeit werden. Ziel ist es, Kompetenzen zu identifizieren, um die Ausbildungen in den verschiedenen Ländern zu vereinheitlichen und es Psychotherapeuten zu ermöglichen, in jedem Land Europas zu arbeiten. Ein Set verschiedener «Kompetenzdomänen» wurde aufgestellt, die in Einzelkompetenzen unterschieden werden. Die Rede ist von «verlässlicher Praxis», «psychotherapeutischer Beziehung», «Contracting», «Management», «Umgang mit Krisen» etc.[116] Die jeweiligen Begriffe bezeichnen wichtige Fähigkeiten der psychotherapeutischen Arbeit, die Frage ist jedoch: wieso diese Vereinheitlichung und Kompetenzorientierung? Da jeder Mensch unterschiedlich ist und es um eine langfristige Besserung geht, kann man kein «Schema F» anwenden.

Normen und Standards sind als Orientierungspunkte wichtig. Setzen wir sie jedoch als Steuerungselemente und zur Qualitätskontrolle ein, wird es problematisch. Bei der Arbeit von Menschen mit Menschen kann nur ein kleiner Teil des

116 Young, C., Szyszkowitz, T., Oudijk, R., Schulthess, P. & Stabingis, A. (2014). Das EAP-Projekt zur Etablierung der professionellen Kompetenzen eines/einer europäischen PsychotherapeutIn. In: *Psychotherapie – Wissenschaft*, 2, S. 116–130.

Geschehens empirisch, mithilfe von Standards erfasst werden. Dies macht Evaluationen aufgrund von Messen, Zählen und Rechnen problematisch. Natürlich bringen formalisierte Standards bei Evaluationen Ergebnisse. Auf Presskonferenzen oder in Fachartikeln wird mithilfe von Zahlen belegt, dass sich die Kompetenzen erhöht hatten, die Schwachstellen erkannt, die Leistungen verbessert wurden und sich die Qualität der Arbeit positiv verändert oder verschlechtert hat.

Auch wenn man davon ausgeht, dass Standards berufliche Qualitäten widerspiegeln, gibt es Täuschungen. Bessere Messresultate beweisen nicht zwingend eine höhere Arbeitsqualität oder mehr Kompetenz, sondern können auch Folge einer Anpassungsleistung sein. Man verhält sich als Schüler oder Angestellter normgerecht, fügt sich den Erwartungen des Systems, doch was man eigentlich tut, bleibt offen. Was auf der Strecke bleibt, ist das eigenständige Denken und intuitive Vorgehen.

Um die Aufsichtskommission zufriedenzustellen, hätte ich in der vorher beschriebenen Lektion mit einer kurzen Powerpoint-Präsentation beginnen, Arbeitsblätter verteilen und die Schüler zur Gruppenarbeit auffordern müssen. Ich hätte nicht nach meiner Beurteilung der Situation handeln, sondern die aktuellen und von der Schule vertretenen Standards befolgen sollen. Die Resultate wären besser gewesen. Ich hätte mich jedoch als Lehrperson entmündigt gefühlt und wäre zudem der Situation nicht gerecht geworden. Eigenständiges Frontdenken wird schwieriger. Man begibt sich in eine Gefahrenzone, wenn man alternative Schlüsse zieht, improvisiert oder sich intuitiv entscheidet.[117]

---

117 Eine paradoxe Intervention ist eine Intervention, die auf das Gegenteil dessen aus ist, auf das manifest geschlossen werden kann.

Klugheit ist die Fähigkeit, sich einen Reim aus konkreten Herausforderungen zu machen, mit denen man konfrontiert wird. Zu den großartigen Leistungen des Menschen gehört, dass er eine Situation oder Herausforderung immer wieder *neu* und *anders* verstehen kann. Unsere Handlungen gründen selten auf vorfabrizierten rationalen Schemata, sondern wir kreieren neue Antworten auf der Basis unserer Erfahrungen und unseres Wissens. Man erfasst die Situation eigenständig und entwickelt originäre Strategien. Es ist darum eine Beleidigung der menschlichen Intelligenz, wenn ein Arbeitsakt in einen strikten vordefinierten Ablauf gepresst wird und die Nachbearbeitung auf der Grundlage von Kreuzchen auf einem Blatt erfolgt. Bei einfachen Routinehandlungen ist dies vielleicht nicht nötig. Bei den Angestellten des McDonald an der 220 West 42nd Street in New York genügt es, wenn sie bei der Bedienung ihrer Kunden ein stereotypes Lächeln aufsetzen und monoton «Have a nice day» leiern. Niemand verlangt von ihnen, über die kurzen Begegnungen mit hungrigen Touristen oder coolen Teenagern nachzudenken. Es geht um Routinehandlungen und eine oberflächliche Inszenierung. Es handelt sich nicht um kluge Handlungen, bei denen man mentale Potenzen mobilisieren muss, sondern um Konventionen. Sobald jedoch ein zwischenmenschliches Problem gelöst, eine neue Aufgabe angepackt oder Menschen geführt werden sollen, kann man nicht mehr nach solchen Anleitungen und Schemata vorgehen.

Kluges Handeln bedeutet, dass man sich hie und da über berufliche Standards hinauswagt und *neue* Kombinationen oder Alternativen andenkt. Dazu braucht man ein Gespür für Menschen, ihre ausgesprochenen und verdeckten Erwartungen, ihre kulturellen Prägungen, Vorurteile und das Hintergründige, das überall präsent ist. Klugheit bedeutet, dass man nicht sklavisch eine Vorgabe ausführt. Absolvierte Ausbildungsgänge sind aus diesem Grund noch kein Beweis für Klugheit. Sie zeugen von reproduktiver Intelligenz und sozialer Anpassungsfähigkeit, sind aber kein Garant dafür, dass der Betreffende auch eigenständig denken kann. Ein Pianist zieht seine Zuhörerschaft nicht dadurch in den Bann, dass er ein Stück fehlerfrei und in rasender Geschwindigkeit spielt und ein Diplom des Konservatoriums vorlegen kann. Es braucht noch «das gewisse Etwas», Herzblut, ein tieferes Verständnis für das Stück, eine individuelle Interpretation.

Unsere Einsichten oder Intuitionen gründen auf einem immensen Schatz von persönlichen Erfahrungen, internalisiertem Wissen und Präkognitionen. Eine kluge Vorgehensweise bedeutet, dass wir auch in unserer persönlichen Schatzkammer nach der passenden Antwort suchen,[118] das Unbewusste konsultieren, das sich uns in Träumen, Fehlleistungen oder Eingebungen präsentiert.[119] Arbeiten, die von der Vielfalt möglicher Vorgehensweisen leben, können nur erfolgreich ausgeführt werden, wenn ein gewisser *Freiheitsgrad* bei der Ausübung zugestanden wird. Wird die Arbeit zu stark formalisiert, droht intellektuelle oder künstlerische Leere. Die Arbeit einer Lehrperson, eines Bankberaters, Psychotherapeuten oder Unternehmers kann deswegen nur individuell und im Einzelfall beurteilt werden.

118 Gigerenzer, G. (2007). *Gut Feelings. The Intelligence of the Unconscious*. London: Penguin.

119 Jung, C.G. (1983). *Die Archetypen und das kollektive Unbewusste*. GW 9/1. Olten: Walter-Verlag.

Menschliche Interaktionen passen in kein Schema

Die PISA-Studie und vor allem ihre Auswirkungen auf die Schulen in Deutschland und der Schweiz sind ein Beispiel, wie Normen und Standards die Grundqualitäten einer Institution zu zerstören drohen. Mithilfe des Begriffes Kompetenz reduziert man den Schulbetrieb auf einen Output, der nicht der Schulwirklichkeit entspricht. Der Fokus liegt auf Verhaltensweisen, die keinen Zusammenhang mit dem schulischen Kontext aufweisen. In der Schule wird die nächste Generation in ihre Kultur eingeführt. Es geht um Inhalte, die die Neugier wecken, begeistern oder erstaunen. Lehrpersonen stellen den jungen Menschen regionale und nationale Werte vor, versuchen sie einzubinden und Interesse zu wecken. In der Schule geht es um zwischenmenschliche Interaktionen denkender Individuen. Schüler sind bereit zu lernen, wenn der Stoff für sie sinnvoll und nachvollziehbar ist. Der Inhalt ist wesentlich, Kompetenzen ein Nebenprodukt. Durch den Begriff «Kompetenz» werden der Schüler und die Schülerin auf eine Lernmaschine reduziert, die einen messbaren Output produzieren soll. Was innerlich in ihnen vorgeht, welche Inhalte sie sich aneignen, ist sekundär. «Lesekompetenz» kann bewiesen werden bei der Bedienungsanleitung eines Smartphones oder bei einem Goethe-Gedicht.[120] Es geht nicht mehr um Inhalt und damit Werte, sondern messbare Leistungen. Die Resultate dienen als Argument, in die Schule einzugreifen und im Namen der Bildungsqualität den Unterricht gleichzuschalten. Schüler und Schülerinnen werden zu eigenständigen Lernmanagern umdefiniert, die sich den Stoff in Lernlandschaften eigenständig aneignen.

---

120 Krautz, J. (2015). Kompetenzen machen unmündig, in: *Streitschrift zur Bildung* Heft 1, Fachgruppe Grundschulen GEW Berlin, S. 10.

Kapitel V: Vorgetäuschte Rationalität: Fallbeispiel Wirtschafts- und Finanzwelt

«Darf ich ihnen einen Kaffee, Cappuccino oder Espresso anbieten?» Der Tonfall des Beraters ist freundlich und in seinem dunkelgrauen Anzug mit weißem Hemd und einwandfrei gebundener Krawatte macht er einen sehr seriösen Eindruck. Höflich fragt er nach meinem genauen Tätigkeitsgebiet und nach einer Bemerkung zum Rummel, der während der Weihnachtsferien in den Bergen herrscht, bittet er uns an einen Tisch. Er habe unsere Unterlagen genau studiert und unsere Pensionseinlagen und Vermögenssituation analysiert. Dann hält er kurz inne, um uns mitzuteilen, dass er *die* Lösung für unsere Anlagewünsche habe. Er spricht über die US-Wirtschaft, die Euroschwäche, langfristige Hypotheken und erwähnt den indischen Bond-Markt. Doch für unsere spezielle Situation gebe es nur *eine* Lösung. Auf einem Blatt Papier skizziert er mit Kurven, Zahlen und Schlussfolgerungen spontan das Portfolio, das er sich für uns ausgedacht hat. Wir waren beeindruckt von der persönlichen Note dieser Beratungssitzung.

Eine Woche später berichtete ein Freund von einem Termin beim gleichen Vermögensberater. Auch er verließ das Büro mit einer Skizze, auf der ein ganz persönlicher Vorschlag festgehalten wurde: Es war *exakt* die gleiche Skizze, obwohl sich seine Vermögens- und Arbeitssituation von meiner völlig unterscheidet!

Der Vermögensverwalter einer Bank hat die Aufgabe, das Geld seiner Kunden zu schützen und zu vermehren, nicht nur vor Dieben, sondern auch vor ungerechtfertigten Ansprüchen, vor politischen Umwälzungen, für den Fall von Kriegen, Katastrophen und vielleicht vor einem zu gierigen oder korrupten Staat. Die Geldanlage soll *sicher* sein, schließlich geht es um das Produkt eigener Anstrengungen, materialisierte Energie. Der Kunde hegt natürlich die Hoffnung, dass es zu einer Geldvermehrung kommt bzw. dass wenigstens die normale Geldentwertung kompensiert wird. Wie hoch dieser Gewinn ist, misst sich daran, *wie* der Banker das Geld einsetzen und verwerten kann und wie risikofreudig der Anleger ist. Es gilt das Prinzip: Je höher die Gewinnerwartung, desto risikoreicher ist die Geldanlage.

Die große Frage ist jedoch: Wie wird der Mehrwert erzielt? Welches Produkt wird sich durchsetzen? Welcher Wirtschaftszweig hat eine Zukunft? Gold wird eine wertvolle Notfallreserve! Platin und Palladium werden knapp, in den USA wird es zu einer Rezession kommen, China wird sich wieder erholen. Solche Voraussagen erfolgen nicht aufgrund eines Blickes in eine magische Kugel. Ein Finanzberater muss seine Kunden davon überzeugen, dass er über die notwendigen Hintergrundinformationen und professionellen Kompetenzen verfügt, die Voraussagen ermöglichen. Es darf keine Unsicherheit aufkommen, Zweifel müssen zerstreut werden. Der Kunde muss vom Wissen des Finanzberaters überzeugt sein und ihm Vertrauen entgegenbringen.

Es gibt jedoch ein Problem: *Sichere* Voraussagen sind nicht möglich. *Niemand* weiß, was die Zukunft bringen wird. Es gibt immer Faktoren, die man nicht erfasst hat, oder unerwartete Entwicklungen. Vielleicht wird sich die Situation in Südafrika beruhigen und der Preis für Platin sinken? Vielleicht wird es eine Revolution in China geben, die die Wirtschaft schwächen wird? Wer konnte vor der Olympiade in Russland ahnen, dass sich eine Krise in der Ukraine derart zuspitzen würde, dass sogar der Aktienmarkt darunter zu leiden hatte? Wirtschaft und Politik sind von zu vielen Faktoren abhängig, als dass sichere Vorhersagen möglich wären. *Ein* außerordentliches Ereignis genügt und eine Voraussage wird wertlos.[121] Niemand konnte den Tsunami im Jahre 2011 in Japan voraussehen oder die Dürreperiode in Australien 2007. Wer hatte damit gerechnet, dass in Deutschland quasi die gesamte Solarindustrie zusammenbrechen würde, obwohl es noch nie ein so großes Interesse an erneuerbaren Energien gab? Und wer konnte ahnen, wie sich die Internetgiganten wie Google und Co. an der Börse entwickeln? Auch Einstellungsänderungen in der Bevölkerung spielen eine Rolle. Plötzlich sind Kleinwagen in, Radfahren wird populär, Schwarz kommt wieder in Mode oder alle wollen große Taschen.

Kurz: Finanzgeschäfte sind unsichere Geschäfte. Niemand weiß, wie sich der Wert einer Aktie oder einer Immobilie letztlich entwickeln wird. Deshalb kann man die Arbeit eines Bankers, Börsenmaklers oder Vermögensverwalters nicht vergleichen mit der eines Bäckers, Ingenieurs oder Coiffeurs. Bei Letzteren kann das Produkt oder die Leistung zumindest im Voraus definiert werden: Das Croissant schmeckt gut, die Brücke hält und die Haare sind kürzer. In der Finanzwelt wird jedoch ein Produkt gekauft, von dem man *nicht* weiß, wie es sich tatsächlich entwickeln wird und um was es sich eigentlich handelt. Es gibt nichts Greifbares, sondern nur Konstruktionen, Extrapolationen, plausible oder gewagte Projektionen in die Zukunft.

121 Telab, N.N. (2007). *The Black Swan. The Impact of the Highly Improbable.* New York: Random.

Das haben wir natürlich nicht gern. Wir möchten wissen, was auf uns zukommt. Wir möchten, dass unser Gewinn maximiert wird. Der Finanzberater soll unsere Ängste zerstreuen, selbst wenn er uns dazu täuschen muss. Das würden wir natürlich nie zugeben, aber so ist es. So, wie dem Berater klar ist, dass er nicht nur rational, sondern auch spekulativ operiert, wissen wir das im Grunde genommen auch.

Mit Suggestion (Be-)Denken außer Kraft setzen

Um Kunden im unsicheren Feld der Finanzgeschäfte zu überzeugen und den Schein der Rationalität zu wahren, werden diverse Suggestionstaktiken eingesetzt.

Seriöse Inszenierungen

Um für alle Beteiligten den Schein zu wahren, müssen die Spekulationen seriös vorgetragen werden. D. h nicht von Menschen in abgewetzten Jeans, mit verschlafenem Blick, in unaufgeräumten billigen Büros, sondern von Personen mit professionellem Habitus in einer generösen Umgebung. Rede und Auftritt müssen vom spekulativen Charakter des Produkts ablenken, der Kunde muss glauben, dass es um Fakten geht, um abgesicherte Transaktionen, Anlagen und Investitionen. Banker und Vermögensberater gleichen darum Pokerspielern. Auch sie müssen bluffen und ihre Unwissenheit hinter einer ernsten Miene und einem sicheren Auftritt verstecken, wenn sie erfolgreich sein wollen.

Vertrauen aufbauen

Zentral ist der Aufbau eines Vertrauensverhältnisses. Dies geschieht durch die Ausstrahlung von Loyalität, Korrektheit und persönlicher Wertschätzung, sodass der Kunde geneigt ist, dem Berater zu vertrauen. Bei hohen Summen muss man tiefer in die Kiste der Suggestionstechniken greifen. Anlageberater oder Investmentbanker präsentieren sich darum oft als Freund. Sie speisen mit einem Kunden in einem Top-Restaurant und besuchen anschließend einen Nachtklub mit brasilianischen Tänzerinnen. Mit einem anderen Kunden diskutieren sie über Munchs «Schrei» oder «Ferien in Curacao» oder sind ganz Ohr, wenn es um Eheprobleme geht. Sie bringen sich mit ihrer Persönlichkeit ein und versuchen, ein persönliches Band zum Kunden zu knüpfen. Hat der Kunde den Eindruck von Freundschaft, steigt das Vertrauen. Aus diesem Grund müssen Berater und Banker über ein hohes Maß an Empathie verfügen. Sie müssen hinter die Fassade des Kunden blicken, seine «soft points», Leidenschaften und versteckten Wünsche erkennen. Träumt er von einem überwältigenden Erfolg? Der Jacht im Mittelmeer? Will er vor allem seinen Kindern etwas Bleibendes hinterlassen? Sieht er sich als Kunstmäzen? Sucht er Erfolg bei Frauen? Natürlich geht es um sachliche Beratung, doch Voraussetzung der Zusammenarbeit ist die Kenntnis der Persönlichkeit des Kunden und die Bindung.

Die Ausrichtung auf Vertrauen und das Vorspielen von Freundschaft kann fatale Folgen haben. Der amerikanischen Asset-Manager Bernard Madoff erhielt dank seines gewinnenden Auftretens, seiner persönlichen Ausstrahlung und seiner Vergangenheit als Vorsitzender der Technologiebörse NASDAQ Zugang zu den höchsten sozialen Kreisen. Er sprach seine Kunden mit «dear friend» an, wurde zu ihrem Hochzeiten eingeladen und zum Paten einiger ihrer Kinder erkoren. Man traute dem freundlichen Gesicht, fühlte sich sogar geehrt, sein Kunde zu sein. Jahrelang konnte er problemlos operieren und erzielte große Gewinne. Nicht nur Privatkunden, auch Banken waren von ihm begeistert. Er galt als hochkompetenter Mann, der den Markt und die Entwicklung von Finanzprodukten kannte. Im Dezember 2009 wurde Madoff als Betrüger entlarvt. Statt das Geld im Markt gewinnbringend zu investieren, hatte er das primitive Ponzi-Schema angewandt. Das Geld eines Kunden investierte er nicht, sondern verwendete es, um anderen Kunden hohe Zinsen zu zahlen und somit den Eindruck zu erwecken, er sei ein genialer Inverstor. Es ist klar, dass eine solche Strategie langsfristig nicht aufgehen kann, sondern auffliegen muss.[122] Seine Kunden und Banken wie die Royal Bank of Scotland oder die Hyposwiss verloren die unglaubliche Summe von fast 50 Milliarden Dollar! Madoff hatte mit Vertrauenswürdigkeit operiert.

Natürlich beruht Vertrauen auf Gegenseitigkeit. Der Banker oder Vermögensverwalter will in der Regel nur Geld annehmen, das seine Kunden ehrlich erwirtschaftet haben, also weder Geld eines Bankraubs oder aus illegalen Geschäften, Schwarzgeld noch ergaunerte Erbschaften. Doch das dahinter stehende Risiko ist für die Beteiligten nicht gleich. Der Kunde hat im Extremfall einen Großteil seines privaten Vermögens zu verlieren, während der Banker oder Vermögensverwalter lediglich auf seinen Profit verzichten muss. Natürlich strebt er nach Erfolg und versucht, das Geld nach bestem Wissen und Gewissen einzusetzen, doch wenn es zu einem Aktiensturz kommt, hat er nur bedingt die Folgen zu tragen. Die Beziehung ist nicht symmetrisch, der Kunde hat *mehr* zu verlieren. Nach dem Soziologen Niklas Luhmann stellt Vertrauen eine *riskante* Vorleistung eines Vertrauensgebers dar, damit Handlungsmöglichkeiten durch Reduktion

---

122 Als Ponzi-Schema werden Geschäftsmodelle bezeichnet, die nach dem Schneeballsystem funktionieren. Analog einem den Hang hinab rollenden und dabei stetig anwachsenden Schneeball braucht es eine ständig wachsende Anzahl an Teilnehmern, um Gewinne zu erzielen. Schneeballsysteme beruhen auf unendlichem Wachstum bei endlichen Rahmenbedingungen und sind daher grundsätzlich instabil.

von Komplexität erschlossen werden.[123] Dies ist ein riskantes Unterfangen, weil die durch Vertrauen ermöglichte Handlung rational nicht begründbar ist, es gäbe viele Optionen. Die Komplexität wird jedoch reduziert, sodass derjenige, der Vertrauen schenkt, sich so verhält, als wisse er, wie die Zukunft wird (obwohl der Vertrauende «eigentlich» weiß, dass andere Ausgänge möglich sind).[124] Die große Gefahr ist, dass der Vertrauende nicht mehr selbstständig denkt. Vertraut man jemandem, dann erhöht sich die Gefahr unkluger Handlungen.

Beim Verhältnis zwischen Kunden und Vermögensverwalter handelt es sich um ein *Zweckbündnis*. Beide wollen, dass das Geld Gewinn abwirft, je mehr, desto besser. Kunden hoffen auf den außerordentlichen Erfolg, wollen zu den «lucky few» gehören. Die Gewinnausschüttung sollte jedoch mit nicht allzu großen Risiken verbunden sein, ein verständlicher, aber leider oft unrealistischer Wunsch.[125] Bei Bankgeschäften ist man also mit einem grundlegenden Problem konfrontiert: Gewinnmaximierung und Sicherheit der Geldanlage lassen sich nicht miteinander vereinbaren. Vermögensverwalter haben deshalb keinen einfachen Auftrag: Sie müssen Risiken eingehen, *ohne* das Geld aufs Spiel zu setzen.[126] Sie müssen in

123 Luhmann, N. (1973). *Vertrauen. Ein Mechanismus der Reduktion sozialer Komplexität* (2. erw. Aufl.). Stuttgart: Enke, S. 8.

124 Siehe auch Belting, J. M. (2008). *Kontrolle ist gut, Vertrauen ist besser: Die Bedeutung von Vertrauen in Beratungssituationen am Beispiel der Anlageberatung.* VDM Verlag Dr. Müller.

125 Risikoreich bedeutet im Aktienhandel die Akzeptanz einer großen Volatilität (Schwankungsbreite) einer Aktie. Die Schwankungsbreite einer Aktie betrifft freilich beide Richtungen: Gewinn- und Verlustschwankungen, d. h., der Aktienkurs steigt und fällt relativ stark bzw. relativ «schnell». Bei großer Volatilität spielt also der Zeitpunkt des Verkaufs eine Rolle. Sobald man zeitlich gebunden wäre, ist eine volatile Aktie risikoreich, da es möglich wäre, dass man just dann verkaufen müsste, wenn die Aktie im Keller ist.

126 Das wird u. a. mit Kriterien wie der Möglichkeit eines Totalverlusts und Fragen nach der Langfristigkeit von Anlagestrategien gemacht. Das Risiko von Schwankungen bei Aktien lässt z. B. sich über die Zeit hinweg ausgleichen: Wenn man

einem unübersichtlichen internationalen Kontext, in dem es immens viele, völlig unterschiedliche Regeln und Erlasse gibt, gesetzeskonform handeln *und* Geld machen.

Um die Gefahr unerwünschter Ereignisse und potenzielle Maßnahmen durch Steuerbehörden zu verhindern, muss der Banker Fragen stellen. Woher kommt das Geld? Haben Sie es sich auf legalem Weg angeeignet und *alle* Vorschriften und Abgaben respektiert? Zu viele Fragen stören jedoch das Vertrauensverhältnis und bergen das Risiko, den Kunden an Konkurrenten verlieren. Diskretion und Respekt ist darum die Ultima Ratio des Vermögensverwalters. Beide, der Berater und Kunde, haben *kein* Interesse an Hintergrundabklärungen. Während ein Weinhändler anhand der Herkunftsbezeichnung, der Traubensorte, dem Jahrgang, dem Prädikat bestimmen kann, ob ein Wein gut oder schlecht ist, spielen die Herkunft und Qualität beim Produkt Geld keine Rolle, um es weiter zu vermehren oder einzusetzen. Geld ist Geld, unabhängig davon, ob es ehrlich oder unehrlich erwirtschaftet wurde.

Die Kunst, Einfaches kompliziert darzustellen

Neben dem Aufbau eines Vertrauensverhältnisses gibt es eine weitere Taktik, um von der Unsicherheit des Geschäfts abzulenken: Man *verkompliziert* die Sache und gibt sich als Experte. So wird ein einfacher Vorgang sprachlich aufgemotzt, mit Anglizismen frisiert, mit Zitaten untermauert und einem Nobelpreisträger zugeschrieben, sodass man sich

---

nicht zu einer bestimmten Zeit das Geld liquide haben möchte, dann kann man die Schwankungen abwarten, bis der Aktienkurs wieder steigt und man in der Gewinnzone verkaufen kann. Allerdings können Anleger Verluste auch zu lange aussitzen, währenddessen hätten sie mit dem tatsächlich noch vorhandenen Geld auch Gewinne machen können.

kaum mehr traut, eine Frage zu stellen.[127] Die Namen der angebotenen Finanzprodukte beeindrucken allein durch ihre Undurchsichtigkeit: strukturierte Finanzprodukte bestehend aus diversen Basiswerten mit derivater Komponente wie Bonus-, Hebel- und Garantiezertifikate, Termingeschäfte, Optionsscheine, geschlossene oder offene Immobilienfonds. Abstrakte Begriffe, Konzepte, Konstrukte, für die meisten nur schwer durchschaubar. Doch paradoxerweise überzeugen uns Modelle, auch wenn sie kaum verständlich sind.

Der Grund hierfür könnte darin liegen, wir keine Antworten auf die Rätsel unseres Daseins haben und deshalb ein tiefes Bedürfnis nach dem ultimativen Erklärungsmodell. Warum gibt es uns? Warum haben wir Angst? Warum gibt es Ungerechtigkeit auf der Welt? Warum endet eine wunderschöne Liebe? Mit unseren bewussten Gedanken stoßen wir an Grenzen und sind deshalb empfänglich für Modelle, die außerhalb unsers Denkhorizonts liegen und vermeintlich Antworten auf die Widersprüche, Paradoxien, Grenzen unseres Daseins geben, sei es das tibetanische Totenbuch, Astrologie oder die Weisheiten von Lao-Tse oder eben auch ein kryptisches Finanzprodukt.

Obwohl wir in einem Zeitalter der Rationalität leben,[128] lassen wir uns gerne von Modellen und Konstruktionen umnebeln, die nur scheinbar rational sind. Werden diese Modelle auch noch professionell vorgetragen und durch eine Institution mit hohem Prestige legitimiert, werden wir vollends schwach.[129] Wir verbinden Komplexität mit höherer Intelli-

127 Jungermann, H. & Belting, J. (2004). Wir verstehen uns doch – nicht wahr! *Kritische Vierteljahresschrift für Gesetzgebung und Rechtswissenschaft*, S. 325–344, sowie Jungermann, H. & Belting, J. (2004). Interaktion des *als ob*: Privatanleger und Anlageberater. *Zeitschrift für Gruppendynamik und Organisationsberatung, 35*, S. 239–257.

128 Kahnemann, D. (2011). *Thinking, Fast and Slow*. London: Penguin.

129 Flynn, D.J. (2004). *Intellectual Morons*. New York: Three Rivers.

genz und Kompetenz, hinter denen unsere eigenen Gedanken, Beobachtungen und Urteile zurückstehen. Gerne glauben wir, dass unser Finanzberater die Rätsel der Wirtschaft entschlüsselt hat, und folgen vertrauensvoll seiner kryptischen Rede.

Wir dürfen jedoch nicht vergessen, dass Modelle von Menschen gemacht werden. Sie entstehen nicht in heiligen Tempeln, in denen göttliche Wesen wandeln, sondern in Institutionen, in denen Menschen parlieren, streiten, gähnen, zwischendurch die Toilette aufsuchen. In den Modellen stecken nicht nur reine Erkenntnis, sondern auch die Eitelkeiten, der Narzissmus und die persönlichen Probleme der Beteiligten.[130] Und Modelle erfassen außerdem meist nur einen Teilbereich der jeweiligen Herausforderung, sei es in der Neurologie,[131] in der Bildung[132] oder eben auch in der Finanzwelt. Sie reduzieren die Komplexität eines Phänomens und suggerieren nur, alle wesentlichen Faktoren identifiziert zu haben.

Die Magie der Zahlen

Um zu überzeugen, wird aber nicht nur mit Worten argumentiert, sondern auch mit Zahlen. Worte sind mehrdeutig und interpretierbar, Zahlen hingegen suggerieren Fakten. Wenn Entwicklungen, Trends, Schwankungen und Veränderungen in Zahlen ausgedrückt werden, scheinen die Aussagen plötzlich objektiv und präzise. Zählen und Messen ist darum eine potente Methode, Zweifler zu überzeugen und Gegner zum Schweigen zu bringen. Ökonomische Modelle entstehen,

130 Flynn, D. J. (2004). *Intellectual Morons. How Ideology Makes Smart People Fall For Stupid Ideas.* New York: Crown Forum.

131 Hasler, F. (2012). *Neuromythologie. Eine Streitschrift gegen die Deutungsmacht der Hirnforschung.* Bielefeld: transcript Verlag.

132 Gardner, H. (2004). *The Unschooled Mind.* New York: Perseus.

indem man Zahlen in komplizierte Formeln verpackt in einen Rechner einspeist. Das Resultat ist ein Index oder eine Einzelzahl! Es entsteht der Eindruck einer aussagekräftigen Zahl, etwa einer zuverlässigen Konjunkturprognose oder Wirtschaftsanalyse, obgleich es sich um ein bloßes Zahlenmodell handelt. Kunden fühlen sich damit dennoch sicherer und sind bereit, den Vorschlägen ihres Finanzberaters zu folgen.

Dieses Täuschungsmoment wird gefördert durch die Tatsache, dass Finanztransaktionen tatsächlich sehr kompliziert und Wirtschaftsentwicklungen kaum voraussehbar sind. Da es so viele Einflussfaktoren gibt, ist es fraglich, ob überhaupt jemand die Mechanismen des globalen Finanzmarktes umfassend durchschaut. In der ersten Woche des Jahres 2014 wurden auf diesem bereits 160 Milliarden Dollar umgesetzt.[133] Die Übersicht über die Finanztransaktionen zu behalten, ist unmöglich. Banker und Vermögensverwalter agieren in einem gigantischen weltweiten Zirkus, in dem unterschiedlichste Player mitwirken, die investieren, kaufen, verkaufen, verleihen, verhandeln und fordern.

Dazu kommt: Über internationale Finanzaktionen entscheiden nicht nur Partner untereinander, sondern sondern zumindest mittelbar auch Regierungen, Zentralbanken und staatliche Regulatoren wie die FIMA in der Schweiz, die BaFin in Deutschland, die Autorité des marchés financiers in Frankreich, indem sie durch Regeln und Bestimmungen bestimmte Abläufe definieren. Banker und ihre Kunden sind darum eingebunden in ein Netz von Vereinbarungen, Verpflichtungen und Gesetzen. Behörden, Regierungsvertreter, Bankvertreter, interne Kontrolleure und Experten sitzen hinter Computern, jetten um die Welt, veranstalten Konferenzen, klauen Daten, um die Übersicht zu behalten und Finanzströme zu erkennen.

133 Daten der Thompson-Reuters, zit. n. NZZ, 13.1.2014, S. 19.

Läuft alles regelkonform ab? Wurden Gelder am Fiskus vorbei geschleust? Wo wird Geld versteckt? Gewaschen? Gibt es eine Finanzquelle, die man übersehen hat? Ist es nicht naiv, in einem solchen Umfeld noch von Vertrauen zu reden?

Spiel und Spekulation hinter einem Schleier der Seriosität

Vor allem in größeren Banken und Finanzinstituten geht es nicht nur um eine seriöse Bewirtschaftung der Vermögen, die ihnen die Kunden anvertraut haben, sondern vor allem auch darum, die Gewinne zu maximieren. Die Akteure operieren in einer monetären Zwischenwelt, die nach eigenen Gesetzmäßigkeiten funktioniert und in der jede Transaktion attraktiv ist, solange es Aussicht auf kurzfristigen Gewinn hat, auch wenn sie nicht ganz legal ist. Wenn sich auf dem Markt nichts bewegt, muss man eben selbst für Action sorgen. Man redet eine wirtschaftliche oder technologische Sensation herbei, sodass das Umfeld in eine *aufgeregte* Stimmung versetzt wird, profitieren will und zu investieren beginnt. Die Boomstimmung erleichtert die Entscheidung!

Ein Beispiel unter vielen ist die Dotcom-Blase. Die Etablierung des Internets und des Mobiltelefons sowie die Entwicklung von Laptops führte 1995 zu einer Aufbruchsstimmung im Bereich digitaler Technologien. Es kam zu einer Vielzahl von Unternehmensgründungen, die den Gang an die Börse wagten. Diese Start-up-Firmen galten als Zukunftsunternehmen. Über einen Aktienkauf könne man an zukünftigen Gewinnen teilhaben, war das von Investmentbankern verbreitete Credo. Insider wusste jedoch: Man kann vor allem durch den Weiterverkauf der Aktien an den steigenden Kursen mitverdienen! Wie es wirklich um diese neuen Firmen stand, war dabei irrelevant. Millionen oder gar Milliarden wurden in Unternehmen investiert, bei denen bei nüchterner Betrachtung kaum je Aussicht auf Rendite bestand. Abklärungen waren auch nicht nötig, da man ja vor allem von der Spekulationsblase profitierte. Die Börsen zogen mit, denn auch sie waren an einem Hype interessiert und inszenierten kameragerecht einen Goldrausch, der eine phänomenale Wirtschaftsentwicklung suggerierte. Millionen von Kleinanlegern wurde das Gefühl vermittelt, an der Wall Street, dem Londoner Stock Exchange oder der Frankfurter Börse ihr Glück machen zu können! Die meisten realisierten nicht, dass mit *ihrem* Geld gespielt wurde. Insidern war bewusst, dass man die Party rechtzeitig verlassen und den eigenen Gewinn sichern musste, bevor die Blase platzte. Kleinanleger, die Geld in einen Fonds mit gemischten Produkten investiert hatten, realisierten das nicht und verloren in der Folge ihr Geld. Sie hatten den Verlust zu tragen, während Insider dank Provisionen verdienten oder rechtzeitig ausgestiegen waren.

Eine Form des Spielens mit Geld, um Gewinne zu erwirtschaften, sind die *Puts and Calls*. Beim Call kauft man die Option, eine Aktie zu einem bestimmten Zeitpunkt und einem festgelegten Preis kaufen zu dürfen. Wenn der Aktienwert steigt, hat man verdient. Beim Puts verkauft man an einen Investor die Option, ihm eine Aktie zu einem bestimmten Preis bis zu einem definierten Datum abzukaufen. Ist die Aktie gestiegen, hat der Investor einen Gewinn. Fällt der Aktienkurs, dann trägt der Investor den Verlust. Es gibt noch unzählige weitere Manöver, durch die man Aussicht hat, von der *monetären Zwischenwelt* zu profitieren.[134] Gemeinsam ist ihnen, dass der Bezug zu den Realien der Wirtschaft fehlt. Man hat ein System entwickelt, durch das man mit geliehenem Geld

---

134 Siehe Landmann, V. (2013). *Jetzt wird's kriminell*. Bern: Stämpfli Verlag.

spielen kann und per Knopfdruck Gewinn erwirtschaftet, ohne die Verluste tragen zu müssen.

In vielen Banken werden solche Spielchen gefördert. Wer am besten pokert, wird zum Star, hat Aussicht auf Karriere und hohe Boni. Verstärkt wird dies durch die in dem Metier herrschende Hire-and-Fire-Mentalität. Die Mitarbeiter sollen permanent auf Draht sein und ihr Bestes bringen. Wer das nicht macht, ist der Erste, der wegen einer Umstrukturierung, einem Fehler, einer anderen Strategie den Schlüssel abgeben muss.

Mittlerweile hat sich der Wind ein wenig gedreht. Man will heute Bankern mehr auf die Hände schauen. Die Aufsichtsorgane haben schärfere Vorschriften erlassen, um die beschriebenen Spielchen zu verhindern. Alarmiert durch die exorbitanten Bonuszahlungen in den oberen Geschäftsetagen sowie Steuerhinterziehungen wurde der Unkultur der Finanz- und Bankwelt der Kampf angesagt. Wer bei den Behörden nicht meldet, dass ein Kunde versucht, Gelder zu verstecken, dem droht eine Strafe. Auch die Geldwäschegesetze, die von der FIMA aufgestellt wurden, müssen beachtet werden. Der Kunde muss zwingend belegen, dass er die Steuergesetze seines Heimatlandes befolgt und alles legal versteuert hat. Da sich die Steuergesetze in den verschiedenen europäischen Ländern unterscheiden, dürfen nur die Banker verhandeln, die die Gesetzgebungen des entsprechenden Landes kennen. Sie müssen zudem über eine Beraterlizenz verfügen, deren Erwerben 170 000 Schweizer Franken kostet. Der Point of Sale muss transparent sein. Die Abläufe der Verhandlungen müssen dokumentiert, die Entscheidungen transparent sein und die Abläufe belegt werden können.

Die Kernaufgabe von Banken ist die Aufnahme und Vergabe von Krediten und die Beratung von Kunden. Die unselige Bonus-Kultur, künstlich erzeugte Hypes und undurchsichtige

Finanztransaktionen haben jedoch dazu geführt, dass das Bankgeschäft generell in Misskredit geriet. Effektive oder scheinbare Missstände sollen durch Normen verhindert werden. Das Bankgeschäft wurde streng reguliert und wird durch eine Compliance-Abteilung intern überwacht. In Bezug auf die Klugheit haben diese Maßnahmen zur Folge, dass das Kerngeschäft, die Beratung von Kunden, die Vergabe und Annahme von Geldern, in den Hintergrund rücken. Als Bankangestellter geht man keine Risiken ein, verhält sich maskenhaft korrekt und – vor allem – muss man das persönliche Denken, Beurteilungsvermögen und die Kreativität abschalten. Es geht um Compliance und nicht um kluge Gedanken. Vergessen wird, dass es sich bei Bankgeschäften nicht um rationale Operationen handelt. Risiken einzugehen, zu spekulieren, zu interpretieren und Ahnungen nachzugehen, gehört zum Geschäft, da man sich mit der Zukunft befasst und diese ist mit den besten Methoden nicht voraussehbar. Klugheit ist gefragt und nicht die Fähigkeit, eine Operation regelkonform auszuführen.

Kapitel VI: Die Verführbarkeit der Experten und Intellektuellen durch den Mainstream

Wenn über die Einführung neuer Normen, Gesetze oder Reformen diskutiert wird, wenden sich Entscheidungsträger und Journalisten oft an Experten. Meistens handelt es sich um Intellektuelle, die sich in einem bestimmten Gebiet profiliert haben oder den Ruf haben, über ein Thema kritisch nachzudenken. Experten und Intellektuelle haben einen Einfluss auf die Denkprozesse, die zu einer Entscheidung führen. Die Hoffnung ist, dass sie sich nicht durch kollektive Debatten und Standesparadigmen vereinnahmen lassen, sondern sich im öffentlichen Diskurs durch geistige Unabhängigkeit und kritischen Geist auszeichnen. Bei Experten sollte es sich um Menschen handeln, die es sich zur Aufgabe gemacht haben, nachzudenken und frei von Abhängigkeiten zu argumentieren.[135] Sie präsentieren nicht einfach Lösungen, sondern bohren tiefer und denken weiter. Sie widmen sich der Sache und sind an Inhalten interessiert.

In den meisten westlichen Ländern gibt es namhafte Intellektuelle, die durch ihre Lebensweise einen unabhängigen Geist bewahren; ketzerische Denker, die sich öffentlicher The-

135 Siehe Hampe, M. (2014). *Die Lehren der Philosophie*. Berlin: Suhrkamp.

men annehmen und Warnungen aussprechen, wenn sie gesellschaftliche Fehlentwicklungen befürchten oder Missstände erkennen. Sie stellen womöglich Forderungen auf, auch wenn es unbequem ist. Die Stimme Intellektueller oder Experten beleben den öffentlichen Diskurs und lösen unter Umständen Debatten und ein vertieftes Nachdenken aus. In seinem öffentlichen Brief kritisierte 1898 der Schriftsteller Emile Zola die Inhaftierung von Alfred Dreyfus, einem jüdischen Offizier der französischen Armee. Dreyfus wurde beschuldigt, für das Deutsche Reich spioniert zu haben, und nach Cayenne in Südamerika auf eine Gefangeneninsel verschifft. In seinem Brief «J'accuse» an den französischen Präsidenten Felix Favre warf er der Regierung Antisemitismus vor. Die Stellungsnahme von Emile Zola löste heftige Debatten aus, stürzte die französische Regierung in eine Krise und führte schließlich zu einer Begnadigung von Dreyfus. 1906 wurde er sogar in die Ehrenlegion aufgenommen.[136]

Versteckte Zwänge und Motive

Die unabhängigen Stimmen der Intellektuellen und die sachlichen Argumentationen der Experten sind das «Salz in der Suppe einer Demokratie».[137] Leider sind sie jedoch nicht vor unkritischer Anpassung an den Zeitgeist gefeit. Auch intelligente Köpfe sind Menschen, können sich irren und offensichtliche Gefahren oder Fehlentwicklungen übersehen. Ein trauriges Beispiel ist die Willfährigkeit weiter Teile der akademischen, nicht-jüdischen Elite im Deutschland und England der 1930er-Jahre gegenüber den Nationalsozialisten.[138] Das

136 Flynn, D.J. (2004). *Intellectual Morons*. New York: Crown Forum.
137 Hafner, U. (2015) Kritik bitte! Intellektuelle sind für die Demokratie das Salz in der Suppe. In: *Neue Zürcher Zeitung* Nr. 182, 10.8.2015, S. 38.
138 Ferguson N. (2006). *The War of the World*. London: Penguin, Books, S. 242.

Denken der intellektuellen Elite ist nicht immer autonomer als bei anderen Menschen, sondern es kann auch geschehen, dass der Wunsch «dazuzugehören» das Denken formatiert. Man will sich profilieren und schließt sich der Ideologie an, die im öffentlichen Diskurs als progressiv gilt. Waren es beim Aufkommen des Nationalsozialismus faschistische Ideen, so war es 1968 linkspopulistisches Gedankengut. Man schwärmte für Che Guevera und den Massenmörder Mao Tse-Tung. Heute ist es vielleicht en vogue, sich von neoliberalen Haltungen abzugrenzen und für die Etablierung super-nationaler Institutionen zu plädieren, die sich auf der Basis von internationalem Recht gegen Nationalismus, Rassismus und soziale Ungerechtigkeit stellen. Die kritischen Beiträge entlarven sich aber manchmal als Versuch, sich durch eine scheinbar progressive Haltung bemerkbar zu machen.[139] Man interpretiert aktuelle Tendenzen gemäß der aktuellen Ideologie. Auch scheinbar rational geführte Debatte produzieren nicht absolute Wahrheiten.

Narzissmus

Niemand ist vor dem eigenen Narzissmus gefeit. Man vernimmt gerne die eigene Stimme im kollektiven Drama, hat das Gefühl von Größe, wenn man von der Presse beachtet wird oder sogar zum Promi aufsteigt. Man liest über sich selbst in Zeitungen und sieht sein Konterfei im Fernsehen. In dieser Position ist die Gefahr groß, dass man ein willfähriger Apologet des Zeitgeistes wird. Man repetiert, was bereits Tausende andere Personen gesagt haben. Man fordert «mutig» Nachhaltigkeit oder Maßnahmen gegen den Klimawandel, fliegt jedoch selbst von Kongress zu Kongress. Das eigene Ego wird

139 Sowell Th. (2009). *Intellectuals and Society*. New York: Basic Books. p 144ff.

narzisstisch aufgeladen und es kommt zu einem Rückkoppelungseffekt. Wenn die Umgebung zustimmt, man beklatscht und mit Preisen überhäuft wird, dann muss es doch stimmen, was man sagt. Standing Ovations werden als Originalitätsbeweis aufgefasst.[140] «Großartig, deine Ideen zur Bedeutung der kognitiven behavioralen Therapie!», hört ein Erziehungswissenschaftler von Kollegen nach seinem Referat. Da wir dazu neigen, positive Aussagen über uns anzunehmen, Kritik jedoch zu überhören, internalisieren wir solches Lob. Wir realisieren nicht, dass es sich bei dem positiven Feedback um einen versteckten Disziplinierungsakt handeln könnte. Die Botschaft ist: Respektiere die Leitbilder deiner Berufsgruppe!

Gefangen im Denken des Berufsstands

Eine weitere Gefahr ist, dass Experten und Intellektuelle den Argumentationsraum ihrer Bezugs- und Berufsgruppen nicht verlassen. Es geht nicht um vertieftes Nachdenken, sondern das Propagieren des Standeswissens. Das Thema wird aus der Perspektive der eigenen Berufsgruppe interpretiert. Es werden nicht neue Schlussfolgerungen gezogen, sondern die intern angedachten Lösungen präsentiert: Die Finanzdirektorenkonferenz fordert Null-Toleranz bei Bankgeschäften, weil damit ein hoher moralischer Standard insinuiert wird. Der Bund propagiert die Leitidee Transparenz und denkt über automatischen Informationsaustausch bei Bankkonten nach, weil die amerikanischen Behörden es verlangen und der Begriff mit Offenheit und Ehrlichkeit assoziiert wird. Und die Erziehungsdirektorenkonferenz begeistert sich für den Kompetenzbegriff und sieht in der Harmonisierung einen Fort-

140 Odean, T. (1998). Volume, Volatility, Price and Profit when all Readers are Above Average. In: *Journal of Finance*, 3 (1998), S. 1887–1934.

schritt, weil der aktuelle erziehungswissenschaftliche Diskurs mit diesen Begriffen operiert und Vereinheitlichung mit Fortschritt gleichgesetzt wird.

Stände neigen zu geistiger Selbstbeschränkung. Der Bezugsgruppe zuliebe werden zu explosive Themen temporär oder permanent aus dem Bewusstsein verdrängt. Die Folge dieser Anpassungsleistung ist, dass Argumentationsschwächen übersehen werden. Es wird schwierig, eine eigene, distanziertere Position zu vertreten. Irritationen werden nicht zugelassen oder als konservativ, linksextrem, sexistisch, rassistisch, neoliberal oder «dumm» abgetan[141]. Oberflächlich betrachtet hat man den Eindruck einer lebhaften Debatte, doch eigentlich diskutiert man unter sich. Wird z. B. die Frage der steigenden Gesundheitskosten diskutiert, erwägt man die Verstaatlichung der Praxen, die Förderung des Wettbewerbs zwischen den privaten Kassen oder die striktere Kontrolle der ärztlichen Arbeit. Man denkt in den Kategorien und Begriffen der Gruppe, der man sich zugehörig fühlt. Da die Erweiterung des Denkraums zu Irritationen und Überraschungen führen kann, werden Gedankenexperimente oft vermieden. Es geht um die Zelebrierung des Standeskanons. Klugheit würde jedoch bedeuten, *unabhängig* vom sozialen Kontext und der persönlichen Betroffenheit ein Thema zu durchdenken.

Intellektuelle Überheblichkeit

Eine weitere Gefahr ist die *intellektuelle Überheblichkeit*. Man fühlt sich Normalsterblichen aufgrund des eigenen Wissens überlegen und hat Mühe, Argumente außerhalb der Standes-

141 Merkel wirft Sarrazin Verdummung vor, *Süddeutsche Zeitung*, 12.6.2010, http://www.sueddeutsche.de/politik/politik-kompakt-merkel-wirft-sarrazin-verdummung-vor-1.958050 [10.9.2015]; kritisch zur Position Merkels etwa Groh, Th., Quantendogmatik, *myops* Nr. 11 (2011), S. 4–11.

debatten wahrzunehmen. Einwände von nicht Standesangehörigen oder Laien gelten als unsachlich, populistisch oder schlichtweg «dumm». Opponenten sind einfach uninformiert oder kleinkariert. Da man vor allem mit Fachkollegen diskutiert und sich innerhalb der eigenen Standesinstitutionen bewegt, merkt man nicht, dass man sich vielleicht irren kann oder gewisse Aspekte eines Themas übersehen hat. Man glaubt, den Durchblick zu haben, und drängt anderen den eigenen Jargon und die standesspezifische Wahrnehmung auf. Als Soziologe erkennt man verborgene Kommunikationsstrukturen in Institutionen, so wie man als Schulpsychologe in Schulklassen lauter Kinder mit einem Aufmerksamkeitsdefizit erkennt. Man ist sich des Status «Experte» bewusst, begreift sich als Person, die sich in einem bestimmten Gebiet *definitiv* besser auskennt und mehr sieht als der Durchschnitt.

Im technischen Bereich und in den Naturwissenschaften ist dies unproblematisch, da es sich um Materien und Prozesse handelt, die man nach eindeutigen Kriterien erforschen und bei denen man dadurch Gesetzmäßigkeiten erkennen kann. Komplizierter wird es, wenn es um menschliches Verhalten geht. Experten zu Fragen des Verhaltens des Menschen sind mit zwei grundlegenden Handicaps konfrontiert: Erstens sind sie *selbst* auch Untersuchungsgegenstand und zweitens hat das Forschungsobjekt einen Willen und ein Bewusstsein. Es denkt, zieht eigene, oft spezielle Schlüsse, Überlegungen und fällt Entscheidungen, die man nicht vorausgesehen hat. Aussagen zu menschlichem Verhalten und seinen Motiven sind darum oft kontrovers und diskutierbar. Auf dem Gebiet der Psychologie ist es darum schwierig, wenn man sich neutrale und objektive Beobachtungs- und Beurteilungsfähigkeit zuschreibt. Auch wird das offene und kritische Nachdenken über menschliches Verhalten erschwert, wenn man im Auftrag der Regierung, des Kantons, des Bundeslandes als

Experte aufgerufen wird, gescheit zu denken. Diese Selbsttäuschungseffekte können fatale Folgen haben, wenn Experten die Definitions- und ausschließliche Entscheidungsmacht über das jeweilige Thema zugestanden wird.

Statussteigerung

Es gibt eine weitere Versuchung, der man sich als Experte und Intellektueller gewahr sein muss: die Verführbarkeit durch das Angebot der Statussteigerung und einer höheren Machtposition. Da man als Intellektueller meistens nicht zu den Reichen und Berühmten gehört, ist man empfänglich für weltliche Aufwertungsgesten. Die Aufnahme in eine wichtige Expertengruppe oder besondere Kommission des Bundes oder eine internationale Institution schmeichelt einem und steigert die Anpassungsbereitschaft. Wie bei allen Gruppen ist die Gefahr groß, dass man sich dem Meinungskanon anschließt, den man dort antrifft. Man versammelt sich mit Kollegen und Kolleginnen und anderen wichtigen Personen in einem prunkvollen Sitzungssaal oder modernen Konferenzzimmer. Eine solche Umgebung beeinflusst uns, auch wenn wir es abstreiten. Man ist Teil einer Gruppe. Blicke und mimische Signale werden ausgetauscht, man beobachtet sich gegenseitig und beginnt, die Gruppencodes zu erahnen.

Ein äußerliches Zeichen dieser Anpassungsleistung ist die Kleidung. Man kleidet sich standesgemäß. In Arbeitsgruppen von Menschen aus dem sozialen Bereich meidet man die Krawatte, Banker tragen einen dunklen Anzug und Wissenschaftler kleiden sich schludrig nonkonform. Man sieht keinen Hipster mit Bart und Schal neben einem tadellos gekleideten Herren im Armani-Anzug. Die Bewegungsmuster gleichen sich an. In einer Werbefirma war es üblich, beim Treppensteigen jeweils eine Stufe auszulassen – nur ja Dynamik signalisieren –, während sich in einem Institut der Universität Zürich der Schleppgang etabliert hatte, vermutlich um Belastung und Bedeutung zu kommunizieren.

Wenn nun der erste Redner in der Expertenrunde seine Sorge über die «zunehmende» Jugendgewalt ausdrückt (oder das Schwarzgeld oder Unfälle in Krippen), seine Ausführungen möglicherweise mit einer tadellosen Powerpoint-Präsentation präsentiert, ein zweiter Redner die zunehmende Jugendgewalt ebenfalls mit Zahlen und Fakten bestätigt, ein Dritter schon mal eine persönliche Attacke erlebt hat und drei weiter Kommissionsmitglieder ihre Zustimmung durch besorgte Gesichter kommunizieren, wird es schwierig, dem etwas entgegenzusetzen. Man gehört derselben Gruppe an, möchte dazugehören und bald herrscht ein Konsens über die Problemdefinition: Die Jugendgewalt ist besorgniserregend gestiegen!

Der Kommunikationsstil als Distinktionsmerkmal

Gruppen entwickeln auch ihren eigenen Jargon und Kommunikationsstil. Bestimmte Begriffe rücken in den Vordergrund und vermitteln das Gefühl der Zusammengehörigkeit und des Fortschritts. Progressives Denken und Kompetenz werden markiert. So sprechen Lehrpersonen von «selbst gesteuertem Lernen», «Lernkontrollen», «prospektiver und summativer Beurteilung» und «Time-out». Die Sprache spiegelt nicht nur das Aufgabenfeld wider, sondern dient auch als *Distinktionscode*. Die gemeinsame Sprache vermittelt das Gefühl der Zughörigkeit und Sicherheit. Als Jungscher Psychologe wird einem warm ums Herz, wenn jemand von «Symbolen», «Mythologien» und «Enantiodromie» spricht. Der Peer-talk dient der gegenseitigen Aufmunterung und Beziehungsbestätigung, während Schattenmotive ausgeblendet werden. Lehrpersonen diskutieren bei Konferenzen nicht darüber, wie sie

Schüler quälen, so wie Piloten nicht über Seitensprünge mit Stewardessen reden. Man parliert im professionellen Jargon und vergisst, dass unsere animalische Grundstruktur unsere Absichten usurpieren kann.

Um anerkannter Experte zu werden, genügt es nicht, eine anerkannte Ausbildung und einschlägige Berufserfahrung zu haben. Man muss sich überdies mit den beschriebenen Codes profilieren, den Habitus des eigenen Standes internalisieren. Man wird zu einem typischen Credit-Suisse-Banker, Berner Schulsozialarbeiter oder Zürcher Vermögensverwalter, indem man sich mithilfe des Jargons, der Codes und der Themen der eigenen Berufsgruppe bei Kollegen und Kolleginnen durchsetzt. Mit anderen Worten: Im Auftritt, in der Sprache, im Bewegungsmuster wie auch Denken ist man als Experte Repräsentant des Standes und hat eine beträchtliche Anpassungsleistung hinter sich.

Anpassungsdruck

Wir selber bemerken nicht, wenn wir in den Denkmustern des eigenen Standes gefangen sind, sondern nehmen uns als selbstständig denkendes und handelndes Individuum wahr und nicht als *typischen* Psychologen, Sozialarbeiter, HSG-Absolvent oder Pilot. Wir sind überzeugt, dass unsere Worte Resultat eigener Denkleistungen sind. Wir merken nicht, wenn wir Standesnormen wiedergeben. Solche Anpassungsleistungen sind *normal* und bis zu einem gewissen Grade auch erwünscht. Die soziale Gruppe, in der wir uns bewegen und profiliert haben, hat uns geprägt. Eine solche Berufssozialisation ist auch eine Voraussetzung beruflichen Erfolges. Zu außerordentlichen Gedanken sind wir meistens nur fähig, wenn uns die Praxis dazu anregt oder wir dazu gezwungen werden. Nur Wenige verfügen über einen ketzerischen Geist oder haben den Mut, sich gegen den Mainstream oder den eigenen Stand zu erheben. Und: die Erfahrung zeigt, dass wir erfolgreicher sind, wenn wir nicht zu viel denken, sondern das befolgen, was sozial akzeptiert ist.[142]

Zuviel Anpassung kann zur Folge haben, dass sich unser Denkhorizont einschränkt. Wir verlieren als Intellektueller oder Experte an Klugheit. Wir werden zu treuen Vertretern eines Berufsstandes und denken in Standesparadigmen. Wenn wir dennoch an der Illusion der Eigenständigkeit festhalten, bemerken wir diese psycho-emotionale Verflechtung nicht. Ohne diese inneren Abhängigkeiten und Prägungen zu reflektieren, kann man jedoch nicht seriös über Verkehrsfragen, Bildung, Gesundheit, Sicherheit, Wirtschaft, Finanzen etc. nachdenken. Wir zelebrieren die Paradigmen, Denk- und Wahrnehmungscodes der eigenen Bezugsgruppe und denken nicht in Tiefe. Es kommt zum *Groupthink*.

Dieses sozialpsychologische Phänomen ist oft die Ursache fataler Fehlentscheide oder problematischer Reformen. Das beschriebene Debakel an der Schweinebucht ist *ein* Beispiel für diese problematische Dynamik. Die Bologna-Reform, die zu einer Verschulung und geistigen Verflachung des akademischen Betriebes führte, ist ein anderes trauriges Beispiel. Sie wurde 1999 von den europäischen Bildungsministern in Italien beschlossen, die die Harmonisierung der Hochschulbildung in Europa durch die Einführung des ECTS-Kreditpunkte-Systems und eines zweistufigen Systems der Studienabschlüsse anstrebten. Die damaligen Experten gingen von einer Qualitätssteigerung durch Vereinheitlichung aus. Effektiv hat jedoch die Dichte der Prüfungen und die Standardisierung des Studiums zugenommen und die Hochschulen haben großenteils ihre

142 Siehe dazu Watters, E. (2010). *Crazy Like Us: The Globalization of the American Psyche*. New York: Free-Press.

Rolle als Ort vertieften Nachdenkens und Debattierens verloren. Es geht um Punkte-Sammeln und genaue Wiedergabe der Kernbegriffe der Dozenten in Multiple-Choice-Prüfungen, bulimisches Lernen hat die Pflege des Geistes und damit auch der Klugheit ersetzt.

Mechanismen, die das Denken einengen

Informationskaskaden

Wenn die Mitglieder einer Expertengruppe denselben Informationsstand haben und zudem ein Mitglied als Hauptexperte fungiert, dann ist die Wahrscheinlichkeit groß, dass das Denken gleichgeschaltet wird.[143] Es kommt zu einer *Informationskaskade*.[144] Dieses Phänomen ist oft bei Teamsitzungen zu beobachten: Die Gruppenmitglieder übernehmen die Aussagen, die zu Beginn einer Sitzung von der Leitung oder einer Alphaperson geäußert werden. Statt die Ausgangssituation zu hinterfragen, werden nur die Konsequenzen und die Implementierungen diskutiert. Es findet keine Reflexion statt, sondern eine gegenseitige Bestätigung der Ausgangsannahmen. Informationen, die die Existenzberechtigung der Gruppe oder die Definition des Themas infrage stellen, werden ausgeblendet, ohne dass man sich dessen bewusst ist. Es entsteht ein Setting, indem es schwierig wird, konträre Meinungen oder Gegenargumente zu äußern.

Im Alltag zeigt sich dieser Mechanismus z. B. bei der Beurteilung eines Restaurants. «Im Rössli ist das Essen miserabel!», behauptet jemand. Sind die Zuhörer im Anpassungsmodus, wird sich jemand daran erinnern, dass seine Schwester dort

143 Sunnstein, C. R. (2003). *Why Societies Need Dissent*, Cambridge: Harvard University, S. 49f.

144 Surowiecki. J. (2004). *The Wisdom of Crowds*. New York: Double Day, S. 40ff.

auch schlecht gegessen hat, worauf einem Dritten in den Sinn kommt, dass er dort Zürcher Geschnetzeltes gegessen habe, bei dem die Rösti nicht schön braun war. Das gemeinsame Interesse an der Gruppe hat zur Folge, dass man sich gegenseitig in einer Ansicht bestätigt und nicht merkt, dass der Denkradius enger wird. Das psychologische Klima verhindert, dass «naive» Fragen gestellt und andere Positionen eingenommen werden.

Dieser Mechanismus findet sich auch in leitenden Positionen. Während sich viele Laien und Angestellte der Swissair über die hohen Geldüberweisungen an die belgische Fluggesellschaft Sabena wunderten, diskutierte die Leitung eifrig über die Farbwahl der Sitzplätze und ignorierte die offensichtlichen Probleme, mit denen die Fluggesellschaft konfrontiert wurde. Die Experten von Goldman Sachs waren 2008 überzeugt, dass das Auto keine Zukunft mehr habe und die hochkarätigen Experten um den US-amerikanischen Notenbankchef Ben Bernake erklärten 2007 – wenige Monate vor der Bankenkrise –, dass das Bankensystem absolut gesund sei. Die Experten entwickeln ihre eigenen Denkkategorien, bestätigen sich gegenseitig und sind sich ihrer daraus resultierenden geistigen Selbstbeschränkung nicht bewusst. Dies kann zu grotesken Resultaten mit kostspieligen Auswirkungen führen:

«Nachdem Sie den Notschlüssel aus dem Glaskasten geholt und betätigt haben, schließen sich die Türen sofort. Sie müssen dann im Zimmer verharren.» Die Mitarbeiterin der pädagogischen Ausbildungsinstitution instruiert mich leicht verlegen über das neue Sicherheitssystem, das man für eine halbe Million Franken installiert hat. Es dient dem Schutz der Studierenden und Dozenten bei einem Amoklauf. Auf dem Vorplatz sieht man zwanzig- bis dreißigjährige Studierende, die in Gruppen herumstehen oder -sitzen, diskutieren, klatschen, telefonieren, simsen, Kaffee trinken oder einfach die Sonne genießen. Potenzielle Amokläufer? Es handelt sich um junge Menschen, die schon Jahre in Bildungsinstitutionen verbracht, Prüfungen bestanden und sich für einen pädagogischen Beruf entschieden haben. Bei fast 80 Prozent der Studierenden handelt es sich zudem um Frauen. Weibliche Amokläuferinnen sind sehr selten. Außerdem sind solche Sicherungssysteme nur sinnvoll, wenn mit ihnen regelmäßig geübt wird. Die teure Anlage ist also wenig oder gar nicht sinnvoll. Das Amokwarnsystem wurde jedoch von Expertengruppen empfohlen und von Kommissionen abgesegnet. Offensichtlich verfielen sie dem Gruppendruck und den Informationskaskaden und schalteten ihre Denkkompetenzen aus.

Orientierung an anderen

Wenn sich die Gruppe zudem aus ähnlich gesinnten Kollegen aus ähnlichem Milieu zusammensetzt, droht die Gefahr, sich an unausgesprochenen Ideologien zu orientieren. Mögliche Einwände werden dann z. B. als gefährlich bezeichnet oder als neoliberal, linksextrem, kapitalistisch, rassistisch oder asozial. Kritik aus der entsprechenden Ecke wird als Angriff auf die eigenen Grundüberzeugungen empfunden und muss darum augenblicklich abgewehrt werden. Die Folge ist, dass kritische Gedanken nicht mehr geäußert und Lösungen erarbeitet werden, die auf falschen Prämissen beruhen und keinen Bezug zu den effektiven Herausforderungen haben.

Interessanterweise ist die Gefahr der Anpassung bei gebildeten, sozial kompetenten Personen größer als bei bildungsfernen Menschen.[145] Aufgrund ihres hohen Bildungsstands

145 Dies zeigen die Berichte von Schriftstellern und Gelehrten, die in den 1930er-Jahren stalinistische Gulags besuchten oder bis in neuerer Zeit vom Regierungssystem in Kuba begeistert waren und die Überzeugung vertraten, dort einen neuen zufriedeneren Menschentyp anzutreffen. Siehe: Hollander, P. (1981). *Political Pilgrims. Travels of Western Intellectuals to the Soviet Union, China, and Cuba 1928–1978.* New York: Oxford University Press.

möchten sie sich vom Mainstream abheben und begegnen dem Traditionellen, bekannten Ideen, Familienweisheiten oder persönlichen Beobachtungen mit Skepsis, zumal man sich damit keine akademische Reputation verschaffen kann. Als attraktiv und fortschrittlich wird vielmehr das empfunden, was über das Gegebene hinausragt.[146] Die Gefahr ist, dass dabei der Bezug zum unmittelbaren Leben und der Psychologie der Menschen verloren geht. Akademiker haben darum eine Neigung zu Lebensfremdheit. Dies manifestiert sich in Fachdiskussion, in denen kaum naive Fragen gestellt und die Lebenserfahrungen unmittelbar betroffener Menschen oft außer Acht gelassen werden.

Selbstüberschätzung

Eine weitere Gefahr, der Experten unterliegen, ist die Hybris. Aufgrund der Bestätigungen im eigenen professionellen Kreis glaubt man, die Zusammenhänge und Hintergründe eines Themas kritischer beurteilen zu können als die Praktiker an der Front und erklärt die eigenen Schlussfolgerungen zur Norm oder allgemeingültigen Erkenntnis. Vergessen wird, dass man es bei Themen, die menschliches Verhalten und Erleben betreffen, *nie* generell besser wissen kann. Menschen mit hohem Bildungsgrad sind nicht per se klüger.[147]

Sozialer Beweis

Beim *sozialen Beweis* handelt es sich um ein Rückkoppelungsphänomen. Die interne Diskussion, bei der durchaus Fetzen fliegen können, wird zum *Beweis* der Richtigkeit der Auffas-

146 Sowell, Th. (2009). *Intellectuals and Society*. New York: Perseus.
147 Surowiecki. J. (2004). *The Wisdom of Crowds*. New York: Double Day, S. 54.

sung. Man ist überzeugt, das Thema eingehend, aus verschiedener Perspektive, mit allen Pro und Kontras diskutiert und vielleicht sogar unangenehme Fragen gestellt zu haben. Vielfach handelt sich bei den Debatten jedoch um Stürme im Wasserglas, denn die Paradigmen der eigenen Gruppe werden nicht hinterfragt. Man debattiert über Entwicklungshilfe, will jedoch nicht über die Importschranken reden, die wir Entwicklungsländern durch unsere Qualitätsforderungen an ihre Produkte auferlegen; wir debattieren über Kompetenzen in der Schule, fragen jedoch nicht, ob dieser Begriff wirklich in der Praxis einen Mehrwert bringt. Implizit hat man sich auf das geeinigt, was die Gruppe zusammenhält und verbindet. Einen konträren Standpunkt anzudenken, wäre gar nicht möglich, da man sich dadurch ausschließt.

Abhängigkeit führt zu Konsens

Sind die Gruppenmitglieder voneinander abhängig oder freundschaftlich verbunden, erhöht sich die Wahrscheinlichkeit eines Konsenses. Man ist einverstanden, weil man die Kollegen schätzt und sich mit ihnen verbunden fühlt oder weil man sich der Hierarchie unterordnet. Es wäre ja ungeschickt, mit einer hierarchisch höher gestellten Person Dissens zu provozieren oder sich vor einem Experten lächerlich zu machen.

Für die meisten Menschen ist es einfacher, die Meinung der Gruppe zu übernehmen, als eine konträre Meinung zu äußern. Man fürchtet sich vor Unstimmigkeiten, will nicht negativ auffallen und hat vielleicht Angst, als anstrengend oder konservativ zu gelten. Es kommt zu einer Compliance.[148]

148 Asch, S. (1963). Effects of Group Pressure upon the Modification and Distortion of Judgments, in: *Groups, Leadership and Men*. Guetzkow, H. (Hrsg.). New York: Russell and Russell. S. 177–190.

Man verwendet den gleichen Jargon, kleidet sich ähnlich und in der Gruppe finden vor allem Menschen mit einem ähnlichen Sozialisationsprozess zusammen. Der Denkhorizont wird enger. Die Oxbridge-Fellows[149] in Großbritannien bemühen sich in ihren Klubs zwar um kontroverse Debatten, doch bei vielen Themen dringen ihre klassenspezifischen Auffassungen durch.[150]Man operiert mit den Denkschemata, die im eigenen Milieu hochgehalten werden, und weicht Tabuthemen aus. Die Realität wird nur durch die Metaphern der eigenen Bezugsgruppen wahrgenommen. Als Pädagoge sieht man in Kindern ausschließlich Wesen, die erzogen und geformt werden müssen, als Klimaforscher erkennt man überall Beweise für die Erderwärmung oder als Gesundheitsexperte ärgert man sich über das Rauchen im Freien. Die eigenen Erkenntnisse werden extrapoliert und auf andere Menschen übertragen. Neue Ideen werden als Irritation, gefährlich oder sachfremd empfunden. Schlussfolgerungen aufgrund von eigenen Beobachtungen oder intuitive Einsichten sind fast nicht möglich. Man mutiert zum *intellektuellen Bürokraten.*

«Transkulturalität ist wichtig!», betonte der Sozialpädagoge aus Niedersachsen und schilderte, wie er in seiner Stadt Begegnungen zwischen den Angehörigen verschiedener Kulturen organisiert. Flüchtlinge aus Afghanistan stellen ihre Esskultur vor, Türken erklären ihre Familienstrukturen und Russlanddeutsche berichten von ihrer ursprünglichen Heimat. Es sei wichtig, die nationalen Identitäten der Immig-

149 Für die Absolventen der Universitäten Oxford und Cambridge verwendet man in Großbritannien die Bezeichnung Oxbridge. Die Oxbridge-Boys stellen bis heute die Mehrheit der Regierungsmitglieder, sie haben jedoch auch großen Einfluss in der Theaterwelt und neuerdings in der Musikindustrie.

150 So wurden die schottischen Unabhängigkeitsbestrebungen nicht ernst genommen. Erst als die Umfragen einen möglichen Sieg der schottischen Nationalisten andeuteten, begann man sich zu überlegen, was es bedeutet, wenn sich Schottland vom United Kingdom verabschiedet.

ranten zu respektieren und jedem die Gelegenheit zu geben, sich darzustellen. Als Teilnehmer der Podiumsdiskussion dieses Kongresses stellte ich die Frage, ob sich das Gastland Deutschland auch vorstelle und die Immigranten über deutsche Werte und Leitvorstellungen informiere und darüber, was es bedeute, Deutscher zu sein? Betretenes Schweigen war die Reaktion. Niemand wollte sich zu «Deutschtum» äußern, das Thema war offenbar historisch zu sehr belastet. Schließlich wurde erklärt, dass Deutschland wegen seiner unterschiedlich profilierten Bundesländer gar nicht fassbar sei. Eine deutsche Identität gäbe es nicht. Über deutsche Eigenarten nachzudenken war in diesen Kreisen verpönt. Fast alle hielten sich an dieses Tabu.[151]

Klugheit bedeutet, sich die eigenen Beschränkungen und Prägungen bewusst zu machen, das Außergewöhnliche und ärgerliche Gedanken zuzulassen. Einwände von Angehörigen außerhalb des eigenen Standes müssen gehört werden, kritischen Fragestellungen und Bedenken sollte nicht nicht nur im privaten Rahmen und nach ein bisschen Alkohol Raum gegeben werden.

Denke ich oder ein Archetyp in mir?

Nach dem Psychoanalytiker Carl Gustav Jung (1875–1961)[152] verfügen wir nicht nur über eine Individualpsyche, sondern auch einen *gemeinsamen psychischen Urgrund*. Wir werden nicht nur von unserem persönlichen Ich gesteuert, sondern auch von internalisierten kollektiven Instanzen; *Archetypen*.

151 Nach der Podiumsdiskussion erhielt ich noch ein paar E-Mails aus dem Publikum, die mir zustimmten, es jedoch nicht gewagt hatten, sich vor dem Publikum zu äußern.

152 Jung, C.G. (1974). Über das Unbewusste. *Gesammelte Werke, Bd. VIII*. Olten: Walter-Verlag, S. 22ff.

Subjektiv haben wir ein anderes Gefühl. Wir fühlen uns als eigenständige Wesen und protestieren, wenn man uns vorwirft, dass wir die Meinung unserer Umgebung repetieren. Seit der Aufklärung ist die Idee des selbstständigen Denkens wichtig. Wir sind überzeugt, dass das, was wir denken und sagen, auf unserer persönlichen Entscheidung basiert. Als Beweis berufen wir uns auf Meinungsverschiedenheiten mit Kollegen und Bezugspersonen.

Dabei ist bei den meisten Diskussionen der Argumentationsspielraum klein. «Gestern hatte ich eine heftige Diskussion mit einem Arbeitskollegen über die Rolle der Care-Teams bei Notfalleinsätzen. Er meinte, dass Umarmungen der Opfer Trost vermitteln. Da bin ich ganz anderer Meinung...» Würde ein Beteiligter einwenden, dass es besser ist, mit geschockten Opfern zu tanzen oder ein Klagelied aus Tahiti einzustimmen, würde man das kaum verstehen. Bei unseren Diskussionsbeiträgen handelt es sich meistens um Variationen geläufiger Argumente. Könnten wir heute die heftigen Diskussionen, die sich im Mittelalter um das Bibelgleichnis des Kamels, das durch ein Nadelöhr geht, verfolgen, würden wir den Kopf schütteln.[153] Doch damals wurde das Gleichnis auf originelle Weise immer wieder anders gedeutet.

Unsere Fähigkeit zu unabhängigen Schlussfolgerungen ist kleiner, als wir denken. Wir lassen uns von den Aufregungen anstecken, die unsere Bezugsgruppe erfasst haben und respektieren geistige Leitplanken. Wir wiederholen die Inhalte unserer Bezugsgruppen, setzen jedoch unter Umständen andere Akzente. Natürlich geschieht dies unbewusst. Wir registrieren unsere Gedanken als Leistungen *unseres* Gehirns und erkennen häufig weder innere, unbewusste noch äußere

153 «Eher geht ein Kamel durch ein Nadelöhr, als dass ein Reicher in das Reich Gottes gelangt.» Bibel: Markus 10, 25 oder Lukas 18, 15.

Einflüsse. Es würde uns vermutlich kränken, eingestehen zu müssen, dass wir Kinder des Zeitgeistes oder Sprachrohr einer kollektiven Strömung sind.

Von der Notwendigkeit eines rebellischen Geistes

Der Motor brummte wunderbar, als ich die Straße zu dem Gasthof hochfuhr, in dem eine Versammlung von Psychologen und Sozialpädagogen stattfand. Man hatte sich zu einem Netzwerk zusammengeschlossen, um gegen die «zunehmende Gewalt» in Schulen ein Maßnahmenpaket zu erarbeiten. Als das Gartenrestaurant in Sicht war, ließ ich den Motor aufheulen. Meine Kollegen und Kolleginnen sollten sehen, wie ich in einem blauen Porsche 912 Coupé heranbrauste – auch wenn dieser nur geliehen war. Und tatsächlich standen sie auf der ausladenden Terrasse, tranken ihren Apéro und machten Stielaugen! Natürlich, eigentlich besaß ich lediglich einen Renault 4, wie es sich damals für einen Psychologen gehörte und mehr konnte ich mir auch gar nicht leisten. Es war mir auch klar, dass ich dies sofort zugebe, wenn mich meine Kollegen auf das Auto ansprechen. Es ging ja nur um eine kurze Inszenierung. Souverän parkierte ich meinen Sportwagen zwischen einem alten VW-Käfer und einer japanischen Reisschüssel und entstieg unter den Blicken meiner sicher neidischen Kollegen aus dem Auto. Mein Erstaunen war jedoch groß, als niemand mich auf das Auto ansprach! Alle waren freundlich, herzlich, offen, doch über die Tatsache, dass ich mit einem für Psychologen unpassenden und politisch inkorrekten Wagen erschien, schwieg man sich aus. Die Vorstellungsrunde verlief dann so, dass man sich nicht selbst, sondern gegenseitig vorstellte. Freundliche Worte mit belanglosem Inhalt. Man erfuhr, dass ein Kollege einen schulpsychologischen Dienst leitet, einen

Golden Retriever besitzt und ein anderer in Vancouver seine Ausbildung absolviert hat. Schließlich war ich an der Reihe: Der Kollege blickte mich an und meinte schmunzelnd: «Nun einer, der sich bis jetzt völlig daneben benommen hat: Kommt mit einem solchen Potenzverstärker zur Versammlung grün denkender, feministisch orientierter Sozis!» Das Eis war gebrochen, ich war ihm dankbar!

Tabuisierungen, Informationskaskaden, Standesdenken müssen nicht hingenommen und Gruppencodes nicht immer respektiert werden. Es braucht Männer und Frauen, die es wagen, sich dem Anpassungsdruck zu widersetzen, sich mit Argumenten, Humor oder Provokation über Denkverbote hinwegzusetzen und versteckte Ideologien aufzudecken. In intellektuellen Debatten, unter Fachgruppen braucht es solche Tabubrecher, wie ich es auf der eben beschriebenen Tagung erlebt habe. Menschen, die sich *wirklich* rebellisch verhalten und keine modische pseudo-kritische Haltung einnehmen. Menschen, die das Risiko eingehen, vielleicht abgelehnt zu werden. Klug denken heißt, außerhalb des politisch korrekten Kanons zu denken und sich nicht nur anzupassen.

Kapitel VII: Fallstricke der evidenzbasierten Forschung

«Woher hat er [der Geist] all das Material
für seine Vernunft und für seine Erkenntnis?
Ich antworte darauf mit einem einzigen Worte:
aus der Erfahrung.»
John Locke

«Zuerst müssen Sie diesen Fragebogen ausfüllen! Das machen wir standardmäßig!», fordert die Psychotherapeutin ihre neue Klientin, eine vierzigjährige Dirigentin auf. Diese beantwortet dann Fragen wie «Wollen Sie lieber zu- oder abnehmen?» «Sind sie öfters in der Nacht wach?» und «Ist für Sie ein bis zur Hälfte gefülltes Glas halb voll oder halb leer?» Als sie fertig ist, errechnet die Therapeutin mithilfe ihres Computers die Punktezahl. Fazit: eine schwere Depression! Eine sofortige therapeutische Intervention und Medikamente seien angebracht. Die Dirigentin ist sprachlos: Grundsätzlich ist sie ja zufrieden mit ihrem Leben! Sie ist aktiv und optimistisch! Sie sucht nur nach einem Ratschlag oder einer therapeutischen Begleitung wegen eines Problems in ihrer Arbeit. Nun soll sie gleich ein Krankheitsfall sein? «Depressiv bin ich nicht, kann ich mir gar nicht leisten», erklärt sie dezidiert! Die Therapeutin hört sich ihre Einwände an und entgegnet dann: «Ich verstehe, dass es für Sie nicht einfach ist, dieses Resultat anzunehmen. Das ist ein Prozess. Aber das Ergebnis ist leider eindeutig: Sie leiden an einer tiefen, larvierten Depression! Unser Fragebogen und Programm wurden wissenschaftlich geprüft! Wenn Sie unser Trainingsprogramm diszipliniert durchführen, wird es Ihnen bald besser gehen! «Verärgert verlässt die Dirigentin die Praxis.

Ein Extremfall? Die meisten Psychotherapeuten führen natürlich Erstgespräche mit mehr Fingerspitzengefühl durch. Dennoch zeugt diese wahre Begebenheit von einer Einstellung, die nicht nur unter Psychotherapeuten verbreitet ist: Man orientiert sich fast ausschließlich an wissenschaftlich abgestützten Verfahren und traut kaum mehr den persönlichen Kompetenzen und dem eigenen Beurteilungsvermögen.

Es gibt viele gute Argumente für die wissenschaftliche Abstützung professioneller Arbeit. Sie verhindern, dass mögliche Sympathiefaktoren, die persönliche Verfassung oder Vorurteile zu stark einfließen. Die Wissenschaft hilft, die Qualität eines Produktes oder einer Dienstleistung zu sichern und zwischen seriösen Dienstleistungen und Quacksalberei zu unterschieden. Bei Konsumprodukten ist das vollkommen klar: Wir erwarten und wollen sicher sein, dass die Medikamente, die wir einnehmen, getestet wurden, und die Lampen, die wir an der Wohnzimmerdecke aufhängen, den Sicherheitsstandards entsprechen. Aber funktioniert diese Herangehensweise auch in der Arbeit von Mensch zu Mensch, in der Arbeit von Ärzten, Beratern, Therapeuten oder Lehrpersonen?

Evidenzbasierte Praxis bedeutet, dass eine Erkenntnis erst akzeptiert wird, wenn sie nach einem speziellen Verfahren ermittelt wurde. Was stimmt und was Fantasie, Irrtum, Unterstellung oder Dummheit ist, soll die evidenzbasierte Praxis entscheiden. Bei der Frau im obigen Beispiel konnte eine Depression festgestellt werden, weil ihre Antworten den Ergebnissen wissenschaftlicher Untersuchungen entsprechen, wonach Depressive unter frühmorgendlicher Missstimmung leiden, in der Nacht aufwachen etc. Wie sie sich selbst erlebt, ist sekundär, denn die Eigenwahrnehmung kann täuschen. Dass sie kein Morgenmensch ist, als Sängerin auf ihre Figur achten muss und gerne bis lange in die Nacht fernsieht, spielt keine Rolle.

In vielen Gebieten wurde die evidenzbasierte Forschung zur Leitgröße bei der Beurteilung neuer Verfahren oder Arbeitsweisen. In der Politik, Psychologie, Bildung und Wirtschaft muss man neue Projekte mit entsprechenden Untersuchungen abstützen, wenn man etwas erreichen will. Soll in der Schule eine neue Lernmethode eingeführt werden, muss mit Studien nachgewiesen werden, dass die Schüler damit wirklich mehr oder besser lernen.[154] Will man in einer Debatte über verschiedene psychotherapeutische Richtungen punkten, müssen wissenschaftliche Studien zitiert werden, die «Beweise» liefern.

Im Folgenden soll es um den Einfluss des evidenzbasierten Ansatzes auf unser Denken und unsere praktischen Entscheidungen im Privat- und Berufsleben gehen. Welche Auswirkungen hat die Ausrichtung auf wissenschaftliche Fakten auf die Klugheit? Besteht die Gefahr, dass wir das Denken an ein wissenschaftliches Verfahren delegieren, unser Denken bürokratisieren?

154 Zum Beispiel Dunlosky, J., Rawson, K. A., Marsh, E., Nathan, M. J., Willingham, D. T. (2013). Improving Students Learning with Effective Learning Techniques. In: *Psychological Science*, 14 (1), S. 4–58.

Kriterien für Objektivität? Die Grundlagen der evidenzbasierten Forschung

Überprüfbarkeit

Hauptkriterium der evidenzbasierten Forschung ist die Überprüfbarkeit. Nach diesem Prinzip richten wir uns auch im Alltag. Wenn ich behaupte, dass bei dunklen Wolken Regen angesagt ist, werden Sie mir als Leser zustimmen. Nicht weil Sie alles glauben, was ich schreibe, sondern weil Sie meine Aussage mit ihren Erfahrungen persönlich überprüfen können und eine Übereinstimmung finden. Bei anderen Aussagen ist die persönliche Überprüfung schwieriger. Würde ich z. B. behaupten, dass langweilige Menschen bessere Schulabschlüsse haben, könnte dies bei Ihnen Widerspruch auslösen. Möglicherweise haben Sie einen interessanten Kollegen, der aber eine erfolgreiche Schulkarriere hinter sich hat. Die Entscheidung, wer recht hat, könnte durch eine Debatte oder gar durch eine Prügelei erfolgen, wie es bei den alten Kelten Praxis war, oder eben mit einem Verfahren, das die Aussagen überprüft.

Um eine Aussage zu überprüfen, muss man die postulierten Zusammenhänge durch einen oder mehrere unserer Sinne *wahrnehmen* können. Diese Vorgehensweise wird als Empirismus[155] bezeichnet, der auf die Philosophen Francis Bacon (1561–1626), Thomas Hobbes (1588–1679) und John Locke (1632–1704) zurückgeht. Sie waren der Ansicht, dass die Wis-

155 Der Begriff *Empirie* kommt vom Griechischen (*empeiría)* und bedeutet *Erfahrung* oder *Erfahrungswissen*. In der empirischen Forschung wird versucht, Wissen über die Erfahrung zu generieren. Es geht also immer um eine Erkenntnis, die auf der systematischen Auswertung erfahrungsbasierter Daten beruht. Vgl. Bortz, J. & Döring, N. (2003). *Forschungsmethoden und Evaluation* (3. überarb. Aufl.). Berlin: Springer.

senschaft ihre Erkenntnisse durch Beobachtung gewinnt:[156] Was uns Augen, Ohren und der Tastsinn vermitteln, soll Grundlage der Erkenntnis sein. Immanuel Kant (1724–1804) sah in den Empiristen Philosophen, deren Vernunfterkenntnisse auf Erfahrungen gründen.[157] Vor diesem Hintergrund entwickelte 1922 der deutsche Physiker und Philosoph Moritz Schlick (1882–1936) den logischen Empirismus: Demnach müssen Erkenntnisse auf überprüfbaren Erfahrungen gründen.[158] Wir sehen und hören, dass Menschen wütend werden, wenn man ihnen das Bein stellt, oder dass Äpfel faulen, wenn wir sie zu lange herumliegen lassen. Wir können den Zusammenhang persönlich überprüfen. Es gibt jedoch auch Zusammenhänge, die wir nicht sehen, fühlen, hören oder riechen und persönlich überprüfen können. Wir sind unfähig, hohe Tonfrequenzen zu registrieren, oder merken nicht, wenn Wasser durch Bleirohre vergiftet ist. Dank Apparaten und speziellen Analyseverfahren können wir jedoch unsere Wahrnehmung erweitern. Mithilfe einer chemischen Analyse können wir den Bleigehalt im Wasser identifizieren oder dank Magnetresonanztomografen (MRT) Hyperschall bis zur einer gewissen Frequenz erfassen. Wir setzen technische oder chemische Mittel ein, wie z. B. das Mikroskop, den Gehirnscanner, den MRT oder Dosimeter, um unsere Wahrnehmungen zu verfeinern und zu erweitern, um Objekte oder Menschen zu durchleuchten, Strahlen zu erkennen und Bakterien zu identifizieren.

---

156 Vgl. Ritter, J. (1972). *Historisches Wörterbuch der Philosophie.* Band 4: I–K. Basel/Stuttgart: Schwabe. John Locke z. B. ging davon aus, dass *all* unser Wissen aus unserer Erfahrung stamme, vgl. Puster, R.W. (1999). John Locke. Die Idee des Empirismus. In: Kreimendahl, L. (Hrsg.). *Philosophen des 17. Jahrhunderts.* Darmstadt: Primus. S. 91–112.

157 Vgl. Ritter, J. (1972). *Historisches Wörterbuch der Philosophie.* Band 4: I–K. Basel/Stuttgart: Schwabe.

158 Vgl. Neurath, O. (1979). *Wissenschaftliche Weltauffassung Sozialismus und logischer Empirismus* (Hrsg. von Rainer Hegselmann). Frankfurt a. M.: Suhrkamp. S. 12.

Wiederholbarkeit

Damit beobachtete Zusammenhänge zu einer Gesetzmäßigkeit erklärt werden können, muss die entsprechende Ereignisfolge *wiederholbar* sein, und zwar unter gleichen Bedingungen. Eine Aussage kann man verallgemeinern, wenn sie sich *mehrmals empirisch* bestätigen lässt. Wichtig ist: Die Ergebnisse einmaliger Vorgänge können *auch* richtig sein. Da sie sich nicht wiederholen lassen, darf aber keine allgemeine Regel aufgestellt werden.[159] Aus diesem Grund sind synchronistische Erlebnisse, der sinnhafte Zusammenhang akausaler Ereignisse, nicht beweisbar. Ich denke an einen Bekannten, den ich jahrelang nicht gesehen habe, als das Telefon läutet und er sich meldet. Zufall? Telepathie? Ein solches Ereignis lässt sich nicht wiederholen und ist aus wissenschaftlicher Sicht *irrelevant*, auch wenn wir subjektiv überzeugt sind, dass ein Zusammenhang bestehen muss. Aus wissenschaftlicher Sicht ist etwas nur bestätigt, wenn sie das Ereignis reproduzieren lässt. Je häufiger, desto besser. Man muss also *zählen*. Eine Methode, der sich schon der Naturforscher Alexander von Humboldt (1769–1859) bediente.

Statistische Signifikanz

Nun kommt die Statistik zum Zug. Die *statistische Signifikanz* entscheidet darüber, ob ein empirisch entdeckter oder beobachteter Unterschied zufällig oder überzufällig zustande gekommen ist. Ist die Wahrscheinlichkeit des Zufalls klein, handelt es sich um ein überzufälliges Ereignis, der Zusammenhang ist also evident. Um etwas zu beweisen, braucht es

---

159 Dies ist das Problem der Telepathie oder Gedankenübertragung. Obwohl diese Phänomene erlebt werden, können sie nie bewiesen werden, denn sie sind einmalig.

natürlich einen Vergleich, eine Kontrollgruppe. Wenn wir zum Beispiel die Reaktionsschnelligkeit von Personen mit und ohne Alkoholkonsum vergleichen wollen, bilden wir eine Gruppe, die aus Personen besteht, die sich eine Flasche Château Lafitte genehmigt und das Essen mit zwei Grappa abrundet, und eine andere, die grünen Tee trinkt. Nach dem Essen testet man die Reaktionsgeschwindigkeiten der beiden Gruppen und vergleicht die Werte. Unterscheiden sich die Gruppen überzufällig voneinander, ist die Auswirkung des Alkoholgenusses erwiesen. Das Ergebnis ist signifikant, wenn sich die längere Reaktionsschnelligkeit der Gruppe mit Alkoholkonsum nicht mehr durch Zufall oder natürliche Schwankungen erklären lässt. Da es sich um Wahrscheinlichkeiten handelt, können wir uns immer noch täuschen. Per Konvention ist diese auf 5 Prozent gesetzt. Es bleibt also eine Irrtumswahrscheinlichkeit von 5 Prozent. Statistische Schlussfolgerungen basieren auf der Wahrscheinlichkeitstheorie und für ihre Berechnung braucht es eine zu bestimmende Anzahl von Personen, die sich an der Studie beteiligen.

Mithilfe dieser Methode sollen *Kausalzusammenhänge* ermittelt werden. Man will z. B. herausfinden, ob eine Schulklasse französische Wörter besser memoriert, wenn die Lehrperson alle zehn Minuten zu den Pulten der Schüler geht und ihnen kurz über die Schulter schaut, oder ob es genügt, wenn sie vorne am Pult sitzt. Dazu werden wiederum zwei Klassen untersucht. Nachdem die durchschnittliche Leistung beider Gruppen erhoben worden ist, unterrichtet die Lehrperson in einer Klasse nach der alten Methode, während die andere umhergeht. Wenn nun die Gruppe mit der neuen Lernmethode am Schluss signifikant bessere Leistungen erbringt, mehr Wörter memoriert hat, gilt es als erwiesen, dass «Teaching by walking around» effektiver ist. Doch auch wenn das Ergebnis signifikant ist, heißt das noch nicht, dass wir einen effektiven

Kausalzusammenhang entdeckt haben. Vielleicht ist der unterschiedliche Lernerfolg auch auf einen anderen Faktor zurückzuführen.

Die Mehrheit der Forscher bemüht sich um Objektivität, dennoch werden immer wieder unbeabsichtigterweise Faktoren übersehen. Unterschiede könnten durch das Studiendesign entstanden sein. In unserem Beispiel: Wie wurden die Schülerinnen und Schüler den Gruppen zugeordnet? Damit das statistische Ergebnis aussagekräftig ist, müssen die Teilnehmer den zwei Gruppen völlig zufällig (in der Fachsprache: randomisiert) zugeordnet werden (z.B. per Losverfahren). Wenn die Lehrperson die Schüler selbst zwei Gruppen zuteilt, ist nicht auszuschließen, dass sie bewusst oder unbewusst die interessierten und motivierten Schüler für die neue Lehrmethode selektiert. Oder man hat der Gruppe, die mit der neuen Lernmethode unterrichtet wird, durch Mimik, Tonfall, Körperhaltung mehr Aufmerksamkeit geschenkt. Man hat unbewusst signalisiert, dass man von ihnen bessere Leistungen erwartet.[160] Es ist auch möglich, dass es zum Primeur-Effekt kam, d.h., dass man Neuem mehr Interesse entgegenbringt, sich mehr einsetzt und darum besser lernt. Oder der Lehrer hat die neue Lehrmethode mitentwickelt und sähe diese gerne bestätigt. Ohne es bewusst zu realisieren, hat er die Ergebnisse durch seine positive Erwartung beeinflusst.[161] Die statistische Signifikanz lässt sich jedoch auch über die Anzahl

160 Z.B. der Hawthorn-Effekt, der in den 1920er-Jahren entdeckt wurde und besagt, dass Teilnehmer einer Studie ihr Verhalten ändern, da sie wissen, dass sie beobachtet werden. Siehe McBride, D.M. (2013). *The process of research in psychology.* London: Sage Publications.

161 Z.B. der Rosenthal-Effekt: Dieser Effekt wird auch Versuchsleitereffekt genannt und besagt, dass sich die positiven Erwartungen des Versuchsleiter im Sinne einer sich selbst erfüllenden Prophezeiung auswirken kann, in dem Sinne, dass diese positive Erwartungen die Leistungen erhöhen kann (siehe: Rosenthal, R. & Jacobson, L. (1983) *Pygmalion im Unterricht. Lehrererwartungen und Intelligenzentwicklung der Schüler*. Weinheim: Beltz.

der Studienteilnehmer manipulieren.[162] Je größer die Stichprobe, desto eher wird ein vorgefundener Unterschied statistisch signifikant, *unabhängig* von der praktischen Relevanz der Aussage.

Ein Problem ist das *statistische Artefakt*. Ein Zusammenhang wird festgestellt, der keiner ist. So steigt laut einer Schweizer Studie die Zahl der Alkoholkranken signifikant, je näher sich eine Bar oder ein Restaurant zum Wohnort befindet.[163] Die Autoren wollten beweisen, dass die räumliche Nähe einer Bar eine Ursache des Alkoholismus ist. Sofort wurde von Präventionsfachleuten die Forderung laut, Wohnquartiere von Bars zu säubern. Die Autoren hatten jedoch keinen Kausalzusammenhang zwischen der Nähe einer Bar und Alkoholismus erfasst, sondern vielmehr ein Merkmal von «Stadt», einem Gebiet, in dem Menschen auf engem Raum leben und wo es nicht nur mehr Bars, sondern auch mehr Läden, Supermärkte, Bäcker, Schwimmbäder und Betriebe gibt. Man hätte ebenso «beweisen» können, dass die Nähe zu einem Bioladen oder einer ärztlichen Praxis die Gefahr des Alkoholismus steigert. Forscher versuchen natürlich, solche Faktoren vorher zu identifizieren, doch niemand ist von solchen Täuschungen gefeit.

Verlässliche empirische Untersuchungen sollen Erkenntnisse erhärten oder widerlegen. Damit dies möglich ist, muss sichergestellt sein, dass man das misst, was man zu messen vorgibt. Die Reliabilität ist also wichtig. Bei vielen Untersuchungsobjekten ist das einfach zu überprüfen. Ob bei einer medizinischen Untersuchung der Blutzucker oder der Bluteisenwert gemessen wird, ist feststellbar. Das Untersuchungs-

---

162 Es gibt noch mehrere Einflussfaktoren, auf die wir an dieser Stelle nicht eingehen können, da dies den Inhalt das Buch sprengen würde.

163 Spoerri, A., Zwahlen M., Panczak R., Egger M. & Huss A. (2013). Alcohol-selling outlets and mortality in Switzerland. Swiss National Cohort, in: *Addiction*, Sep;108(9). S. 1603–1611.

objekt bleibt stabil. Komplizierter wird es bei Verhaltensweisen, Eigenschaften oder Einstellungen, die sich in einem sozialen Umfeld manifestieren. Wir messen und zählen kein Objekt, sondern Interaktionen. Hierfür müssen wir den Untersuchungsgegenstand operationalisieren, indem wir die Einzelaspekte definieren.

Beispiel Mobbing: Dieser Begriff wurde von Dan Olweus geprägt und hat in den letzten zwanzig Jahren eine große Verbreitung gefunden. Er versteht darunter das wiederholte und systematische Schikanieren, Quälen und Ausgrenzen eines Gruppenmitglieds über längere Zeit. Wie kann man das nachweisen? Mobbing verrät sich nicht durch gerötete Haut der Opfer oder lange Nasen der Mobber. Deshalb muss das Mobbingverhalten zunächst genau beschrieben werden. Die Messung wird dann zuverlässig, wenn die Operationalisierung des Begriffes gelingt. Im Fall von Schüler-Mobbing könnte diese z. B. so aussehen: Wenn ein Schüler mehr als andere allein ist, keinen Anschluss an seine Schulkameraden findet, sich oft zurückzieht, verschlossener als früher wirkt, sich darüber beklagt, dass er von Mitschülern nicht informiert wird, bei Teamaktivitäten nicht einbezogen wird, wenn er weniger als vorher kommuniziert, als Erster oder Letzter das Schulzimmer betritt, andere über ihn spotten oder lachen, wenn abschätzige Bemerkungen über ihn fallen, das Thema gewechselt wird, wenn er auftaucht, er häufig von anderen kritisiert wird, ungeduldig wirkt etc. Dank solcher Beobachtungs-Items glaubt man, empirisch feststellen zu können, ob Mobbing vorliegt. Aussagen, die auf solchen konkreten Beobachtungen gründen, können in Zahlen übersetzt werden und gelten als evidenzbasiert. Sind sie jedoch wirklich stimmiger? Ob durch die Ausdifferenzierung eines Phänomens die Beobachtung präziser erfasst wird, ist nicht sicher. Es ist gut möglich, dass der Begriff unsere Wahrnehmung kalibriert hat, sodass wir nur noch Mobbingsymptome erkennen und gleichzeitig über Tausende mögliche andere Zusammenhänge hinwegsehen. Man spricht von Mobbing, hat jedoch vielleicht lediglich normale soziale Differenzierungsprozesse oder gesundes Flegelverhalten beobachtet. Der Fachbegriff hat uns eine Brille aufgesetzt. Wir glauben zu sehen, dass ein Schüler verspottet wird, dabei haben alle Beteiligten nur Spaß; wir sehen eine Schülerin alleine auf dem Pausenplatz stehen und sind überzeugt, dass sie gemobbt wird. Vielleicht ist es aber einfach nur eine introvertierte Schülerin, die lieber ihren eigenen Gedanken nachhängt, als sich mit ihren Mitschülern auszutauschen.[164]

Kann man Mobbing indirekt feststellen? Auch hier gibt es Probleme. Wenn man zum Beispiel Mobbing anhand der Krankheits- oder Absentismusrate der betreffenden Schüler und Schülerinnen erkennen will, stipuliert man bereits einen Kausalzusammenhang. Man erhebt eine mögliche Folge zu einem Beweis. Mit anderen Worten: bei der evidenzbasierten Forschung in den Humanwissenschaften geht es häufig nicht um harte Fakten wie in den Naturwissenschaften, sondern um Interpretationen. Die Beweise entpuppen sich oft als eine Bestätigung der eigenen Projektionen.

164 Folgende Beobachtungsfehler sind verbreitet: *Milde-Effekt bzw. Härte-Effekt*: Der Beobachtete wird systematisch nur positiv oder nur negativ eingeschätzt. *Zentrale Tendenz*: Die Neigung des Beobachters, das beobachtete Verhalten immer mittig einzustufen. *Primacy- oder Recency-Effekt*: Extreme Merkmalsausprägungen eines zuvor Beobachteten wirken sich auf die Beurteilung des Verhaltens eines danach Beobachteten aus. *Rater-Rate-Interaktion*: Ähnlichkeitsfehler. Die Merkmale des Beobachteten werden in Richtung der eigenen Eigenschaften eingeschätzt. *Kontrastfehler*: Die Merkmale des Beobachteten werden entgegengesetzt der eigenen Eigenschaften eingeschätzt. *Hawthorne Effekt*: Die Beobachteten verändern ihr Verhalten aufgrund der Tatsache, dass sie wissen, dass sie beobachtet werden.

Aus Konstruktionen werden Tatsachen

Wie schwierig das Erfassen von menschlichen Merkmalen oder Verhaltenseigenschaften ist, sieht man bei der Intelligenzforschung. Im Alltag sind wir überzeugt, zwischen intelligenten und weniger intelligenten Menschen unterscheiden zu können. Wir regen uns über die dumme Bemerkung einer Nachbarin auf oder bewundern die überzeugenden Ausführungen eines Kollegen. Die Unterscheidung zwischen dumm und intelligent dient uns als Orientierungshilfe. Wenn wir einem Menschen ein hohes intellektuelles Potenzial zuschreiben, gehen wir davon aus, dass er Probleme lösen kann, fundierte Antworten gibt und Zusammenhänge erkennt. Vielleicht befürchten wir auch, dass er uns durch sein Wissen und Können in den Schatten stellt.

Doch was heißt Intelligenz genau? Die Kriterien, die wir hierfür verwenden, sind uns kaum bewusst und nicht eindeutig. Wir setzen sie intuitiv ein und unterscheiden zwischen dumm und intelligent, wie wir zwischen schön und hässlich, alt und jung, schnell und langsam unterscheiden. Der Begriff spiegelt unseren kulturellen Hintergrund wider, wie auch unsere persönlichen Vorlieben. Wir können uns jedoch täuschen. Vielleicht empfinden wir eine Person als intelligent, weil sie unsere Ansichten teilt oder über unsere Witze lacht. Auch der Zeitgeist spielt eine Rolle. Während man früher im Rezitieren von Gedichten einen Beweis überragender Intelligenz sah, ist es heute vielleicht Programmierkompetenz. Mit anderen Worten: unsere persönliche Auffassung über Intelligenz ist stark von subjektiven und kontextuellen Faktoren abhängig.

Die Forschung hat versucht, jene Leistungen zu identifizieren, die uns als intelligenten Homo sapiens auszeichnen. Dafür muss man sich auf eine Definition des Begriffs Intelligenz einigen. Doch da taucht schon das erste Problem auf: Es gibt unzählige Definitionen von Intelligenz![165] Um Leistungen in definierten Gebieten zu erfassen, wurden Tests entwickelt. Im Hamburg-Wechsler-Intelligenztest für Erwachsene (HAWIE) geht man davon aus, dass intelligente Menschen sich durch ein gut entwickeltes Sprachverständnis auszeichnen. Also testet man das Finden von Gemeinsamkeiten zwischen Worten, die Größe des Wortschatzes und das Allgemeinwissen. Das Wahrnehmungsvermögen und logische Denken versucht man durch Testaufgaben zu erfassen, in denen man die Probanden Mosaike zusammenstellen, Bilder erkennen oder ergänzen oder Regeln aus einer Bildfolge ableiten lässt. Um die Leistungsfähigkeit des Arbeitsgedächtnisses zu erfassen, lässt man sie Zahlen nachsprechen, Buchstaben-Zahlen-Folgen memorieren oder Rechnungen ausführen. Die Leistungen der Probanden werden mithilfe von Skalen gemessen. Der Vergleich mit dem Durchschnitt der eigenen Altersgruppe mal hundert ergab dann den Intelligenzquotienten. Kurz: Intelligenz, ein schillernder Begriff, den wir im Alltag ganz selbstverständlich und spezifisch verwenden, wird *objektiviert*. Ein Phänomen wird auf eine Zahl reduziert. Die Intelligenz ist damit messbar. Dies hatte natürlich Auswirkungen. In den 1960er- und 1970er-Jahren war es eine Zeit lang Mode, den eigenen Intelligenzquotienten zu berechnen, um ihn dann beiläufig zu erwähnen – vorausgesetzt er lag über 130!

Jeder Intelligenztest stellt andere Testaufgaben. Entsprechend sind die Resultate bei der gleichen Person unterschiedlich. Doch wie soll man mit diesen Unterschieden umgehen? Der britische Psychologe Charles Spearman begründete 1923 die erste Faktor-Theorie der Intelligenz. Durch den Vergleich

165 Da man sich nicht auf eine allgemeingültige Definition einigen konnte, hat sich eine tautologische Definition verbreitet: Intelligenz ist, was ein Intelligenztest misst. Ob es sich *wirklich* um Intelligenz handelt, bleibt bei dieser Definition offen.

verschiedener Intelligenztests, durchgeführt an einer Gruppe Probanden, fand er heraus, dass fast alle Testmodule innerhalb eines solchen Tests positiv miteinander korrelieren. Dieses Ergebnis ließ den Rückschluss zu, dass es einen allgemeingültigen Faktor gibt, der etwas über die Intelligenz eines Menschen aussagt. Danach gab es einen Zusammenhang zwischen den verschiedenen Fähigkeitsbereichen und insofern musste es einen allgemeinen «Intelligenzfaktor» geben, den g-Faktor:

Was wird jedoch gemessen? Intelligenztests erfassen jene Fähigkeiten, die man braucht, um sich zu orientieren, zu arbeiten, ein zufriedenes Privatleben zu führen und Probleme zu lösen. Die Auswahl spiegelt die Werte wider, die in der jeweiligen Kultur als erstrebenswert gelten. Fähigkeiten, die schwierig zu erfassen sind oder als problematisch gelten, werden ignoriert: Mimikry, visionäres Denken, List, Gier, Intuition, Humor, Erotik, Ruchlosigkeit, Hemmungslosigkeit oder die Fähigkeit zu täuschen gehören *nicht* dazu, obwohl auch diese Kompetenzen für den Erfolg und ein glückliches Dasein wichtig sind. IQ-Tests beruhen nicht auf dem wirklichen Kompetenzprofil der Menschen, sondern gründen auf einem gesellschaftlich definierten Ideal. In unserer westlichen Kultur sind dies ein gut entwickeltes Sprachvermögen, rechnerische Fähigkeiten, fein- und grobmotorische Leistungen und Allgemeinwissen. Man orientierte sich am Bild des Gelehrten, der durch Wissen und schnelle Auffassungsgabe brilliert.

Lange Zeit war das Idealbild dasjenige des rationalen Menschen. Inzwischen wurde der Intelligenzbegriff erweitert. Heute zählt man auch emotionale und soziale Kompetenzen dazu,[166] die man ebenfalls durch Tests zu erfassen versucht.

166 Golemann, D. (1996). *Emotional Intelligence.* New York: Bloomsbury. Ders. (2006). Social Intelligence. New York: Arrow Books.

Auch hierbei konzentriert man sich auf jene Kompetenzen, die eine allgemein anerkannt hohe Wertigkeit haben: Impulskontrolle, die Fähigkeit, Entscheidungen zu treffen, die mit den eigenen Werten übereinstimmen, die Fähigkeit, Gefühle der Mitmenschen zu erkennen, Versprechen einzuhalten, negative Gedanken zu unterdrücken, Zwangsgedanken zu stoppen, neue Herausforderungen und unliebsame Arbeiten anzupacken, zur eigenen Meinung zu stehen, Ziele anzustreben, Neugier, Eigensinn, Arbeitszufriedenheit. Nicht berücksichtigt werden die Fähigkeiten, mit gezielten Wutausbrüchen die Umgebung zu manipulieren, Gefühle vorzutäuschen, Distanz zu wahren etc., obwohl auch all das zur emotionalen Intelligenz gehört. Sowohl bei den Tests zur kognitiven als auch zur emotionalen Intelligenz geht es um eine Anpassungsleistung. Insofern messen Intelligenztests von der Anlage her nur die Leistungen, die gesellschaftlich als relevant und akzeptiert angesehen werden. Außergewöhnliche, möglicherweise «inkorrekte» und nicht quantifizierbare Fähigkeiten beleiben unter dem Radar.

Um dem Problem der kulturellen Abhängigkeit zu begegnen, kreierte der englische Psychologe Cattell die sogenannten *cultur fair tests*.[167] Diese befassen sich nicht mit Sprachvermögen und Allgemeinwissen, da diese Fähigkeiten von der jeweiligen Kultur abhängen, sondern mit abstrakten Leistungen. Cattell ließ Probanden Figuren erkennen, testete ihr räumliches Vorstellungsvermögen, ihre Fähigkeit, Zusammenhänge zu erkennen und Regeln zu entwickeln. Hier gilt also das Ausmaß der Fähigkeit zu Abstraktionen als Indikator für Intelligenz. Was man jedoch bedenken sollte: Auch seine Messungen und Vergleiche basieren auf Gedankenkonstrukten. Wie relevant sind jedoch solche Leistungen in unserem

167 Raymond Bernard Cattell (1905–1998).

Leben? Handelt es sich um kognitive Leistungen, die uns in unserem Alltag fähiger und erfolgreicher machen oder lediglich um Spielereien?[168]

Kurz: Durch eine Verobjektivierung wurde der Begriff der geistig-sprachlichen Zwischenwelt entrissen und zu einer *empirischen Erfahrung*. Ob jemand intelligent ist oder nicht, ist nicht mehr eine Frage der persönlichen Einschätzung seiner Leistungen oder Erfahrungen, sondern zu etwas *Nachweisbarem* geworden. Wir müssen nicht mehr die Handlungen und Worte des Gegenübers analysieren, um einen Eindruck von seiner Intelligenz zu bekommen, sondern ein Test hat uns diese diffizile Aufgabe abgenommen. Der IQ-Test wurde zu einem wichtigen Kriterium, um sich über Eignung, Leistungsprofil und mögliche Defizite eines Menschen ein Bild zu machen.

Interessant waren die sozialen Auswirkungen. Menschen mit einem hohen IQ schrieb man außerordentliche Leistungsfähigkeit und Weisheit zu. Sie sollten deshalb studieren und Verantwortung übernehmen. Die Gefahr einer solchen Haltung ist jedoch, dass der IQ mit der Fähigkeit zu weisen Entscheiden verwechselt wird. Intelligenz ist zwar eine wichtige Voraussetzung für verschiedene Tätigkeiten. Doch für Erfolg im Leben und Klugheit braucht es mehr als das, was die Tests messen. Es geht auch um die lebenspraktische Relevanz von Fähigkeiten. Ein bekannter Zürcher Bauunternehmer, der lediglich die Sonderschule besucht hatte, wurde nach dem den Grund seines Erfolges gefragt. Seine Antwort: «Ich wusste, dass ich dumm bin, darum habe ich immer nur gemacht, was ich selber verstanden habe.»

168 Vgl. Hany, 2008, in: Hany, E. (2008). Klugheit aus Sicht der differentiellen Psychologie, in: Scherzberg, A. et al. (Hrsg.). *Klugheit. Begriff - Konzepte - Anwendungen*. Tübingen: Mohr Siebeck.

Wegen des losen Zusammenhangs zwischen gemessener Intelligenz, Weisheit und Lebenserfolg spricht man heute deshalb auch von «working intelligence». Hierbei geht es um die Intelligenz, die sich konkret im Leben manifestiert, sei es in Handlungen, Entscheidungen, Überlegungen und lebenspraktischen Ideen. Diese praktische oder funktionale Intelligenz kann man kaum in einem künstlichen Setting messen, man kann sie eher subjektiv erfassen.

Einem ähnlichen Verdinglichungsmechanismus mithilfe von Tests unterliegen auch andere beobachtbare Verhaltensweisen des Menschen. Ist ein Kind unruhig, kann sich nicht konzentrieren und ist leicht ablenkbar, lässt sich mithilfe von Tests schnell ein Aufmerksamkeitsdefizit- oder Hyperaktivitätssyndrom feststellen. Eine Verhaltensbeobachtung, die man in einem volatilen sozialen Umfeld erhob, wurde zu einem Begriff. Ein unruhiges, lebhaftes Kind «hat» ein ADHS[169], ein schüchterner Mensch eine Soziophobie. Ein Verhaltensmuster, das man in einem oft widersprüchlichen und dynamischen Umfeld feststellt, wird verdinglicht und mutiert durch den Begriff zu einer Tatsache. Es geht nicht mehr um genaue Beobachtungen, die wir dann mithilfe unserer Interpretationsgabe und Denkfähigkeit versuchen zu verstehen, sondern um eine Formatierung der Wirklichkeit aufgrund vorgefasster Schablonen.

Worte mutieren zu Fakten

Eine andere Methode der wissenschaftlichen Forschung in den Humanwissenschaften ist der Einsatz von *Fragebögen* oder *strukturierten Interviews*. «Sind Sie mit Ihrer Arbeit zufrie-

169 Aufmerksamkeitsdefizit-Hyperaktivitätssyndrom.

den?» «Warst du schon mal in einen Star verknallt?» «Fühlen Sie sich zwischen zwei Kulturen hin und hergerissen?» «Gibt es zu viele Ausländer in Ihrer Gemeinde?» Fragen dieser Art zielen darauf ab, unsere Denk- und Verhaltensweisen sowie unsere Meinungen zu erfassen. Man will herausfinden, welchen Eindruck ein Ereignis hinterlässt oder wie wir eine Situation, ein Projekt oder Problem beurteilen. Politische Haltungen, Werte oder Verhaltensmuster sollen identifiziert werden. Mit Frage- oder Evaluationsbögen werden auch Arbeitszufriedenheit, der Erfolg einer therapeutischen Intervention geklärt oder ob ein Kurs gut angekommen ist. An Hochschulen werden Studenten regelmäßig aufgefordert, über Internet Fragen, die die Qualität der Arbeit ihrer Dozenten betreffen, zu beantworten. Hat der Dozent die Studieninhalte fachlich und methodisch kompetent vermittelt? Stand er für Fragen zur Verfügung? War er nett und freundlich? Negative Beurteilungen haben für die Dozenten in der Regel Konsequenzen.

Anonyme Bevölkerungsumfragen sollen Hinweise auf Einstellungen geben. Man will vermutete Zusammenhänge aufdecken oder die Ergebnisse bevorstehende Abstimmungen einschätzen. Man glaubt zum Beispiel, aufgrund einer repräsentativen Umfrage zeigen zu können, dass Menschen in liberalen Ländern oder konservative Menschen glücklicher sind[170] oder Männer mit dem Vornamen Alexander in Dating-Portalen eine doppelt so hohe Chance haben als mit dem Vornamen Kevin. Wie bei den Intelligenztests werden die Ergebnisse in Zahlen ausgedrückt. So erfahren wir, dass 90 Prozent der Kinder unter 16 bereits Alkohol getrunken haben, 48 Prozent der Frauen physische Gewalt durch ihren Partner erleben

170 Okulicz-Kozaryn, A., Holmes IV, O. & Avery, D.R. (2010). The subjective well-being political paradox: Happy welfare states and unhappy liberals. In: *Journal of Applied Psychology*, Vol 99(6), Nov 2014, S. 1300–1308, sowie Frey, B.S. (2010). *Glück aus der Sicht der Ökonomie.* Zürich: Rüegger-Verlag, S. 24ff.

und 38 Prozent der Bevölkerung unter Sozialphobie leidet. Wie bei den Intelligenztests wird durch Zahlen Objektivität suggeriert. Auch hier stellt sich die Frage: Geben die Zahlen wirklich wieder, was die Menschen beschäftigt, was sie denken und wie sie sich verhalten? Können wir solche Befragungen als Grundlage für kluge Entscheidungen und Beurteilungen einsetzen?

Unser Selbstbild als Propaganda

Fragebogenuntersuchungen, Evaluationen und Befragungen beruhen auf *Selbsteinschätzungen*. Sie gehen davon aus, dass wir fähig sind, eine Frage zu uns selbst *korrekt* zu beantworten. Das Problem ist jedoch, dass wir uns ständig täuschen. Meistens geschieht das unbewusst. Unser Selbstbild entspricht oft nicht der Realität, weil es auch dazu dient, unsere seelisch-geistige Stabilität zu erhalten. Es handelt sich um eine Art Propagandaversion unserer Persönlichkeit. Wir sind deswegen nicht pathologische Lügner. Doch Aussagen zu unseren Haltungen, Reaktionsweisen und unserer Vergangenheit müssen manchmal frisiert werden, um einen Konflikt mit uns selbst zu verhindern. Bei negativen Aussagen droht ein Rückkoppelungseffekt. Wir geraten in Stress.

Wenn wir also spontan auf Fragen zu unseren Motiven, Absichten und Haltungen antworten, teilen wir oft nur das mit, was wir uns selbst zugestehen. Aus diesem Grund sind auf Selbstaussagen basierende Untersuchungen mit Vorsicht zu genießen. Sie geben keine Tiefensicht in die Motive, Fantasien und Verhaltensmuster der Befragten. Man behauptet, man sei für Umweltschutz, kauft sich jedoch Auto mit hohem Benzinverbrauch; man ist überzeugt, man wähle den Partner aus reiner Liebe, zufällig ist es jedoch der Mann mit dem größten Portemonnaie; man ist überzeugt, dass die Mietzinserhöhung finanziell nicht mehr verkraftbar ist, bucht jedoch eine Kreuzfahrt in die Karibik. Sich selbst zu erkennen, ist eine Herkulesaufgabe, die den wenigsten gelingt.

Meinungseinfalt: die Gefahr, sich der Stimme der Öffentlichkeit zu fügen

Darüber hinaus orientieren wir uns bei Meinungsumfragen an unserer Umgebung, geben Auffassungen wieder, die unsere Bezugsgruppe vertritt. Wir identifizieren uns mit Rollenmustern, die en vogue sind, definieren uns als kritischer Geist, Intellektueller, umweltbewusst, Pazifist und glauben tolerant, offen, interessiert und sicherlich kein Rassist zu sein. Wir entsetzen uns im Chor mit unserem Umfeld über Kürzungen im Bildungsbereich oder die Politik der Israelis gegenüber den Palästinensern, weil wir uns nicht von unseren Mitmenschen entfremden wollen und der öffentliche Diskurs diese Haltungen vorgibt.[171] Um unsere wirklichen Motive und Auffassungen zu ergründen, bräuchte es größere Anstrengungen. Dies setzt ein hohes Maß an Selbstreflexion voraus und ist oft ein schmerzlicher Prozess. Die Resultate von Meinungsumfragen spiegeln die Hysterien und kollektiven Debatten, die Gesellschaften und ihre verschiedenen Untergruppen inszenieren. Sie verwandeln diese kollektiven Täuschungen in Zahlen, die dann Objektivität suggerieren.[172]

Meinungsforscher kennen dieses Problem. Aus diesem Grund werden bei heiklen Themen keine direkten Fragen for-

171 Livingstone-Smith, D. (2004). *Why We Lie. The Evolutionary Roots of Deception and the Unconscious Mind.* New York: St. Martin's Press.

172 Bei extremen Fragen ist es klar: Kaum jemand outet sich in einer Umfrage als Rassist, Macho oder Egoist. Bei entsprechenden Fragen würde man keine Streuung der Antworten erhalten.

muliert, sondern raffiniertere Forschungssettings entworfen, um etwas über die *wahre* Gesinnung des Probanden zu erfahren. So wird z. B. bei einer Erhebung zur Verbreitung von Ressentiments gegenüber Menschen arabischer Herkunft gefragt, ob man es «gut verstehen kann, dass manchen Leuten Araber unangenehm sind». Antwortet man mit «Ja», gilt das ein Indikator für eine rassistische Einstellung.[173] Doch auch solche Vorstellungen spiegeln nicht unbedingt unsere tatsächliche Einstellung gegenüber Menschen arabischer Herkunft. Die Antwort kann auch aus *anderen* Gründen erfolgt sein, z. B. aus tatsächlicher Empathie für Menschen, die diese Gefühle haben, oder weil man das Gegenüber oder ein imaginäres Publikum provozieren möchte. Es gibt Menschen, die sich als ruchlos, egoistisch und ressentimentgeladen darstellen, sich in realen Interaktionen jedoch sehr sozial verhalten.

Auch durch die Art der Fragestellung können die Antworten manipuliert werden. Die Frage «Wann haben Sie aufgehört, Ihre Frau zu schlagen?» hat sicherlich andere Antworten zur Folge als die Frage «Haben Sie schon jemals Gewalt der Partnerin gegenüber angewandt?» Ebenso hat die Wahl der Begriffe einen Einfluss: «Treulosigkeit» weckt andere Assoziationen als «Ausrutscher» und stimmt entsprechend ins Thema ein. Problematisch ist die Verwendung von Begriffen, die in unserer Gesellschaft einen sakrosankten Status haben wie Bildung, Sicherheit, Nachhaltigkeit, Vision, Betroffenheit, Qualität. Selten wagen es Menschen, deren Geltung infrage zu stellen. Nicht zuletzt spielt es auch eine Rolle, *wer* fragt: Wenn wir der katholischen Kirche die Fragen zum Thema Schwangerschaftsabbruch beantworten, geben wir etwas andere Ant-

173 Studie der Friedrich-Ebert-Stiftung: Zick, A., Klein, A. (2014). *Fragile Mitte – Feindselige Zustände*. Berlin: Dietz.

worten, als wenn die gleichen Fragen von Pro Familia gestellt werden. Wir lassen uns unbewusst von den Eigenschaften, die wir auf die Institution oder Person projizieren, beeinflussen.

Wiederkehr des Gleichen

Ein großer Einflussfaktor auf unsere Meinung zu einem bestimmten Thema ist der öffentliche Diskurs. Wird ein Thema bereits im öffentlichen Diskurs abgehandelt, reagieren wir anders, als wenn es sich um ein neues Thema handelt. Spricht uns jemand auf die Bankenkrise, den Euro, die syrische Flüchtlingswelle oder den Dichtestress an, dann werden wir an die Debatten und Standpunkte erinnert, die wir bewusst oder unbewusst registriert haben. Und es kann leicht geschehen, dass wir die üblichen Kernbotschaften und Empörungen wiederholen: Natürlich ist man für die Erhöhung des Anteils der Frauen in Firmenleitungen, mehr Investitionen in Bildung, strikte Regulierungen im Bankenwesen, die Öffnung der Grenzen oder harte Strafen bei Pädophilie. Wir geben die Sicht unserer ideologischen oder politischen Heimat wieder und verwenden die Denkschablonen, die der öffentliche Diskurs bereitgestellt hat. Ob unsere Worte wirklich unser Denken widerspiegeln ist offen.

Auch Stimmungsaussagen oder Aussagen zur Zufriedenheit sind mit Vorsicht zu genießen. Geht es uns einigermaßen gut, rückt die eigene Stimmung in den Hintergrund. Auf die Frage «Wie geht es mir?» oder «Bin ich zufrieden mit meiner Arbeitsstelle oder dem Bundesrat?» wissen wir deshalb oft nicht recht, was wir eigentlich sagen sollen. Wir repetieren deshalb, was in unserem Kollektiv «gefühlt» wird oder passen uns dem sozialen Kontext an. Auf der Street Parade brüllt man dem Reporter zu, dass man sich «total high» fühle, bei der Podiumsdiskussion beteuert man, dass einen die Klimaerwärmung bedrücke oder bei der Gemeindeversammlung empört man sich über den neuen Zonenplan. Was wir an Gefühlen ausdrücken, entspricht nicht immer unserem wirklichen inneren Erleben.

Der Wiedererkennungseffekt

Bei Fragebögen zur Erfassung von Depression, Burn-out, Sozialphobie oder Ängsten gibt es zudem den spontanen *Wiedererkennungs-* oder *Schreckeffekt*. Bei einer Frage wie: «Haben Sie an sozialen Anlässen oft das Gefühl, dass ihnen nichts einfällt?» fallen uns dann Begebenheiten ein, bei denen wir stumm an einem Tisch saßen und z. B. wegen des dominanten Hausherren kein Wort über die Lippen brachten. Aus unserem schier unendlichen Erinnerungsschatz wählen wir das aus, was der Frage entspricht. Sind wir besonders sensitiv oder hypochondrisch, reagieren wir vielleicht sogar alarmiert und sind überzeugt, eine Psychotherapie oder Medikamente zu brauchen. Aufgrund der Fragen entdecken wir Probleme, an die wir vorher nicht dachten. Der Psychiater Allan Frances beschreibt, wie durch dieses Verfahren die Zahl der Menschen mit Angststörungen kontinuierlich steigt oder bei Kindern immer häufiger ADHS oder eine bi-polare Störung diagnostiziert wird.[174] Auf diese Weise generieren Gesellschaften neue Krankheiten und Pathologien.[175]

Es ist sicher interessant, zu erfahren, was Menschen sagen und welche Meinungen sie vertreten. Problematisch ist es, wenn solche Selbstaussagen in Zahlen umgemünzt, zu Tatsachen erklärt und dann zur Basis für Entscheidungen werden. Vergessen wird, dass sie immer auch von kontextuellen, gruppendynamischen und Persönlichkeitsfaktoren beeinflusst

174 Frances, A. (2013). *Saving Normal.* New York: Harper Collins. S. 104.

175 Siehe Waters, E. (2010). *Crazy Like US: The Globalization of the American Psyche.* New York: Free Press, S. 207ff.

werden. Fragebögen und Umfragen sind ein Hilfsmittel, um herauszufinden, was eine Gruppe, ein Team oder ein Teil der Bevölkerung über ein bestimmtes Thema denkt oder assoziiert. Sie ersetzen jedoch das *Nachdenken* und genaue Hinsehen nicht. Die Ergebnisse müssen *interpretiert* werden, da der Mensch sich konstant über sich und seine Mitmenschen täuscht.

Vermitteln Daten ultimative Wahrheiten?

«You got data?», fragte mich ein texanischer Kollege, als ich ihm von meinen therapeutischen Erfahrungen mit gewalttätigen Jugendlichen berichten wollte. Meine praktischen Erfahrungen interessierten ihn nur marginal. Auch wenn Daten seriös erhoben wurden und effektive Haltungen wiedergeben heißt das noch nicht, dass sie glaubwürdiger als reale Erfahrungen und Argumente sind.[176] Charlotte Jurk hat 2008 die Art, wie Daten zur Überprüfung von Depressionsneigung erhoben werden kritisiert: «Der technische Stand der Datenverarbeitung verleih(t) [...] den errechneten Ergebnissen Autorität und Weihe. Die Ergebnisse erscheinen auf diese Weise unangreifbar objektiv. Aufgrund der Tatsache, dass man standardisierte Befragungsroutinen als Maßsystem anerkennt und zudem Rechnerkapazitäten entwickelt hat, die aus einem Wust von Datenmaterial so etwas wie ein Ergebnis produzieren können, glaubt man Wirklichkeit abzubilden. Die so errechnete Fiktion wird dann für realer erklärt als die erlebte Erfahrungswelt.»[177]

In der statistischen Forschung kann es Ergebnisse geben, die auf keinen realen Fall zutreffen. Das Problem liegt an den Mittelwertsberechnungen und den insgesamt hoch aggregier-

176 Hübner, I. *Die tödliche Spur in unserem Blut*. FAZ vom 11.9.2013, S. N1.

177 Vgl. Jurk, C. (2008). *Der niedergeschlagene Mensch. Depression – Geschichte und gesellschaftliche Bedeutung einer Diagnose*. Münster: Westfälisches Dampfboot, S. 121.

ten, d.h. zusammengefassten Daten. Nehmen wir an, wir befragen zehn Personen zu ihren kommunikativen Stärken bei einem Flirt. Die Personen können auf einer Skala von null bis zehn angeben, inwieweit sie sich in der Lage fühlen, den ersten Schritt zu machen. Fünf Personen meinen, sie seien unfähig zu flirten, die anderen fünf geben an, sie könnten perfekt kommunizieren und hätten gar keine Schwierigkeiten, bei einem Flirt den ersten Schritt zu tun. Fünf Personen ordnen sich also dem Wert 0 zu (= «Ich könnte nie jemanden ansprechen, der mir gefällt»), die anderen fünf dem Wert 10 zu (= «Mir macht es gar keine Schwierigkeiten, jemanden anzusprechen, der mir gefällt»). Wir würden also einen Mittelwert von 5 erhalten, was bedeuten würde, dass alle zehn Personen durchschnittlich gut darin sind, bei einem Flirt den ersten Schritt zu machen. Doch für diesen Mittelwert gibt es keinen realen Fall! Es handelt sich also nur um einen statistischen Durchschnittswert, der mit der Realität nichts zu tun hat.

Qualität im Wissenschaftsbetrieb

Ziel der evidenzbasierten Praxis ist es, *unanfechtbare* Erkenntnisse zu produzieren. Diese erlauben es dann, dass man in den jeweiligen Fachbereichen, sei es Bildung, Medizin, Prävention, Gesundheitsförderung oder Psychotherapie, Abläufe definieren darf. Dank des evidenzbasierten Ansatzes wird man als Geisteswissenschaftler nicht als weltfremder Gelehrter oder konfabulierender Geistesarbeiter wahrgenommen, sondern steigt zum Homo Faber auf, der aktiv gesellschaftliches Leben gestaltet. Erste Voraussetzung ist, dass man ein Verfahren entwickelt, das den *höheren Wahrheitsgehalt* einer Erkenntnis beweist. Die zweite Voraussetzung ist, dass man als Geistesarbeiter über eine überdurchschnittliche moralische Integrität verfügt. Man muss glaubhaft vermitteln, dass man sich als Wissenschaftler nicht von Ideologien, Karrieredenken, Zeitgeist und Mainstream korrumpieren lässt, sondern ganz der Wahrheit verpflichtet ist, unabhängig arbeitet, sich durch eine neutrale Haltung auszeichnet, keine finanziellen Interessen oder privaten Ambitionen mit der Arbeit verfolgt, die einen Einfluss auf das Ergebnis haben könnten. Es geht *ausschließlich* um die Sache, um objektive Fakten, und zwar unabhängig davon, ob diese den Mitmenschen gefallen!

Das klingt einleuchtend und erstrebenswert. Es kommen einem Menschen in den Sinn, die wissenschaftlichen Erkenntnissen zuliebe Opfer erbrachten und Risiken eingingen. Nicht nur Galileo Galilei (1564–1642), auch unzählige andere Forscher eckten zuerst mit ihren Erkenntnissen an und erlitten persönliche Nachteile. Charles Darwin (1809–1882), der Begründer der Evolutionstheorie, musste vehemente Kritik und Feindschaft der Kirche ertragen, als er postulierte, dass Affen und Menschen gemeinsame Vorfahren haben.[178] Der Naturforscher Alfred Brehm (1829–1884) wurde angefeindet, als er den Menschen zu den Säugetieren zählte und den Tieren Emotionen zusprach. Viele Zeitgenossen reagierten auch empört, als Sigmund Freud (1859–1939) erklärte, dass wir Menschen nicht Herr in unserem eigenen Haus, sondern von vielen unbewussten Motiven beeinflusst sind und die Sexualität bei der Entwicklung psychischer Symptome einen besonderen Stellenwert hat!

Mangel an geistiger Kreativität?

Handeln heutige Wissenschaftler ebenso mutig? Können wir sicher sein, dass Wissenschaftler der Wahrheit verpflichtet sind und neutral bleiben? Bei genauerem Hinsehen zeigen

178 Darwin, Ch. (1871). *Die Abstammung des Menschen und die geschlechtliche Zuchtwahl.* Stuttgart: Wissenschaftliche Verlagsbuchhandlung.

sich einige Stolpersteine. Als Erstes die Ökonomie. Die meisten Wissenschaftler arbeiten heute in Institutionen, es gibt kaum mehr Privatgelehrte. Universitäten sind keine übersichtlichen, gemütlichen Institutionen mehr, in denen Professoren mit einer ihnen vertrauten Studentengruppe neue Ideen entwickeln und forschen, sondern riesige, komplizierte, verbürokratisierte Akademikerfabriken, in denen jeder für sich selbst schauen und viel Zeit für Formalien und Routinen opfern muss.

Eine Hauptbeschäftigung ist die Sponsorensuche. «Can you give me their direct contact address?», wollten die Professoren der University of Athens in Georgia als Erstes wissen, als ich Partner für ein großes Interventionsprojekt zum Thema schulische Gewalt in den Vereinigten Staaten suchte. An einer inhaltlichen Diskussion waren sie nicht interessiert. Sie erhofften sich vielmehr durch mich einen Zugang zu den schwedischen Donatoren, die mein Projekt großzügig unterstützten. Solange ich die Kontaktadresse nicht herausrückte, hofierten sie mich, luden mich zum Essen und Spaziergang durch die wunderbaren Wälder der Umgebung von Athens ein. Ernüchternd war auch eine Einladung zu einem Hearing des Schweizer Nationalfonds in Bern. Im Zug von Zürich nach Bern sah ich viele bekannte Professoren aus der Ostschweiz, die noch hastig Konzepte entwarfen, um zu beweisen, dass sie sich schon immer auf das Thema Gewalt in Schulen spezialisiert hatten.

Die Suche nach Geldern ist eine Notwendigkeit. Viele Forscher müssen ihre Studien und Mitarbeiter über Sponsoren finanzieren. Staatliche Programme wie der Nationalfonds, aber auch Firmen oder Stiftungen alimentieren Forschungen der Universitäten, Institute und Fachhochschulen. Ein Nachteil ist jedoch, dass sie oft auch die Themen setzen. Förderungsschwerpunkte sind z. B. die Folgen des Aufwachsens in

Armut, der Erfolg der Sprachförderung dreijähriger Kinder, das Ausmaß der Lohndiskriminierung der Frauen, der Wandel der Religionsgemeinschaften. Nicht immer entsprechen die Themen den Interessen der Forscher. Sie sind vom Zeitgeist abhängig und fast immer mit impliziten Annahmen und Erwartungen verbunden. Natürlich sollte die Finanzierung einer Studie *keinen* Einfluss auf die Resultate haben und man darf sich als Wissenschaftler nicht von den Auftraggebern manipulieren lassen. Entsprechende Anschuldigungen wird jeder Wissenschaftler vehement von sich weisen. In Wirklichkeit realisiert er, welche Resultate erwartet werden und wird es kaum wagen, konträre oder ungewohnte Schlussfolgerungen zu ziehen. Er bewegt sich auf noch dünnerem Eis, wenn er sich von Google eine Studie zur Frage des Rechts beim Einscannen deutscher Literatur[179] oder eine Stiftungsprofessur von Pharmaunternehmen finanzieren lässt. Es wird schwierig, Ergebnisse zu produzieren, die den Sponsoren nicht genehm sind. Vor allem im medizinischen Sektor, der Medikamenten- und Pharmaforschung, ist eine Vernetzung mit Unternehmen als Sponsoren kritisch zu betrachten.[180]

Die Angst, als «akademische Leiche» zu enden

Ein weiteres Problem ist, dass in den Geisteswissenschaften die Methodik und das Forschungsdesign nur selten nachgeprüft werden.[181] Eine solche Anstrengung lohnt sich nicht, da

179 Kohlenberg, K., Musharbash, Y. (2013). Die gekaufte Wissenschaft. In: *Zeit*, 8. August.

180 Siehe z. B. http://www.zentrum-der-gesundheit.de/krebsstudien-ia.html [10.9.2015], siehe auch Franes, A. (2013). *Saving Normal*. New York: Haprer-Collins Publisher.

181 Siehe Obrist, R. (2015). *Die Forschung in der Glaubwürdigkeistkrise*, in: Tages-Anzeiger 17.6.2015.

sie kaum je zu einer eigenen Publikation führt und das wissenschaftliche Renommee erhöht. Fachzeitschriften interessieren sich für statistisch signifikante Ergebnisse. Der Forscher hat also keine Chance mit einem Ergebnis, bei dem seine Hypothese *nicht* bestätigt wurde, in einer hoch gelisteten Fachzeitschrift zu veröffentlichen. Dies führt zu einem sogenannten «Publikationsbias», da viele Studien bei dieser Art der impliziten Praxis[182] ausgeschlossen werden.[183] Aber auch bei «signifikanten» Ergebnissen wäre die Überprüfung wichtig. Ist ein Ergebnis, das nur in *einer* Studie herausgekommen ist, tatsächlich aussagekräftig?

Kein Wissenschaftler will als «akademische Leiche» enden, zwei oder drei Jahrzehnte an einer Uni oder Fachhochschule schuften und am Ende ohne Professur dastehen! Ein solcher beruflicher Kontext hat einen hohen Konkurrenz- und Karrieredruck zur Folge. Assistenten rackern sich für einen Hungerlohn ab und Studenten müssen mit ihren Masterarbeiten und Dissertationen den Professoren Daten und Material liefern, damit sie ihre Karriere sichern oder verbessern können. Ergebnisse und vor allem Publikationen müssen vorgewiesen werden, um die eigene Zukunft zu sichern. Eine Veröffentlichung in einem angesehenen Journal bringt immense Karrierevorteile mit sich. Aus diesen Gründen ist die Versuchung groß, Daten und Ergebnisse zu manipulieren.

---

182 Wir meinen, dass es eine implizite Praxis ist, da es jedem Wissenschaftler bewusst ist, es aber unserem Wissen nach nicht zu öffentlichen Debatten darüber kommt.

183 Lobend kann hier die *Zeitschrift für Sozialpsychologie* genannt werden, die ausdrücklich erwähnt, dass die Aufnahme eines Artikels nicht davon abhängt, dass das Ergebnis signifikant geworden ist. Ein anderes Beispiel ist das Journal of Articles in Support of the Null Hypothesis (d.h. nicht signifikante Ergebnisse), vgl. http://www.jasnh.com/.

Manipulationen, Datenfälschungen und Plagiate

Selbst in den weltweit besten wissenschaftlichen Journals (z. B. den Fachzeitschriften *Science* und *Nature*) wurden Studien publiziert, bei denen Daten manipuliert oder andere Fälschungen vorgenommen wurden: 2005 wurde ein Artikel des Wissenschaftlers Hwang Woo-Suk über Stammzellforschung in der Top-Zeitschrift *Science* veröffentlicht, obwohl die Daten gefälscht waren. Ein anderes Beispiel ist ein niederländischer Sozialpsychologe, der über fast zwanzig Jahre hinweg Daten «erfunden» und gefälscht hatte.[184]

Viel Staub wirbelte ein Artikel des amerikanischen Physikers Alain Sokal auf.[185] Er schrieb bewusst einen völlig unsinnigen Text und reichte ihn bei *Social Text,* einer renommierten Fachzeitschrift für Philosophie der Postmoderne ein. Obwohl es sich um Nonsens handelte, wurde er von Fachpersonen, die jeweils die Artikel auswählen, angenommen. Sokal ließ den Betrug auffliegen, woraufhin von der Forschergemeinschaft heftig kritisiert wurde. Er verteidigte sich mit dem Argument, es sei ihm darum gegangen aufzuzeigen, dass in der wissenschaftlichen Publikationspraxis nicht unbedingt Vernunft walte. Ob ein Artikel publiziert werde, hänge viel mehr davon ab, ob man die richtigen Fachwörter einsetze und die Entscheidungsträger zitiere.

Beispiele hierfür gibt aus allen Fachrichtungen.[186] Datenfälschungen und Plagiate werden meistens nicht entdeckt,

184 Siehe http://www.sciencemag.org/content/334/6060/1182.summary [10.9.2015].

185 Transgressing the Boundaries: Towards a Transformative Hermeneutics of Quantum Gravity. in:*Social Text* #46/47, S. 217–252 (spring/summer 1996).

186 Eine Beispiel aus der Ökonomie siehe http://www.spiegel.de/wissenschaft/mensch/abgeschrieben-oekonom-fliegt-nach-14-jahren-mit-plagiat-auf-a-498943.html [10.9.2015] oder eine medizinische Studie in der Top-Zeitschrift Nature, die sich als Datenfälschung herausstellte: http://www.nature.com/news/retraction-record-rocks-community-1.11434 [10.9.2015].

obwohl alle Top-Zeitschriften «peer-reviews» haben, d. h, dass Personen, die im gleichen wissenschaftlichen Bereich arbeiten, die Texte hinsichtlich Güte, Qualität und Originalität beurteilen, bevor sie publiziert werden.[187] Wie kann es trotzdem zu solchen Vorfällen kommen? Das Empörende ist nicht, dass es Wissenschaftler gibt, die wissenschaftliche Werte über Bord werfen und sich quasi kriminell verhalten, sondern dass Fachkollegen bei der Begutachtung von Arbeiten manchmal selbst grobe Fehler oder Fälschungen *nicht* bemerken. Man muss darum annehmen, dass die Akzeptanz eines Artikels oder Forschungsberichts stark davon abhängt, ob der Autor die Bereiche, die auch die Reviewer für wichtig erachten, im Artikel berücksichtigt. Zudem wollen die Peer-Reviewer zitiert werden, damit sie im Social-Science-Quotation-Index besser abschneiden. Darüber hinaus favorisieren manche Zeitschriften Beiträge über Studien nach dem Kriterium, ob bestimmte statistische Verfahren angewendet wurden und nicht nach der Relevanz der Studie oder Fragestellung. Die natürliche Folge ist, dass man sich als Forscher für das statistische Verfahren entscheidet, das zur Fachzeitschrift passt. Ob sich das Verfahren für die Überprüfung der Fragestellung eignet, wird zweitrangig.

Wer liest Fachzeitschriften außer den Autoren?

Ein weiteres Problem ist die Überbewertung der Fachzeitschriften. Sie publizieren Artikel, die außer den Personen, die auch in diesem Gebiet forschen, kaum jemand liest. Oft sind sie in einer Sprache abgefasst, die kaum jemand versteht. Den-

187 Darunter wird eine Vorgehensweise verstanden, bei der die Arbeit von häufig anonymen Personen, die im gleichen wissenschaftlichen Bereich arbeiten, hinsichtlich Originalität, Güte und Qualität beurteilt wird, bevor sie publiziert werden kann.

noch ist diese Publikationspraxis ein Ritual, dem man sich im akademischen Betrieb unterziehen muss, wenn man eine Position erreichen will. Bei vielen Forschern liegt der Fokus nicht mehr auf dem Inhalt, sondern darauf, wo und wie viel man publizieren kann.

Schaut man sich die Kosten-Nutzen-Relation der einzelnen Studien samt Veröffentlichung an, erkennt man eine weitere Schwierigkeit: Es ist keine Seltenheit, dass es bis zu drei Jahre dauert, bis eine Zeitschrift über einen Forschungsbericht entschieden hat! In diesen drei Jahren muss an den Artikeln, häufig an einzelnen Ergebnissen, noch «herumgedoktert» werden, bis sie den Aufnahmekriterien der Zeitschrift genügen. Bei vielen Artikeln kann man davon ausgehen, dass sie rund 100 000 Franken gekostet haben.[188] Dazu kommt, dass häufig die Ergebnisse für die Allgemeinheit irrelevant sind. Die Forscher waren weniger am Inhalt interessiert, die Publikation diente vielmehr der persönlichen Karriere bzw. der Reputation der dahinterstehenden wissenschaftlichen Institution.

Jeder Forscher will ein signifikantes Ergebnis. Denn nicht zuletzt kann man damit auch Interessen durchsetzen. Die Zürcher Hochschule für Angewandte Psychologie hat zum Beispiel herausgefunden, dass Pflegefachpersonen mit einem Masterdiplom bessere Arbeit leisten.[189] Das Resultat wurde als Beweis präsentiert, dass eine längere Ausbildung sinnvoll ist. Schaut man die Untersuchung jedoch genauer an, stellt man fest, dass erfahrene Pflegefachpersonen mit Neueinsteigern verglichen

188 Ich konnte hierfür keine konkreten Daten finden, die Schätzung beruht auf langjährigen Erfahrungen von Kollegen in wissenschaftlichen Institutionen. Sie haben die Gehälter sowie die Arbeitszeit und andere Kosten grob überschlagen.

189 Imhof, L., Naef Brand, R., Wallhagen, M.I., Schwarz, J. & Mahrer Imhof, R. (2012). Effects of an Advanced Practice Nurse In-Home Health Consultation Program for Community-Dwelling Persons Aged 80 and Older. *Journal of American Geriatrics Society*, 60, 12, S. 2223–2231.

wurden. Die Pflegefachpersonen mit Master verfügten bereits über viele Erfahrungen im Beruf. D.h., es wurden Probanden mit Berufserfahrung mit solchen ohne Berufserfahrung verglichen! Die besseren Leistungen sind also mit großer Wahrscheinlichkeit auf Erfahrungen zurückzuführen und nicht auf das Masterstudium.[190] Die Forscher interpretierten ein banales Resultat nach Maßgabe ihres eigenen Interesses und konnten nun natürlich fordern, dass jede Pflegefachperson einen Master machen sollte, womöglich in ihrer Institution.

Selbstbeweihräucherungen

Ähnlich verhält es sich mit den Kongressen, die man im Grunde als Selbstbeweihräucherung verstehen kann.[191] Die Teilnehmer nutzen sie vor allem für ihre Karrieren, den Austausch von Infos und den Aufbau von Netzwerken. Selten geht es ihnen um neue Erkenntnisse. Wissenschaftliche Veranstaltungen sollen damit keineswegs diskreditiert werden. Natürlich bieten Kongresse auch sehr gute Gelegenheiten, sich mit Personen des Faches auszutauschen und über die Arbeit von anderen etwas zu erfahren. Doch manchmal hat man den Eindruck, dass sie auch dazu dienen, dass sich die Insider eines Gebietes in ihren Glaubenssätzen gegenseitig bestärken, um sich elitär von anderen abzugrenzen.

---

190 Siehe Binswager, M. (2015). Werbung in eigener Sache, in: *Weltwoche* Nr 3, 15. 2015, S. 43.

191 Wie Kuhn es so schön formuliert: «Für den Wissenschaftler ist die Lösung einer schwierigen theoretischen oder apparativen Rätselaufgabe das Hauptziel. Erfolg wird dabei durch Anerkennung seitens seiner Fachgenossen – und nur dieser – belohnt. Die praktische Brauchbarkeit seiner Lösung ist bestenfalls in zweiter Linie interessant, und die Anerkennung durch Menschen außerhalb des Faches ist kein oder sogar ein negativer Wert.» In: Kuhn, T.S. (1978). *Die Entstehung des Neuen. Studien zur Struktur der Wissenschaftsgeschichte* (Hrsg. v. Lorenz Krüger). Frankfurt a.M.: Suhrkamp, S. 381.

Diese impliziten Regeln, die einem als gewieftem Forscher vertraut sind, werden natürlich nicht kommuniziert und diskutiert, sondern man schweigt darüber, bestreitet sie oder weist sie sogar empört zurück. Doch, wie an anderer Stelle dieses Buch erwähnt, hat das Selbstbild nur einen losen Zusammenhang mit unseren eigentlichen Verhalten.

Die Dummheit unserer Ahnen als Bestätigung unserer Überlegenheit?

Die Wissenschaft hat zum Ziel, den Menschen von Aberglauben, Ideologien und Vorurteilen zu befreien. Denken soll *jenseits* gesellschaftlicher Konventionen und religiösen Dogmen möglich sein. Die Wissenschaft ist der Aufklärung verpflichtet, versteht sich als neutrale Instanz. Dies ist jedoch nicht einfach, da wir immer auch Kinder unserer Zeit sind und die Welt durch die Brille unserer Generation sehen. Jede Epoche hat ihre Denkschablonen und Vorurteile. Oft sind die Vertreter einer Generation überzeugt, fortschrittlicher und klüger zu sein als ihre Vorgänger und behaupten, ihre Schulen seien besser, die Frauen glücklicher und die Menschen befreiter. Tote können sich nicht mehr wehren, doch wer ihre schriftlichen Aufzeichnungen liest, merkt rasch, dass wir wahrscheinlich nicht grundsätzlich offener und klüger wurden. Jedes Zeitalter fokussiert sich auf bestimmte Themen, betrachtet sie als relevant, während andere vernachlässigt oder gar tabuisiert werden.[192]

Ein geschichtlicher Rückblick auf die Forschung bringt verschiedenste Absurditäten zum Vorschein. Die Alchemisten im

192 Kuhn, Th. S. (1976). *Die Struktur wissenschaftlicher Revolutionen.* Frankfurt a. M.: Suhrkamp.

17. und 18. Jahrhundert waren von der Goldsynthese überzeugt. Sie glaubten, aus Metallen Gold herstellen zu können. Mit ein paar Kunststückchen brachten sie Adlige dazu, ihnen zu glauben und Geld zu investieren. Anfang des 19. Jahrhunderts erlebte die Phrenologie ihre Blütezeit. Ihr Vater, der Arzt Franz Joseph Gall, war überzeugt, dass die Konturen des Schädels Auskunft über den Charakter eines Menschen geben. Er glaubte, dass sich das menschliche Gehirn aus 27 Teilen zusammensetzt, die sich je nach Benutzung ausdehnten und den Schädel formten. Diebe, Mörder und Kriminelle hätten deshalb eine bestimmte Gesichtsform. In den 1930er-Jahren war man von der destruktiven Wirkung der Jazzmusik überzeugt. Vor allem den schwarzen Saxofonspielern wurde ein schlechter Einfluss auf die Jugend zugeschrieben. Nicht nur schwangen sie ihre Hüfte zu lasziv, sie missachteten auch die Harmonielehre. Man war überzeugt, dass das Anhören der «Negermusik» zu einer Gehirndegeneration führt.

Umnebelt der Neuro-Hype unser Denken?

Heute erleben wir einen Neuro-Hype. Obwohl die Erkenntnisse der Neurowissenschaften noch sehr dürftig sind, werden von diversen Wissenschaftlern kleinste Zusammenhänge als großartige Erkenntnisse dargestellt und es wird wild spekuliert. Das Gehirn wurde zu einer Hauptmetapher, um eigene Erkenntnisse zu begründen. «Wie die neurologische Forschung zeigt» wird zum probaten Begründungssatz für allerlei Spekulationen. Man warnt vor «digitaler Demenz», hebt die Bedeutung der «Spiegelneuronen» hervor, spricht von «Neuroleadership», «Neuromarketing» oder behauptet sogar, die Grundlagen von Alzheimer oder Parkinson zu verstehen. Im Namen der Forschung werden wunderbare Geschichten erzählt. Problematisch wird es nur, wenn sie nicht als solche erkannt werden, sondern man sie für bare Münze nimmt, oder die Forscher behaupten, über eindeutige Beweise zu verfügen, die sie jedoch nicht haben.

Inszenierte Sensationen

In den Medien oder Fachzeitschriften werden neue Forschungsergebnisse oft nicht als Resultat eines komplexen Verifikationsprozesses präsentiert, sondern vielmehr als die Welt und unser Leben verändernde Sensationen. Nicht Diskussionsbeiträge, sondern *Wahrheiten* werden verkündet. Versprechungen werden gemacht, um Politiker und Journalisten für sich einzunehmen und um Gelder zu bekommen von Firmen und Regierungen. Manchmal wird sogar vorgegaukelt, dass man kurz vor dem entscheidenden Schritt zur Entschlüsselung der Geheimnisse der Welt stehe.

Dies konnte man beim *Human Genom Project* beobachten, für das sich sogar der US-Präsident Clinton und der britische Premier Blair einspannen ließen. Man verkündete, mithilfe dieses Projekts die 100 000 Gene des Menschen zu entschlüsseln und damit die Ursachen von Krankheiten wie Krebs und Drogensucht herauszufinden. Clinton sprach davon, dass man die «Sprache Gottes» erlernen werde, und war überzeugt, dass Krankheiten der Vergangenheit angehören werden. Die US-Regierung investierte drei Milliarden Dollar, um nicht alles privaten Investoren zu überlassen. Was ist herausgekommen? Nichts. Man musste feststellen, dass es nicht möglich ist, Informationen von Genen klaren Eigenschaften und Ursachen zuzuordnen. Die Zusammenhänge sind komplizierter, es gibt keine messbaren Kausalbezüge. Das Ganze stellt sich als ein gigantisches, von Craig Ventor inszeniertes Phantasma heraus. Zahllose Forscher, Politiker und Inverstoren ließen sich blenden. Warnende Stimmen wurden überhört.

Ein neueres Beispiel ist das *Human Brain Project*, das von der Europäischen Union mit einer Milliarde Euro gefördert wird. Diesmal wird versprochen, durch das weltweite Zusammentragen aller Forschungsdaten die Funktion des Gehirns zu entschlüsseln. Aber selbst die kritischen Stimmen von Neurowissenschaftlern werden überhört. Man lässt sich von einem Hype mitreißen, vergisst das vertiefte Nachdenken oder kritische Nachfragen. Solche Bespiele weisen auf eine problematische Tendenz der Forschung hin: Man will verzweifelt an der Front sein, sensationelle Fortschritte präsentieren und verliert dabei den Kontakt zur Realität.

Wissenschaftler als Übermenschen?

Forscher sind keine besseren Menschen als Autohändler, Bankangestellte, Politiker, Hausfrauen oder Kellner, auch wenn sie sich ein integres Selbstbild geben und ein hohes soziales Renommee genießen. Neben der Generierung wichtiger und fruchtbarer Erkenntnisse[193] geht es ihnen auch um ihre persönlichen Interessen und die Solidarität mit ihrer wissenschaftlichen Peergruppe. Wie bei uns allen besteht die Gefahr, dass sie schummeln, täuschen und mogeln und sich

193 Dies hat auch schon der bekannte Wissenschaftstheoretiker Julius Kuhn postuliert: Ein Wissenschaftler generiert i.d.R. aus einer Theorie eine Hypothese, die er dann empirisch testet. Er stellt seine Hypothese so auf, dass seine Untersuchung eine Antwort auf das von ihm formulierte Problem geben kann. «[D]abei geht es nur um seine persönliche Vermutung. Besteht sie (seine Vermutung) die Prüfung nicht, so spricht das nur gegen seine Fähigkeiten und nicht gegen das bestehende System der Wissenschaft. Kurz, in der Normalwissenschaft kommen zwar Prüfungen häufig vor, doch sie sind von ganz bestimmter Art: letzten Endes wird der einzelne Wissenschaftler geprüft und nicht die Theorie.» Siehe Kuhn, T.S. (1978). Die Entstehung des Neuen. Studien zur Struktur der Wissenschaftsgeschichte (Hrsg. v. Lorenz Krüger). Frankfurt a. M.: Suhrkamp, S. 261.

von materiellen Motiven verführen lassen. Pathologisch ist eine Gesellschaft, die eine Berufsgruppe zu einer *höheren* moralischen Instanz erhebt und das eigene Denken ablegt. Wissenschaftler können uns das Denken nicht abnehmen. Leider ist dies oft der Fall, wie man am Beispiel verschiedener Schulprojekte wie der Bologna-Reform sehen kann. Darum müssen wir, wenn wir klug über wissenschaftliche Aussagen entscheiden, diese kritisch prüfen. Wir dürfen wissenschaftliche Erkenntnisse nicht blind übernehmen und müssen es wagen, auch scheinbar dumme Fragen zu stellen.

Blinde Flecken?

Wie kommen wir zu neuen Erkenntnissen? Wie lässt sich aus einer Erfahrung eine neue Idee ableiten? Um im Alltag und der Berufswelt zu funktionieren, setzen wir in der Regel unsere vertrauten Denkkompetenzen ein. Wir sehen, was wir bereits wissen und lösen Probleme mit den uns gewohnten Fähigkeiten. Außergewöhnliche Ereignisse oder neue Zusammenhänge zu erkennen, übersteigt unseren regulären Arbeitsmodus. Im berühmten Experiment von Christopher Chabris und Daniel Simons[194] sahen die Studenten den als Gorilla verkleideten Mensch nicht, während sie zwei Baseballteams beobachteten. Sie waren auf das Zählen der Würfe konzentriert und blendeten den Gorilla aus, der eigentlich deutlich zu sehen war und hin und her tänzelte. Im Normalzustand reduziert sich unser Denkhorizont auf jene Themen, Objekte und Probleme, die uns vertraut sind. Es braucht *mehr*, wenn wir etwas Neues sehen oder einen bis dann unbekannten Zusammenhang erfassen oder ein Problem erkennen wollen. In der Wis-

194 Chabris, Ch., Simons, D. (2011). *The Invisible Gorilla*. London: Harper, S. 11ff.

senschaftstheorie[195] gibt es dafür zwei Vorgehensweisen: *Induktion* und *Deduktion*.[196]

Irritationen als Auslöser von Geistesblitzen

Mit *Induktion* ist gemeint, dass man von etwas Besonderem auf etwas Allgemeines schließt, d.h. auf Basis einer Beobachtung eine Theorie aufstellt. Ausgangspunkt einer neuer Erkenntnis ist vor diesem Hintergrund oftmals eine rätselhafte, unverständliche oder ungewohnte Erfahrung. Entscheidend ist, wie wir auf eine solche Irritation reagieren. Die Antwort auf ein äußeres Ereignis finden wir nur, wenn es auch eine innerliche Suche nach einer Erklärung auslöst. Beobachtungen oder Befragungen aus einer distanzierten Warte genügen nicht, da dann nur die gewohnten Antworten reproduziert

195 Wissenschaftstheorie kann definiert werden als ein Kerngebiet der Wissenschaft, das sich mit der wissenschaftlichen Vorgehensweise im Allgemeinen befasst, z.B. der Stellung wissenschaftlicher Begriffe, der Struktur wissenschaftlicher Theorien oder den Bedingungen, unter denen Erkenntnisse gewonnen wurden. Vgl. Kuhn, T.S. (1978). *Die Entstehung des Neuen. Studien zur Struktur der Wis*senschaftsgeschichte (hrsg. v. Lorenz Krüger). Frankfurt a.M.: Suhrkamp, S. 60.
Nach Popper (1935/1969) ist die Wissenschaftstheorie eine Methodenlehre, die ein Kriterium anzugeben hat, wie wissenschaftliche Erkenntnisse von anderen Formen der Erkenntnis abzugrenzen sind. Die Aufgabe der Wissenschaftstheorie oder der Erkenntnislogik ist es, die Form der wissenschaftlichen Methode einer systematischen Analyse zu unterziehen. Vgl. Popper, K.R. (1935/1969). *Logik der Forschung* (3., verm. Aufl.). Tübingen: Mohr, S. 3.

196 Der Begriff «Induktion» geht auf das Lateinische zurück (*inductio*) und bedeutet Hin-, Herbei- bzw. Einführung. Der Begriff wird bereits von Aristoteles verwendet und definiert als «Weg vom Einzelnen zum Allgemeinen». Vgl. Ritter, J. (1972). *Historisches Wörterbuch der Philosophie.* Band 4: I–K. Basel/Stuttgart: Schwabe, S. 323. Der Begriff «Deduktion» geht ebenfalls auf das Lateinische zurück (*deductio*) und bedeutet Abführen, Fortführen oder Ableitung. Im wissenschaftlichen Kontext ist damit gemeint, dass man mithilfe der Logik aus einer Aussage, einer Hypothese oder einer Theorie eine andere Aussage oder Hypothese ableitet, vgl. Ritter, J. (1972). *Historisches Wörterbuch der Philosophie,* Band 2: D–F. Basel/Stuttgart: Schwabe, S. 30.

werden. Wir müssen mit unseren Gedanken spielen, spekulieren und Situationen weiterfantasieren. Unser Denksystem wird herausgefordert. Es steht uns frei, die Herausforderung abzuwehren oder anzunehmen.

Meistens wehren wir Irritationen ab. Wir wollen sie nicht wahrnehmen, da sie von eingeübten Verhaltensschemen und gewohnten Denkmustern ablenken.[197] «Es war nichts!» Diese Reaktion ist natürlich, wie das Gorilla-Experiment zeigt. Ist die Irritation jedoch stark genug oder sind wir sensibel und aufnahmebereit, dann beginnen wir zu *denken*. Was wir erleben, geht über unsere bisherigen gedanklichen Konstruktionen hinaus. Wir aktivieren unsere Denkfähigkeit, lösen uns von unseren bisherigen Erklärungen und wagen einen Schritt in neue innere mentale Welten.

Ein Beispiel: Aus Bern kommend traf ich mit dem Intercity am Zürcher Hauptbahnhof ein und schloss mich dem langen Strom von Passanten an, der sich in Richtung zur Haupthalle bewegte. Meine Ohren hatte ich verstöpselt und hörte Django Reinhardts «Nuages». Ich hatte einen langen Arbeitstag hinter mir und wollte noch Heringe fürs Abendessen zu kaufen, die es vor dem hinteren Ausgang des Bahnhofs gab. Durch Hunderte von gelangweilten, gestressten oder aufgeräumten Passagieren versuchte ich, mir einen Weg durch die Querhalle zu bahnen und vertraute auf meine gewohnte Durchsetzungsmethode: Blick auf den Boden richten, Passanten ignorieren, nicht ausweichen, sondern einfach fortschreiten. Meistens weicht man mir dann aus und ich komme schnell vorwärts. An diesem Tag funktionierte die altbewährte Methode jedoch nicht ganz. Etwas irritierte mich. Was war los? Ich hielt an und blickte um mich. War es die Schulklasse, die hinter mir lärmte?

---

197 Siehe Chabris, Ch., Simons, D. (2011). *The Invisible Gorilla*. London: Harper, S. 11ff.

Die asiatische Touristengruppe, die alles fotografierte? Die Soldaten, die demonstrativ lässig durch die Halle schlenderten? Plötzlich wurde mir klar, was anders war: Ich war deutlich kleiner als die meisten Passanten in der Bahnhofhalle! Der Mann, der an mir vorbeieilte, war ein Riese, die Frau, die am Kiosk stand, überragte mich um einen Kopf und das Paar hinter mir konnte über mich hinwegsehen! Ich bin kein Hüne, doch mit meinen 179 gehöre ich immerhin zum Durchschnitt! Hatte ich bisher nicht realisiert, dass ich zu den kleinwüchsigen Erdenbürgern gehöre? War ich geschrumpft? Erlitt ich das gleiche Schicksal wie der Protagonist in dem Film *The Incredible Shrinking Man*?[198] Realisierte ich erst jetzt meine wahre Größe oder korrekter: vertikale Beschränkung? Ich stand vor einem Rätsel.

Wie könnte man zu einer überzeugenden Antwort kommen? Es wäre möglich, die Größe aller Passanten im Bahnhof zu messen und den Durchschnitt zu berechnen. So ließe sich herausfinden, ob der subjektive Eindruck stimmte. Doch vielleicht gibt es auf anderen Bahnhöfen und zu anderen Zeitpunkten weniger große Menschen? Man könnte die Stichprobe demnach auf alle Bahnhofpassagiere ausweiten. Wenn man dann noch die asiatischen Reisenden dazurechnet, wäre der subjektive Eindruck vielleicht, sich wieder normal groß zu fühlen! Wie auch immer: An diesem besagten Freitag machte ich effektiv die Beobachtung, deutlich kleiner als die anderen Reisenden zu sein.

Der Leser hat die Schwierigkeit dieses induktiven Ansatzes erkannt: Von einer Beobachtung an einem Ort auf ein allgemeingültiges Gesetz zu schließen, ist problematisch, da wir

198 Film von Jack Arnold, in dem ein Mann, Scott Carey, bei einer Bootsfahrt einer radioaktiven Wolke ausgesetzt ist und anschließend schrumpft (1957). Der Film basiert auf der Novelle von Richard Matheson «The Shrinking Man».

nie wissen, ob sich uns die ganze Realität präsentiert. Wir beobachten immer nur einen kleinen Teil der Welt dort draußen und können nicht ausschließen, dass es Realitäten gibt, die mit unserer Theorie nicht übereinstimmen. Mit anderen Worten: die Richtigkeit der Schlussfolgerung kann durch diese Methode nicht gewährleistet werden. Das uns zugängliche Beobachtungsfeld repräsentiert womöglich nicht das Gebiet, auf das wir unsere Regel anwenden wollen. Um meine These zu beweisen, nämlich, dass die meisten Bahnfahrer größer sind als ich, muss man das Beobachtungsfeld ausweiten!

Verifizierte Theorien statt Einzelbeobachtungen

Aus diesem Grund wurde in der Wissenschaft das Prinzip der Induktion durch das Prinzip der *Deduktion* ersetzt. Statt von einem beschränkten Beobachtungs- oder Erfahrungsfeld oder einem singulären Ereignis auszugehen, wird eine Abstraktion oder eine Idee an der Realität überprüft. Bei Theorien handelt es sich um Vereinfachungen der Realität. Sie spiegeln nicht vollumfänglich die Welt dort draußen wider. Bei der Deduktion steht darum nicht eine singuläre Beobachtung im Vordergrund, sondern eine Theorie soll durch die Empirie bestätigt oder widerlegt werden.

Geht man bei meinen Bahnhoftrauma deduktiv vor, sieht dies wie folgt aus: Ich habe die naive Beobachtung gemacht, dass es dort außerordentlich viele große Menschen gibt. Diese Feststellung genügt nicht, um die allgemeingültige Regel aufzustellen: «Fast alle Zugpassagiere sind größer als Allan.» Aufgrund meiner Beobachtung hätten wir eine Hypothese aufgestellt, die durch weitere Beobachtungen überprüft werden muss. Wichtig ist, dass das Beobachtungsfeld auf alle Umgebungen oder in unserem Fall auf vergleichbare Bahnhöfe ausgedehnt wird. Deshalb besuchen wir die Bahnhöfe

Bern, Basel, Locarno, ja vielleicht sogar Malters. Wenn wir die Zugpassagiere auch dort groß sind, dann hat sich meine These bestätigt: Ich bin kleiner als die meisten Bahnpassagiere! Wenn es sich jedoch um lediglich um mein singuläres Erlebnis handelt, dann ist These nicht verifiziert. Es ist ziemlich wahrscheinlich, dass sich meine These nicht bestätigt und man herausfindet, dass ich ein Mensch durchschnittlicher Größe bin.[199]

Eine bahnbrechende wissenschaftstheoretische Richtung schlug der Wissenschaftstheoretiker und Philosoph Sir Karl Popper (1902–1994) in seinem Buch *Logik der Forschung* ein.[200] Er postulierte, dass Theorien nie durch die Erfahrung bewiesen werden können, da nie ausgeschlossen sei, dass es einen Fall gibt, der sich konträr zur aufgestellten Theorie verhalte. Deshalb müsse man nicht versuchen, eine Theorie durch die Erfahrung zu beweisen, sondern versuchen, die Theorien an der Erfahrung scheitern zu lassen.[201] Wir müssen davon ausgehen, dass unser Beobachtungsraum

199 Meine Erfahrung wird meistens mit dem Beispiel der weißen Schwäne ausgedrückt. Wenn man am See weiße Schwäne sieht, heißt das nicht, dass alle Schwäne weiß sind. Es ist ein bekanntes Beispiel aus der Logik, um zu zeigen, inwieweit die Induktion problematisch sein kann, denn noch so viele Beobachtungen weißer Schwäne berechtigen nicht zur Annahme, dass *alle* Schwäne weiß sind. Vgl. Popper, K.R. (1935/1969). *Logik der Forschung* (3., verm. Aufl.). Tübingen: Mohr, S. 3.

200 Sein Ansatz wird *kritischer Rationalismus* bzw. *Falsifikationismus* genannt.

201 Aus der Perspektive der Logik handelt es sich dabei um die Anwendung des «modu» (vgl. Popper, 1935/1969, S. 44). Bespiel: Folgender Satz soll gelten: Wenn es regnet, dann sieht man Menschen mit Schirmen auf der Straße. Welche Schlussfolgerungen sind daraus zu ziehen, wenn diese Hypothese Gültigkeit hätte? Kann man von den Schirmen auf die Tatsache des Regens schließen? Nein, das wäre nicht korrekt, denn die Menschen könnten z.B. auch Schirme bei Sonnenschein mitnehmen, um sich vor der Sonne zu schützen. Die Hypothese wäre nur falsifiziert, wenn beobachtet werden würde, dass A (Regen) und nicht B (keine Schirme) zu sehen wären. Schirme alleine würden die Theorie nicht falsifizieren. Der einzige weitere logische Schluss wäre der, dass man von nicht B (keine Schirme) auf nicht A (kein Regen) schließen könnte unter der Bedingung, die Hypothese hat Gültigkeit.

beschränkt ist. Aus dieser Perspektive sollte der Wissenschaftler seine eigene Theorie nicht bestätigen, sondern widerlegen wollen. Er muss auf die Suche nach konträren Beobachtungen gehen.

Die Fähigkeit zur Imagination unterscheidet uns von Eisbären!

Zurück zum Bahnhoferlebnis. Ich betone: Ich war wirklich kleiner als alle anderen Passanten! Niemand kann mir diese Erfahrung wegnehmen! Um weiterzukommen, braucht es mehr als Messen, Zählen und Berechnen, wir müssen unseren Vorstellungsraum ausweiten. Das heißt, wir müssen uns Zusammenhänge und Situationen vorstellen, die *nicht* dem realen Erleben entsprechen, die wir nicht beobachten können. Dank der *Imagination* können wir uns in andere Situationen, Zeiten, Kulturen und Personen hineinfantasieren, ein Erlebnis aus dunkler Vergangenheit herbeizaubern oder uns in ein zukünftiges Ereignis hineinversetzen. Kinder stellen sich vor, wie es ist, wenn sie einmal erwachsen sind, ein Haus und Auto besitzen und keinen Spaß mehr haben können. Erwachsene in der Stoßzeit ihres Lebens fantasieren sich ein entspanntes Leben nach der Pensionierung an der Costa del Sol. CEOs fusionierender Firmen malen sich die Zusatzgewinne und Boni aus, die sie bekommen werden. Wir imaginieren aber auch im Kleinen. Wir stellen uns vor, wie wir einem unliebsamen Kollegen das Bein stellen, mit einem geliebten Menschen zusammen sind oder wie wir die Treppen von Orselina nach Locarno hinuntergehen. Die Fähigkeit innerlich Vorstellungen zu entwickeln, die sich von der gelebten Realität unterscheiden, ist aus der Sicht der Ethnologie der Kernunterschied zwischen Mensch und Tier. Menschen transportieren sich innerlich in andere Szenerien, stellen sich Handlungen vor oder verpflanzen sich in die Vergangenheit. Die Fähigkeit zur Imagination ist der Grund, dass Eisbären keinen Drang verspüren in die Karibik zu reisen.[202]

Imagination braucht es jedoch auch bei Alltagshandlungen. Arbeitet man in der Pflege, als Lehrperson, als Polizist, als Erziehungsberater oder Architekt, ist man immer wieder mit besonderen Situationen konfrontiert. Arbeit mit Menschen, Teamwork und Dienstleistungen lassen sich nicht durch Standards festlegen. Elterngespräche verlaufen immer anders, als man plant. Lehrerpersonen und Eltern müssen sich also verschiedene Varianten ausdenken und oft spontan entscheiden, was sie sagen oder tun. Zugbegleiter können nicht bei jedem schwierigen Passagier gleich reagieren, sondern müssen oft auch originelle Wege beschreiten. Je enger der Handlungsraum ist, desto schwieriger. Wird z.B. die Arbeitsweise in der Pflege genau und detailliert vorgeschrieben, kann dies zu Qualitätseinbußen führen, weil das Personal nicht mehr individuell auf die Patienten eingehen kann. Dozenten unterrichten nicht nach Schemata, sondern jeder entwickelt seinen eigenen Stil und seine eigene Didaktik, um die Studenten zu überzeugen. Da die meisten Situationen einzigartig sind, sind wir in unserer Fähigkeit zur Imagination gefordert.

Es gibt jedoch ein Problem: Imaginieren ist schwierig, wenn man ganz nüchtern und besonnen ist. Man ist bei einer Sache, bleibt fokussiert und übersieht Alternativen. Imagination ist in einem lockeren Zustand eher möglich. Unser Denkraum erweitert sich, wenn man herumalbert, mit Vorstellungen spielt und sich auch blöde und unanständige Gedanken erlaubt. Imaginieren funktioniert auch besser in einer locke-

202 Suddendorf, Th. (2014). *Was den Mensch zum Menschen macht*. Berlin: Berlin-Verlag 2014.

ren Atmosphäre. Gute Ideen kommen oft beim gemeinsamen Essen, unter Duschen, während Pausen oder beim Apéro und oft nicht bei Sitzungen mit festen Traktanden.

Die Notwendigkeit, außerhalb von Konventionen zu denken

Mit anderen Worten: der Wissenschaftsbetrieb, wie er auf den letzten Seiten beschrieben wird, ist mit einem Dilemma konfrontiert. Die Verbürokratisierung und Verschulung der wissenschaftlichen Institutionen, der Karrieredruck, die Notwendigkeit zu publizieren und die Anpassungsforderungen machen es schwierig, in eine Stimmung zu gelangen, in der man gut imaginieren kann. Man droht zu einem Bürokraten zu werden und Normen zu perpetuieren, statt mit Fantasien zu spielen.

Damit eine Gesellschaft nicht untergeht, wie dies auf den Galapagosinseln geschehen ist, muss man den Denkraum, in dem man sich bewegt, sprengen und *außerhalb* Konventionen denken. Klugheit heißt, dass man sich bei den eigenen Überlegungen nicht von politischen Korrektheiten, Loyalitäten, Opportunitäten und Anstand beeinflussen lässt, sondern freche, absurde Überlegungen wagt. Eine kluge Gesellschaft braucht Institutionen, in denen man sich nicht nur anpassen muss, sondern die im kleinen Raum auch anarchische Betriebsamkeit ermöglichen. Institutionen, die Irritationen und Probleme der Front aufnehmen, auch auf einzelne Menschen hören und verständlich sind.

Noch einmal zurück zu meinem Erlebnis am Bahnhof: Zwei Tage später las ich in der Zeitung, dass in Zürich eine internationale Konferenz großer Männer und Frauen stattgefunden hatte. Ich war einige wenige Stunden vor Eröffnung des Kongresses am Bahnhof. Meine Erfahrung war also keine Täuschung, sondern auf einen Faktor zurückzuführen, von dem ich nichts wissen konnte. Die Auswirkungen habe ich jedoch beobachtet. So geht es mit Erkenntnissen: Einzelerfahrungen sind wichtig und können Hinweise enthalten auf ganz neue Erkenntnisse.

Schlussfolgerungen

Was fehlt, ist eine kritische Auseinandersetzung mit den Ergebnissen und der Stellung der Wissenschaft. Sie genießt immer noch den Ruf, besser als andere Instanzen und Einzelpersonen anstehende Probleme zu identifizieren und Antworten zu finden. Menschen sehnen sich nach Figuren oder Institutionen, die Wahrheiten verkünden, ihnen dabei helfen, das Chaos Leben zu bewältigen und einen von der Mühsal, selber denken und entscheiden zu müssen, erlösen. Die Ausführungen haben jedoch gezeigt, dass es problematisch ist, den Vertretern der Akademie und der wissenschaftlichen Gemeinschaft diese Rolle in die Hände zu geben. Sie können die Erwartungen nicht erfüllen. Ihre klugen Schlussfolgerungen stellen sich bei kritischer Betrachtung oft als Mainstreamprodukte heraus, die keine neuen gedanklichen Felder eröffnen. Problematisch ist es, wenn die Schlussfolgerungen der Wissenschaft als *einzige* gültige Erkenntnisse gelten und zu Normgebern gesellschaftlicher Entwicklungen und Reformen erhoben werden. Wie am Beispiel der Schule zu sehen war, kann dies zu eigenartigen praxisfremden Reformprojekten führen. Man hat sich auf *eine* Antwort eingeschossen.

In den Geisteswissenschaften geht es um das Erforschen der Hintergründe menschlichen Verhaltens, Erlebens und die Dynamik menschlicher Gemeinschaft mithilfe verschiedener Methoden. Die Statistik ist nur eine Methode unter vielen und auch nicht von Irrtümern gefeit. Es braucht darum eine *inhaltliche Debatte*, in der jeweils entschieden wird, ob ein Ergebnis wertvoll ist. Schon Popper hat die Tradition der kritischen

Diskussion als einzigen Weg zur Erweiterung der Erkenntnis angesehen,[203] eine Einsicht, die im Wissenschaftsbetrieb kaum mehr zu existieren scheint.[204]

Einwände einzelner Personen ernst nehmen

Bei Ergebnissen und Aussagen der Wissenschaften muss die Frage nach der *gesellschaftlichen Relevanz* gestellt werden. Die Prüfung nach Best-Pratice-Kriterien oder evidenzbasierter Forschung reicht hierfür nicht aus. Es braucht eine Realitätsprüfung durch kluge unabhängige Geister, die nicht durch Zugehörigkeit zu einer akademischen Institution korrumpiert sind oder als Vertreter eines Standes in einen Loyalitätskonflikt geraten. Auch die Einwände *einzelner* Personen müssen ernst genommen werden. Wie beschrieben neigen Kollektive, Arbeitsgruppen, Kommissionen oder Ausschüsse zur Einebnung von Positionen; das Meinungsspektrum reduziert sich und es kommt zu einer Verflachung der Argumente. Eine unabhängige Einzelperson vermag auch konträre Gedanken einzubringen. Auch Querdenker, verschrobene Philosophen und anstrengende Dreinredner sollten Gehör haben.

Harmonie verengt den Denkraum

Wissenschaftliche Erkenntnis muss Spannung auslösen oder zumindest irritieren. Wenn alle einverstanden sind und man sich des Applauses sicher ist, dann stimmt etwas nicht. Nur

203 Zit. n. Kuhn, T.S. (1978). *Die Entstehung des Neuen. Studien zur Struktur der Wissenschaftsgeschichte* (Hrsg. v. Lorenz Krüger). Frankfurt a.M.: Suhrkamp. S. 363.

204 So schreibt Kuhn (1978, S. 363). «Im gewissen Sinne [...] ist der Übergang zur Wissenschaftlichkeit gerade durch das Aufhören der kritischen Diskussion gekennzeichnet.»Siehe Kuhn, T.S. (1978). *Die Entstehung des Neuen. Studien zur Struktur der Wissenschaftsgeschichte* (Hrsg. v. Lorenz Krüger). Frankfurt a.M.: Suhrkamp.

divergentes Denken öffnet Tür und Tore zu neuen Ideen und bringt uns weiter.[205] Was wir spontan sehr gut finden, stellt sich oft als alter Kaffee heraus. Hinter einem ärgerlichen Gedanken versteckt sich hingegen oft ein neuer Denkansatz. Irritationen und Imagination führen uns weiter, dann gelingt es uns vielleicht, über den Tellerrand hinauszuschauen. Popper, einer der bedeutendsten Mitgestalter der modernen wissenschaftlichen Methodologie, schrieb 1935, dass es kein gesichertes Wissen gäbe und dass nicht der Besitz von Wissen den Wissenschaftler ausmache, sondern die *Suche* nach der Wahrheit. Er muss den Anspruch haben, die wissenschaftlichen Gedanken kritisch zu überprüfen und einer möglichen Widerlegung auszusetzen.[206] Es braucht also einen Advocatus Diaboli in der Wissenschaft, der die Ergebnisse radikal prüft.

Das Auswahlverfahren bei Publikationen muss überdacht werden. Statt der Doppelt-Blind-Begutachtung, die oft dazu führt, dass bereits breit akzeptierte Ideen publiziert werden, sollen widersprüchliche Gutachten angestrebt und als Zeichen gesehen werden, dass der betreffende Autor vielleicht wirklich etwas zu sagen hat. Wie erwähnt: neue Ideen präsentierten sich uns als Irritation.[207]

Entscheidet die lebenspraktische Intelligenz über Erfolg?

Unser Leben und berufliche Herausforderungen bewältigen wir vor allem mithilfe der sogenannten *working intelligence*.[208] Diese setzt sich zusammen aus Wissen, Intuition, Auffas-

205 Vgl. Kuhn, 1978, S. 309.

206 Vgl. Popper, K. R. (1935/1969). *Logik der Forschung* (3. Aufl.). Tübingen: Mohr.

207 Osterloh, M. & Kieser, A. (2015). Doppelt-Blind-Begutachtung und Impact-Faktor. Wider die Diktatur akademischer Fetische, in: *Forschung & Lehre*, 2015, Jg. 22 (2), S. 106–107.

208 Der Begriff kommt aus der Heilpädagogik und bedeutet soviel wie lebenspraktische Intelligenz. Die Fähigkeiten, die man im Leben effektiv mobilisiert. Sie

sungsvermögen, verbalen Kompetenzen, Humor, Sinn für das Wesentliche, der Fähigkeit zu vergessen, Konzentrationsvermögen, den Fähigkeiten zu kombinieren, zur Reflexion, Ahnungen zu verwerten, zu verdrängen, zur Imagination, Spielvermögen, Talent im Umgang mit Menschen etc. Diese lebenspraktische Intelligenz entscheidet über Erfolg und Misserfolg in Beruf und oft auch im Privatleben. In formalisierten und standardisierten Ausbildungen kommt sie kaum je zum Zuge. Sie bedient sich keiner Fachsprache und ist zu facettenreich, als dass sie gemessen werden könnte. Sie passt darum nicht in die Inszenierungen der akademischen Welt. In Alltag und Berufsleben ist jedoch diese lebenspraktische Intelligenz so wichtig wie das akademisch erworbene Wissen.

Todesursache Wissenschaftlichkeit

Forschungsinterne Debatten in wissenschaftlichen Kreisen dienen oft der Selbstbeweihräucherung und der Profilierung innerhalb der eigenen Forscher- oder Akademikergilde. Oft geht es bei Kongressen und Kolloquien weniger um die kritische Auseinandersetzung mit Ideen als um die gegenseitige Bestätigung der Modelle, Forschungsmethoden und inhaltlichen Schlussfolgerungen.[209] Man will von der Forschungsgilde nicht ausgeschlossen werden, erhofft sich Forschungsgelder,

---

unterscheiden sich oft von den Leistungen, die man in einem metrischen Verfahren erheben kann. Siehe: Kuckherrman, R., Nitsche, E., von Müller, G. (1991). *Intelligenz, Handels- und Lebensorientierung.* Opladen: Westdeutscher Verlag, S. 16ff.

209 Frey, B. S. (2015). Wissenschaft ohne Menschlichkeit In: *ZEIT-Wissen*, Nr. 2, Februar/März.

eine Stelle, einen Platz auf dem «gravy train»[210]. Vertieftes Denken und Nachdenken bleiben auf der Strecke. Die Folge ist, dass innerhalb wissenschaftlicher Peergroups Ideen als originell und bahnbrechend gehandelt werden, weil sie es in eine hoch klassifizierte Fachzeitschrift geschafft haben.[211] Konträre Gedanken schaffen es selten auf die Podien der Wissenschafts- und Forschergilde – außer es mischen sich freche Außenpersonen ein wie Journalisten oder unabhängige Freidenker.

«Todesursache Wissenschaftlichkeit» war der Titel eines Artikels, der vor ein paar Jahren in der *Frankfurter Allgemeinen Zeitung* erschien.[212] Er kritisierte das neue Ideal der Medizin, alle ärztlichen Entscheidungen nur noch auf der Grundlage evidenzbasierter Daten[213] zu treffen. Die ärztliche Kunst, so die Autoren, bestünde jedoch im Gegenteil darin, richtige Entscheidungen auch dann treffen zu können, wenn es diese sogenannte «harten» Daten nicht gibt. Die meisten medizinischen Entscheidungen basierten auf dem gesunden Menschenverstand der Mediziner, alles andere wäre auch ethisch zweifelhaft.

---

210 Ein amerikanischer Ausdruck, der besagen will, dass alle den Zug besteigen wollen, der zu Geld oder Ruhm führt.

211 Die Qualität der Fachzeitschriften wird über den sogenannten Impact-Faktor angegeben. Der Impact Faktor versucht, die Wichtigkeit einer Zeitschrift numerisch abzubilden, indem ein Index berechnet wird, der angibt, wie oft Artikel aus der Zeitschrift zitiert werden. Je höher der Impact Faktor, umso angesehener ist die Zeitschrift. Jedes Jahr wird der Bericht *Journal Citation Reports®* über diese Angaben publiziert (siehe. z.B. http://thomsonreuters.com/journal-citation-reports/ [10.9.2015] oder http://www.hbz.uzh.ch/index.php?option= com_content&view=article&id= 793%3Ajcr2012&catid= 38%3Aressourcen&Itemid=122&lang=de [10.9.2015].

212 Frankfurter Allgemeine Zeitung vom 6.3.2013.

213 Mit «evidenzbasierten Daten» meint man in diesem Zusammenhang, dass sich Entscheidungen für oder gegen eine Behandlung bzw. Intervention daran orientieren sollten, ob es eine durch Studien wissenschaftlich bestätigte Wirksamkeit gibt.

Die Entmündigung der Praktiker durch Standards

Die Entmündigung der Praktiker durch Standards und Regeln, die vielfach auf evidenzbasierter Forschung beruhen, wird auch vom amerikanischen Kulturanthropologen Philipp Howard[214] beschrieben. Schreibt ein Schüler mit Filzstift auf sein Pult: «Ich sprenge die Schule in die Luft!», muss in vielen Schulen die Lehrerschaft sofort nach einem strikten Protokoll reagieren, die Polizei informieren, die Schule evakuieren oder den Schüler ausschließen, auch wenn für alle verantwortlichen Beteiligten klar ist, dass ein Gespräch mit ihm oder eine Ermahnung genügen würden. Howard beschreibt, wie Feuerwehrleute einen Menschen vor ihren Augen ertrinken ließen, weil sie laut ihrer Berufscodes nicht die Befugnis hatten, ihn zu retten. Standards und enge Regeln verunmöglichen oft das Denken in der konkreten Situation, schränken den Freiraum für kluges Verhalten ein. Die große Gefahr ist, dass die Qualität der Arbeitsleistung sinkt.

Menschen leben von inneren Bildern

Der evidenzbasierte Ansatz konzentriert sich auf die Wahrnehmung der äußeren Realität und vernachlässigt die *innerpsychische* Realität. Innere Bilder, Gefühle, Mythologien, Geschichten, die wir mit uns herumtragen – all das wirkt sich auf unser Denken, Verhalten und unsere Befindlichkeiten aus, manchmal sogar mehr als die äußeren Realitäten. Menschen leiden, weil innere Bilder, Erinnerungen oder unausgelebte Fantasien sie quälen. Was wir sehen und erleben, dient oft der Amplifizierung des inneren Geschehens. Die äußere Realität wird dann zum Projektionsfeld für die inneren Dramen, die nach einem eigenen Skript ablaufen.

---

214 Howard, Ph. K. (2014). *The Rule of Nobody*. New York: Norton Company, S. 82.

Man besucht eine Stadt im Tessin, das Wetter ist wunderbar und ein See lädt zum Baden ein. Alles perfekt, könnte man meinen. Und trotzdem ist man vielleicht deprimiert und missmutig, z. B. weil einen der Ort an einen Menschen erinnert, den man verloren hat. Wir irritieren uns selbst. Die äußeren Einflussfaktoren und Zusammenhänge zu erkennen, ist wichtig, doch nur der erste und bescheidene Schritt zur Entschlüsselung der Zusammenhänge und Identifizierung unserer Motive. Die Innenwelt zu entschlüsseln, ist – anders, als in den Naturwissenschaften – die eigentliche Kunst und Aufgabe einer Wissenschaft, die sich mit dem Menschen beschäftigt.

«Ich fühle mich ohnmächtig, habe das Gefühl, nichts erreicht zu haben», beklagte sich ein Mann, der zu mir in die Beratung kam. Er suchte Unterstützung, um mit seiner existenziellen Frustration umgehen zu können. Ich war nicht schlecht erstaunt, als ich erfuhr, dass er CEO einer der größten Firmen in Medizinaltechnik Deutschlands war, verantwortlich für Tausende von Angestellten, Besitzer mehrerer Häuser, sehr vermögend. Alle diese äußeren Faktoren konnten nicht verhindern, dass ihn ein inneres Thema völlig absorbierte und ihm das Gefühl gab, nichts erreicht zu haben. Die evidenzbasierte Praxis interessiert sich kaum je für solche inneren Vorgänge, sondern konzentriert sich auf wahrnehmbare Fakten. Das ist wichtig, aber es darf sich einfach nicht um den einzigen Ansatz handeln, wenn es um Menschen und ihr Verhalten in der Gesellschaft geht.

Akademien als Originalitätsbremser

Damit sich solche Persönlichkeiten im Wissenschaftsbetrieb entfalten können, müssen sie zuerst einmal identifiziert werden. Und dafür braucht eine Kultur, die die Fähigkeiten und das Profil einzelner Menschen schätzt und einsetzt. Leider wird dies durch das beschriebene System oftmals erschwert, wenn nicht gar verunmöglicht. Professorenstühle werden an Personen vergeben, die durch ellenlange Publikationslisten ihre Anpassung an den akademischen Mainstream bewiesen haben. Der akademische Betrieb vieler Fachhochschule oder Universitäten erlaubt kaum persönliche Setzungen. Für außerordentliche Themen ist es schwierig, Gelder aufzutreiben oder bei Kongressen Akzeptanz zu finden.

Es ist geradezu tragisch, dass Hunderte von Akademikern und Akademikerinnen ihre Originalität nicht zeigen können. Weiterbildner werden nicht individuelle Persönlichkeiten, die denken und etwas zu bieten haben, präsentiert, sondern zum Forschungsmandarin, Modulausführer, Mentor, Coach oder Kompetenzvermittler degradiert. Sie müssen den Vorschriften und ungeschriebenen Codes ihrer Zunft folgen. Der Geist und damit die Klugheit bleiben damit auf der Strecke. Das Individuum als Vermittler von neuem Können und Wissen ist weitgehend der Bürokratisierung zum Opfer gefallen. Die aktuelle Kultur der Aus- und Weiterbildung macht sie zu Normvollstreckern.

Verflacht die Aus- und Weiterbildung?

Der Glaube an die Suprematie der Wissenschaft und damit der Forschergemeinschaft hat in der Schweiz und anderen europäischen Ländern zu einer Akademisierung der Aus- und Weiterbildung geführt. Je akademischer, desto besser. Seminare wurden zu Fachhochschulen und Weiterbildungen zu CAS-Kursen[215], DAS-Kursen oder Masterstudiengängen. Es entstanden riesige Institutionen mit entsprechendem Über-

215 Certificate for Advanced Studies.

bau und neuen Organisationseinheiten: Departemente, Rektorate, Forschungsgruppen, Usability Labors, Fachleiter, Forschungswerkstätte.

Die (vermeintliche) Aufwertung der Institutionen sollte sich auch sprachlich vermitteln. Man spricht nicht mehr von Lektionen oder Stunden, sondern von Seminaren, Vorlesungen, Starterkits, Forschungskolloquien, Skills-Programmen, Lernfeldern, Inhouse-Schulungen, Weiterbildungs-Awards, Modulen. Auch die Unterrichtenden erhielten neue Namen. Sie heißen nicht mehr Lehrer und Lehrerinnen, sondern Coaches, Mentoren, Dozenten, Professoren. Weiterbildungen verwandelten sich in CAS-Lehrgänge zu allen denkbaren Themen: Hochschuldidaktik, Human Factors, Business Intelligence, Chorleitung, Cloud Computing, Leadership Change, Konfliktmanagement in der Arbeitswelt, Women Back to Business, Usability and User Ability. Bei Studiengängen gibt es ECTS-Punkte, die auf Credits basieren.[216]

Das hört sich alles sehr intellektuell und fortschrittlich an. Doch wenn Institutionen in dieser Weise beginnen, eigene Sprachregelungen zu erlassen, wird damit zuweilen auch von inhaltlicher Leere oder von Machtmotiven abgelenkt. Tatsächlich geht die Akademisierung der Aus- und Weiterbildung mit einer Entintellektualisierung einher. Die Einführung von Standards und die Kompetenzorientierung haben zu einer *Einengung* des geistigen Denkraums geführt. Die meisten Fachhochschulen und Hochschulen können wegen der Bürokratisierung, Sponsorensuchen, bürokratischen Formalitäten und Verschulung der Ausbildung und Studien kaum

216 Das European Credit Transfers System (ECTS) soll gewährleisten, dass die Leistungen von Studenten im europäischen Hochschulraum vergleichbar sind. Studenten bekommen für ihre Arbeiten und Studien Credit-Points. Ein Credit-Punkt entspricht 20 bis 30 Arbeitsstunden.

mehr neue Impulse setzen. Aufgrund der vielen internen Prozeduren, formalen Abläufe, Absprachen und vorgängigen Setzung der Forschungsschwerpunkte kann sich die eigene geistige Kreativität nicht entfalten. Es geht nicht mehr um Debatten und Denkexperimente, sondern die Übernahme des richtigen Wissens- und Denkkanons. Die Akademisierung hat durch die intellektuelle Bürokratisierung zu einer Banalisierung der Inhalte geführt. Ausbildungsinstitutionen wurden zu Fabriken, die lediglich Normalitäten produzieren. «Binge-Learning»[217] wird gefördert und Anpassung verlangt. Es wird schwierig neue Ideen in der eigenen Forschergemeinschaft zu platzieren, da man den oben beschriebenen Restriktionen unterworfen ist. Sich in Studium einem außergewöhnlichen Thema zuzuwenden, birgt Risiken.

Die Gefahr ist, dass es im Studium, aber auch in der Aus- und Weiterbildung weniger um Inhalte und den Kontakt zu charismatischen Leitfiguren geht, sondern um das *Punktesammeln*. Die Formalisierung hatte zur Folge, dass man kaum mehr selber denken, sondern lediglich die jeweiligen Anforderungen erfüllen muss. Studenten, aber auch Teilnehmer von Weiterbildungen werden infantilisiert. Sie lernen, wie man es richtig, das heisst normgerecht macht. In solchen Weiterbildungen werden selten neue Erkenntnisse aus den Erfahrungen der Teilnehmer generiert, sondern sie haben sich den Vorgaben des jeweiligen Dozenten oder der jeweiligen Institution zu fügen. Was auf der Strecke bleibt, ist die *direkte* Auseinandersetzung mit den jeweils individuellen Problemen, die Teilnehmer in ihren Arbeitsgebieten antreffen.

Man verpasst die Gelegenheit, als Forscher oder Wissenschaftler mit Menschen aus Praxis in einen Dialog auf Augen-

217 Das Gelernte wird sogleich wieder erbrochen.

höhe zu treten und authentische Erfahrungen auszutauschen. Die *working intelligence*, diese lebenspraktische, sich nicht in Worten ausdrückende Intelligenz, die sich durch kluge Handlungen und Intuitionen äußert, wird nicht genutzt. Kluges Denken wird dadurch erschwert. Weiterbildner werden von der eigenen Gilde vereinnahmt und haben Mühe, den Aussagewert und die praktische Relevanz der Forschung zu beurteilen. Man bleibt ein treuer Diener seines Faches.

Natürlich gibt es auch Vorteile: Weiterbildungen werden zu einem Akt der *Absolution*. Wenn den Teilnehmern Banalitäten als bahnbrechende Erkenntnisse aufgetischt werden, können sie schlussfolgern, dass sie nicht alles falsch machen. Sie haben zwar schon immer gewusst, dass Kommunikation zur Verhinderung von Konflikten wichtig ist und Bewegung die Gesundheit fördert, doch nun ist es eben evidenzbasiert! Unsichere Menschen werden dann vielleicht beglückt den Raum verlassen und zu sich sagen: Der schlaue Professor hat meine eigenen Ansichten und Erfahrungen bestätigt! Also kann ich beruhigt sein. Möchte man jedoch selber denken und wirklich Neues erfahren, dann hegt man andere Erwartungen und ist enttäuscht.

Wenn Dozenten bei Weiterbildungen vermitteln, was die Fachfrauen und -männer bereits wissen, muss man nach dem Sinn der ganzen Operation fragen. Geht es darum, dass eine hohe Instanz bestätigt, dass man auf dem rechten Weg ist? Sollen die Teilnehmer bei Bewerbungen einfach mehr Papiere vorweisen können? Wir alle bilden uns durch unsere Tätigkeiten konstant weiter, lernen durch das Lösen von Problemen und Konflikten. Die Theorie liefert uns wichtige und hilfreiche Impulse. Aber standardisierte Kurse und modularisierte Studien allein machen uns sicherlich nicht klug.

«What's going on in your head?», fragte der berühmte englische Gitarrist Julian Bream einen japanischen Meisterschüler, nachdem dieser ihm die «Sonata romantica» von Manuel Poncé vorgespielt hatte. Etwas verwirrt schaute der junge Mann auf: Was sollte diese Frage? Bream beugte sich zu ihm und erklärte: «You see, the quality of a piece depends on what is going on in your head, not technique!» Und schilderte, woran er denken würde: «Ich räkle mich in einem Liegestuhl am Strand einer griechischen Insel, es ist heiß, das Meer glitzert. Ich nippe an meinem Tequila Sunrise und schaue zum Meer hinaus. Plötzlich taucht wie aus dem Nichts eine wunderschöne Frau auf. Sie blickt mich lasziv an, lächelt und schreitet auf mich zu...» Bream sprach nicht von Fingersätzen, von Takt, von der Stellung der rechten Hand oder der Körperhaltung, sondern schilderte eine Strandszene! Die Botschaft war, dass die inneren Bilder entscheidend sind! Nur wenn man sich solchen Bildern hingebe, könne man die «Sonata romantica» spielen. Es genüge nicht, brav die Töne zu produzieren. Bream war klar, dass die anwesenden Meisterschüler nicht nach musikalischen Fakten oder Mainstreamwissen, sondern nach dem Außergewöhnlichen suchten. Dieses stärkt den Geist und führt weiter.

Dieser kleine Ausschnitt eines Meisterkurses verrät ein wichtiges Element von Aus- und Weiterbildungen: Hierbei sollten auch neue und außergewöhnliche Gedanken, Erfahrungen und Kompetenzen vermittelt werden. Wenn sich die Weiterbildung an Fachleute aus der Praxis richtet, sollte es nicht um tausendfach Bewährtes gehen, sondern um Impulse, die zu neuen Leistungen und alternativen Antworten inspirieren. Eine zu formalisierte, standardisierte Weiterbildung verhindert die Vermittlung neuer, leicht verrückter anarchischer Ideen.

Es gibt einen weiteren Punkt, auf den dieser Meisterkurs verweist. Die Qualität von Weiterbildungen hängt stark von der *Persönlichkeit* der Dozenten ab! Noch mehr als Kinder oder Jugendliche suchen Erwachsene, wenn sie sich bilden, Vorbilder, interessante Persönlichkeiten, Menschen mit Profil. Solche Menschen können neue Impulse und Anregungen vermitteln, können inspirieren. Deshalb ist es auch wichtig, dass Kursteilnehmer *selbst* entscheiden können, bei wem sie eine Weiterbildung machen. Sonst ist das Risiko ist zu groß, dass man auf eine Person trifft, die einem nicht zusagt.

Kapitel VIII: Denkimpulse zur Klugheit

Wer komplizierte Erklärungen abgibt, möchte täuschen

Dieser Satz stimmt nicht für alles. Viele Situationen und Probleme lassen sich nur durch komplizierte Überlegungen erfassen. Technische Apparaturen funktionieren mithilfe komplexer Regelsysteme und große Organisationen werden von verschiedensten Faktoren beeinflusst. Wenn es jedoch um das Verhalten von Menschen geht, ist bei komplizierten Theorien Skepsis angebracht. Wird mit Anglizismen, komplizierten Formeln und Hinweisen auf Forschungsresultate die Motivation von Schülern diskutiert oder ein Wirtschaftsmodell skizziert, dann stellt sich die Frage: Geht es nicht einfacher? Was ist die Kernaussage? Sobald eine Erklärung erst nach angestrengtem Studium verständlich ist, drängt sich der Verdacht intellektueller Akrobatik auf. Man will das Gegenüber beeindrucken, seinen Status als Intellektueller, Wissender oder Fachperson markieren. Man spricht bewusst unverständlich, damit sich der Zuhörer möglicherweise für dumm hält. Wenn es um die Psychologie der Menschen geht, sind einfache, plausible Erklärungen komplizierten Ausführungen vorzuziehen. Der Franziskaner William of Ockham (1287–1347) plädierte schon vor achthundert Jahren dafür, dass man Theorie nur so kompliziert formulieren muss, wie es das jeweilige Problem erfordert.

Je größer eine Organisation, desto kleiner ihr Denkhorizont

Dank großer Organisationen mit komplexen Führungsstrukturen können Projekte realisiert werden, werden Standards durchgesetzt, sind internationale Zusammenarbeit und globaler Handel möglich. Die Größe einer Organisation beeinflusst aber auch die Psychologie der Mitarbeiter. Sie denken und handeln anders als in Kleingruppen. In Organisationen mit mehr als 200 Mitarbeitern bilden sich Untergruppen, Fraktionen und Seilschaften, die eigene Ziele verfolgen. Statt sich mit den Aufgaben der Organisation zu identifizieren, muss man sich intern behaupten. Das Streben nach Bedeutung wird zentral und absorbiert einen Großteil der Arbeitsenergie. Das Fachwissen wird persönlichen Ambitionen untergeordnet. Gegenüber Kollegen hält man sich mit der Kommunikation von Wissen zurück, da man befürchtet, bestohlen zu werden. Oft lässt man aus strategischen Gründen auch das Kader über eigene Gedanken und fachliche Bedenken im Dunkeln. Natürlich gibt es Debatten, Kolloquien oder Arbeitsgruppen, doch diese bleiben häufig an der Oberfläche. Innovationen werden inszeniert und nicht gelebt. Es braucht viel innere Stärke und geistige Unabhängigkeit, damit man nicht in diese Anpassungsfalle gerät und stattdessen reflektiert, wie man sich im System bewegt und von ihm beeinflusst wird.

Auch aus einzelnen Ereignissen lassen sich Erkenntnisse ableiten

In der Wissenschaft werden Anekdoten als Geschichtchen abgetan, die man im Freundeskreis erzählen darf, und als Einzelerfahrungen als irrelevant betrachtet. Eine Beobachtung oder ein Ereignis muss unter kontrollierten Bedingungen wiederholbar sein, damit man daraus Schlussfolgerungen ziehen kann. Der Forderung nach Wiederholbarkeit steht jedoch der Tatsache gegenüber, dass es vor allem Einzelereignisse sind, die uns weiterbringen. Wenn wir etwas Außergewöhnliches erleben, dann beginnen wir zu denken und überarbeiten gewohnte Denkmuster. Klugheit bedeutet, offen zu sein für außerordentliche Beobachtungen. Sie können eine Quelle neuer Ideen sein, auch wenn es sich um Anekdoten handelt.

Geschichte birgt viel Wissen

Vergangene Geschehnisse hinterlassen in uns Spuren. Sie entwickeln sich zu einer Geschichte, die der Herleitung unserer Haltungen und Werte dient. Was falsch gelaufen ist, möchten wir nicht wiederholen, und positive Erfahrungen wollen wir weiter nutzen. Aus unserer persönlichen wie auch gemeinsamen Geschichte wollen wir lernen. Wir möchten nicht, dass wir in einer neuen Beziehung in ein altes Muster fallen oder einen Fehler in der Arbeit wiederholen. Auf der gesellschaftlich-politischen Ebene möchten wir die Katastrophen verhindern, die sich im letzten oder vorletzten Jahrhundert ereigneten. Dem Faschismus gilt es die Stirn zu bieten, Militarismus zu bekämpfen und Rassismus zu verhindern. Das Problem ist jedoch, dass wir uns oft von unseren Ahnen abgrenzen und die Illusion hegen, dass wir inzwischen weitergekommen sind.

Heute haben es die Frauen viel besser als früher, heute geht man mehr auf die Kinder ein, denkt rationaler usw. Wir geben uns ein überlegenes Selbstbild und wollen nicht an eigene Defizite oder blinde Flecken erinnert werden. In vielem grenzen wir uns von unseren Ahnen ab: Sie waren Kolonialisten, Rassisten, Imperialisten, behandelten Frauen miserabel und misshandelten Schüler. Wir können uns nicht vorstellen, dass unsere Großväter, Urgroßväter und Ururgroßmütter uns überlegen waren. Doch es gilt vorsichtig zu sein: Vielleicht entwerfen wir ein Zerrbild der Vergangenheit, damit wir uns überlegen fühlen. Wir realisieren nicht, dass sich Pathologien und Fehlentwicklungen heute möglicherweise anders äußern als früher. Wenn wir aus der Geschichte lernen möchten, dann dürfen wir uns nicht nur auf die oberflächlichen Inszenierungen beschränken, sondern über die tiefere, archetypischen Motive und Muster nachdenken. Pathologien tauchen häufig mit der Maske des Zeitgeistes auf. Die europäischen Länder haben keine Kolonien mehr. Doch vielleicht beuten wir Entwicklungsländer heute auf andere Weise aus, indem wir ihnen aus Qualitätsgründen den Marktzugang verwehren, die eigenen Produkte jedoch exportieren. Faschistoide Tendenzen manifestieren sich heute nicht über schreiende Braunhemden. Ähnliche Haltungen und ideologischen Verirrungen kleiden und inszenieren sich heute anders: kompromisslose Hausbesetzer, die dialogbereite Politiker angreifen, Jugendliche, die Fassaden verschmieren und dies als großartige Kunst verstehen, oder Antifa-Demonstranten, die Läden ausrauben. Klug denken heißt, es nicht bei oberflächlichen Schlussfolgerungen zu belassen, sondern die Haltungen zu erkennen, die dahinter stehen und die entsprechenden aktuellen Ausprägungen zu erkennen.

Der Kluge lässt Irritationen zu

Denken bedeutet, im mentalen Innenraum zu experimentieren. Wir bedienen uns des immensen Erinnerungsschatzes, den wir über unsere Erziehung, Kultur und Bildung erworben haben, und erleben unsere Gedanken als persönliche Kreationen. Meistens merken wir nicht, wenn wir die Erfahrung eines Mitmenschen nachplappern oder durch ein unbewusstes Motiv beeinflusst werden. Unser Denken ist jedoch immer beeinflusst von unserem Milieu und unserer Geschichte. Um aus dieser Falle herauszukommen, müssen wir es wagen, unseren Irritationen zu folgen, das Außergewöhnliche anzudenken. Klugheit bedeutet, sich immer wieder aus der selbst auferlegten Unmündigkeit zu befreien, Nischen zu entdecken und Rituale zu entwickeln, in denen die Vorgaben des politisch korrekten Denkens und persönlicher Prägungen abgelegt werden. Was irritiert, ist oft wichtig und enthält wichtige Botschaften. Es gilt, solche Irritationen als Quelle neuer Ideen zu verstehen.

Klugheit bedeutet, sich jenseits herrschender Denkcodes zu bewegen

Wer seinem Namen einen Master, Doktor oder sogar Professor voranstellen kann, ist klüger als der Durchschnittsmensch! Dieser Aussage werden vor allem die Akademiker unter uns zustimmen! Das ist natürlich Unsinn. Man wird durch eine akademische Ausbildung nicht gescheiter. Leider ist diese Vorstellung verbreitet und hat eine Überbewertung der akademischen Ausbildung zur Folge. Klar: Um zu studieren, braucht es besondere Fähigkeiten, neben Intelligenz, Gesundheit, Disziplin vielleicht auch eine Portion Glück und nicht zuletzt die Fähigkeit, sich anzupassen. Man ist bereit, sich einem System zu fügen, dessen Wissen und Denkweisen zu übernehmen. Vor allem die Bologna-Reform hat dazu geführt, dass eigenständiges Denken schwieriger wird. Man übernimmt den herrschenden Meinungskanon der betreffenden Disziplin. In der Psychologie denkt man in Kategorien des Neuro-Hype, in der Wirtschaft orientiert man sich am Wettbewerbsgedanken und in der Bildung schwärmt man von Kompetenzen und evidenzbasierter Praxis. Die Akademisierung der Ausbildungen birgt die Gefahr, dass man sich von den Herausforderungen der Praxis entfernt. Klugheit heißt jedoch, dass man sich auch von den halbchaotischen Prozessen unseres Daseins beeinflussen und inspirieren lässt und den Blick für Phänomene bewahrt, die nicht von den Denkcodes der eigenen Disziplin erfasst werden.

In unseren Träumen erschließt sich uns die Welt

Die alten Römer hatten die Pflicht, Träume, die den Staat betreffen, dem Senat zu erzählen. Man war überzeugt, dass sich in ihnen wichtige Botschaften verbergen. Eine solche Haltung ist heute nicht mehr denkbar. Verbreitet ist die Vorstellung, dass es sich bei den Träumen um Zufallsprodukte des Gehirns handelt, Überreste des Tages ohne tieferen Sinn. Diese Sicht auf Träume ist problematisch. Auch wenn Träume keine direkten Botschaften enthalten, beschenken sie uns mit Bildern, die zum Denken anregen und genutzt werden können. Bei unseren Träumen handelt es sich um wertvolle Kommentare zu unserem Seelenleben. Sie helfen, unser eigenes Leben zu sichten und unsere bewusste Sichtweise zu erweitern. Um sie zu verstehen, helfen Rituale und Traumdeutungen. Es geht nicht um die Suche nach der Wahrheit, sondern die Erweiterung unseres Denkhorizonts.

Slogans fördern einseitiges Denken

Slogans sind einprägsam. Man hat den Eindruck, sie bringen die Sache auf den Punkt: Kampf dem Rassismus, Harmonisierung der Schule, Gleichstellung der Geschlechter. Gegen die meisten Slogans kann man nichts einwenden. Sie beziehen sich auf Werte, die kein vernünftiger Mensch infrage stellt. Slogans drohen jedoch Debatten zu ersticken. Man propagiert ein Entwicklungsprojekt als «Schritt gegen die Armut» und fragt nicht mehr danach, ob das Projekt eigentlich Sinn ergibt. Wer das Projekt kritisiert, gilt als engstirniger Egoist, der nichts gegen die Armut unternimmt. Slogans können dazu führen, dass man nicht mehr nach dem Sinn einer Maßnahme fragt. Niemand wagt, etwas gegen die Förderung der Bildung und Verhinderung von Gewalt zu sagen, auch wenn die entsprechenden Maßnahmen zweifelhaft sind. Wenn man jedoch nicht dagegen argumentieren kann, wird der Weg zu neuen Erkenntnissen versperrt. Wird eine Maßnahme mit einem Slogan begründet, kommt dies schon fast einem Denkverbot gleich.

Bei organisierter Kreativität droht geistige Öde

Ein Kursleiter fordert die Teilnehmer zu einem Brainstorming auf. Kreative Ideen sind gefragt. Filzstifte und Flipcharts liegen bereit. Die Teilnehmer palavern, werkeln, zeichnen und schreiben eifrig. Nach zwei Stunden: Außer schönen Worten und modischen Begriffen steht nichts da, was wirklich neu ist. Wo bleiben die kreativen Ideen? Organisierte Kreativität endet meistens in einem Flop. Man fühlt sich zwar großartig, doch bei genauer Betrachtung stellt sich heraus, dass der Output dürftig ist. Der Grund: Wenn wir zusammen in einer Gruppe fantasieren, zeichnen oder malen, dann passen wir uns an. Wir verhalten uns anders, als wenn wir alleine oder mit einer vertrauten Person sind. Unser Denken wird durch die Codes, Tabus, die offenen und versteckten Erwartungen der Gruppe beeinflusst. Dieser Anpassungsmodus wird eingeschaltet, ohne dass wir es merken. Wir glauben, originell zu sein, und realisieren nicht, dass wir lediglich repetieren, was in der Luft liegt. Es gibt Ausnahmen: Verfügen wir über eine renitente Persönlichkeit, ist uns die Akzeptanz durch die Gruppe egal, dann beeinflusst uns die Gruppendynamik weniger. Eine solche «Asozialität» verhilft zu unabhängigem Denken. Innovationen können nicht verordnet werden, sondern entstehen in besonderen Situationen: unter der Dusche, beim Fahrradfahren, bei einem Streit über Kochrezepte oder beim Einschlafen. Klug ist, wer akzeptiert, dass neue Ideen nicht organisiert werden können, sondern ein Geschenk des Geistes sind.

Mit Diplomen sichern die Alten ihre Macht

Schule und Ausbildung haben die Aufgabe, auf zukünftige Herausforderungen vorzubereiten, damit das Leben in zehn, zwanzig und mehr Jahren gemeistert werden kann. Dazu gehören Medienkompetenz, Gesundheitsförderung, Gewaltprävention, soziale Kompetenzen etc. Die ältere Generation definiert die Inhalte der Bildung und erklärt sie zur Bedingung für den Eintritt in die Erwachsenenwelt. Das ist jedoch mit einem Grunddilemma verbunden: Die Inhalte und Methoden gründen auf Erfahrungen der jetzigen Generation. Sie tun dies aufgrund von Erfahrungen, die zum Teil weit zurückliegen. Natürlich behaupten sie, dass dieses Wissen und diese Kompetenzen auch in Zukunft wichtig sein werden. Doch manchmal geht es dabei nicht nur um die Zukunft der nächsten Generation, sondern um die Bewahrung der eigenen Position. Man will die eigene Stellung halten, indem man die eigenen

Erfahrungen zu Weisheiten erklärt. Bildung und Ausbildung werden zu einem Machtmittel der Älteren, um zu verhindern, dass sie entthront werden. Man spricht von «éducation permanente» oder lebenslangem Lernen, um davon abzulenken, dass man sich weigert, der nächsten Generation Verantwortung abzugeben.

Im Spiel erschließen sich Weisheiten

Wenn wir eine Aufgabe erledigen, konzentrieren wir uns, widmen uns ganz der Sache. Volle Konzentration ist jedoch keine Garantie dafür, klug zu denken und zu handeln. Voraussetzung für einen Perspektivenwandel ist die Erweiterung des eigenen Denkraums und das gelingt manchmal eher, wenn man eine spielerische Haltung einnimmt. Wir treten einen Schritt zurück und erlauben uns Denkpirouetten. Das Denken wird lustvoll. Gedankenexperimente sind erlaubt. Das Spielerische sollte sich jedoch nicht auf eine Zwischenübung während einer Sitzung beschränken, sondern muss gelebt und zu einer Haltung werden. Spielen eröffnet neue Denkräume und fördert die Imagination.

Wer loslässt, kommt weiter

Wir alle kennen diese Situation: Man sucht verzweifelt nach einer Lösung, sitzt stundenlang zusammen, studiert Akten und debattiert. Je mehr man jedoch in die Materie eintaucht, desto weiter weg rückt die Lösung. Man hat das Gefühl, sich im Kreis zu drehen. Um aus einer unproduktiven Endlosschleife herauskommen, muss man loslassen. Statt sich weiterhin angestrengt auf das jeweilige Problem zu konzentrieren, sich einer anderen Tätigkeit widmen. Man schaut z.B. eine langweilige oder spannende Serie an, räumt den Keller auf oder joggt eine Runde. Solche Aktivitäten erweitern unseren Denkraum. Der Geist wird befreit. Lässt man ihn frei flottieren, besteht die Hoffnung, dass einem etwas einfällt, das weiterhilft. Unser Unbewusstes produziert Antworten, da wir es nicht mit unseren Absichten und unserem Willen stören. Und diese Antworten sind oft wertvoller als auf der bewussten Ebene konstruierte Schlussfolgerungen.

Unlösbare Probleme fördern den politischen Erfolg

Als Politiker muss man sich als Person präsentieren, die Probleme anpackt und mutig nach Lösungen sucht. Die Kunst besteht darin, ein Thema zu wählen, das nicht gelöst werden kann, jedoch in jedermanns Munde ist: Energiewende, Gender-Gerechtigkeit, Integration, Klimawandel. Als Politiker kann man dann Forderungen aufstellen, sich als Kämpfer präsentieren, ohne je zur Rechenschaft gezogen zu werden, denn das Problem wird weiter bestehen bleiben. Vielleicht kann man sich jedoch überlegen, ob man das Risiko eingeht und etwas anpackt, was wirklich weiterhilft und ein Problem löst.

Ein Begriff ist noch keine Erklärung!

Wenn wir mit einem Problem konfrontiert werden, suchen wir nach einer Erklärung. Wieso ist ein Mitarbeiter ausgerastet? Wieso kann sich ein Schüler nicht konzentrieren? Wieso wächst die Wirtschaft nicht? Wenn wir keine Person finden, die wir beschuldigen können, operieren wir mit Begriffen. Die Wirtschaft lahmt, weil der «Wettbewerb» fehlt, ein Schüler leidet unter einem «Aufmerksamkeitsdefizit» oder ein Mitarbeiter ist wegen «Mobbing» ausgerastet. Wörter haben eine magische Wirkung auf uns. Sie entlasten uns und vermitteln das

Gefühl, dass wir Herr der Lage sind. Wir kennen nun die Gründe und können entsprechend handeln. Sie gaukeln uns Gewissheit vor, auch wenn es noch unbekannte Faktoren gibt. «To name it is to tame it!» (einen Namen zu geben heißt es zu bändigen) Wichtig ist darum, dass wir offen für das tatsächliche Problem sind und uns nicht mit einem Begriff zufriedengeben, der uns zwar beruhigt, jedoch wenig Erklärungswert hat.

Wer ganz Ohr ist, dem gehört die Welt

Wir sind in uns selbst gefangen, können unseren Prägungen wie auch unseren Werten und Anpassungstendenzen nur schwer entkommen. Ein Mittel, aus unserer existenziellen Isolation auszubrechen, ist das Zuhören. Ob man dazu fähig ist, hängt nicht primär von einem Kommunikationskurs über «aktives Zuhören» ab. Zuhören ist vielmehr eine Haltung. Man konzentriert sich nicht nur auf die Worte, sondern lässt sich von der Persönlichkeit des Gegenübers leiten. Nicht nur was das Gegenüber sagt, sondern auch wie es kommuniziert, ist wichtig. Gut ist auch, wenn wir die Bilder und Emotionen, die in uns aufsteigen, während wir zuhören, reflektieren. Sie sagen etwas über uns, jedoch vielleicht auch über das Gegenüber aus. Der Weg des Verstehens eines anderen Menschen verläuft zudem nicht über die Suche nach Konsenspunkten – «Das kenne ich, mir geht es gleich!» –, sondern vor allem über Dissens. Ärger, unverständliche Positionen und mühsame Bemerkungen sind die Eingangstore zur Welt des Gegenübers.

Sich nur anzupassen, führt zur geistiger Ödnis

Der Mensch ist ein soziales Wesen. Wir können nur überleben, wenn wir einer Gemeinschaft angehören. Ob Familie, Freundeskreis oder Staat: Dank Kooperation und Arbeitsteilung mit unseren Mitmenschen können wir unsere primären Bedürfnisse befriedigen, uns schützen und eine Kultur entwickeln. Gemeinschaften fordern jedoch ihren Tribut: Wir müssen uns anpassen. Wir übernehmen die Denkweisen, den Habitus, die offenen oder versteckten Leitbilder und Haltungen der Gemeinschaft, der wir angehören. Die Gefahr dabei ist, dass das Denken gleichförmig wird. Man richtet sich nach einem Meinungskanon. Konträre Auffassungen oder grundsätzliche Kritik sind kaum mehr möglich. Im Extremfall entwickelt sich eine Gesellschaft, in der schon kleinste Aberrationen als Gefahr erlebt werden. Als der britische Nobelpreisträger Tim Hunt in einer Tischrede in einer Konferenz in Korea scherzhaft getrennte Labore für Frauen vorschlug, weil man sich in sie verliebt, sie sich in einen verlieben und bei Kritik heulen, brach ein riesiger Skandal aus. Hunt musste als Honorarprofessor am University College von London zurücktreten. Er wurde als Frauenfeind bezeichnet und geächtet. Was hatte er getan: einen unpassenden Witz erzählt. Die Öffentlichkeit und die Vertreter der politischen Korrektheit erkannten eine Gelegenheit, ein Exempel zu statuieren. Ähnliche Reaktionen erlebte Thilo Sarrazin mit seinem Buch «Deutschland schafft sich ab». Über das Buch kann man geteilter Meinung sein, doch die gesellschaftliche Verurteilung Sarrazins war erschreckend und verhindert eine aktive Debattenkultur. Politische Korrektheit verhindert so Diskussionen, die für das Denken und damit Klugheit nötig wären. Das Denken verflacht und die Weisheit bleibt auf der Strecke.

Größe kommt vor dem Fall

Man müsse in großen Zusammenhängen denken und weite Zeiträumen im Auge behalten. Seien es die Einführung des Euros, Schulreformen, Firmenfusionen, das Brain- oder

Genom-Projekt – man lässt sich von grandiosen Vorstellungen leiten, möchte etwas Sensationelles wagen und Bleibendes hinterlassen. Bedenken werden zur Seite geschoben und Kritik ignoriert. Das Streben nach Grandiosität ist natürlich ein Motivator und hat unsere Zivilisation vorangebracht. Gleichzeitig birgt es aber eine große Gefahr, denn es führt zu Selbstverblendungen, Ressourcenverschleiß oder gar Katastrophen wie den Ersten oder Zweiten Weltkrieg. Napoleon träumte bei seinem fatalen Winterfeldzug nach Russland, bei dem Hunderttausende Soldaten elendiglich erfroren, von der Eroberung Indiens. Und bei der Einführung des Euros war man überzeugt, einen wichtigen Schritt in Richtung europäische Identität zu machen. Die Kunst ist es, in grandiosen Zusammenhängen zu denken, jedoch in der Haltung realistisch und bescheiden zu bleiben.[218]

Sich nicht durch Ideologien völlig vereinnahmen lassen

«Sozialismus», «Kapitalismus», «Kommunismus», «Neo-Liberalismus», «Evidence Based», «Darwinismus»: Ideologien sind Weltanschauungen, die einen absoluten Erklärungsanspruch beanspruchen. Sie gehen davon aus, eine definitive Theorie über die Ursachen und Zusammenhänge einer existenziellen Herausforderung gefunden zu haben. Sie dienen als Schablone, um Probleme anzugehen und neue Aufgaben anzupacken. Gefährlich sind sie, wenn sie Befreiung von menschlichen Dilemmata versprechen. Es gibt deklarierte Ideologien wie die Demokratie, freie Marktwirtschaft, Kommunismus, Gendergerechtigkeit, Menschenrechte. Mit ihnen kann man sich direkt auseinandersetzen und darüber debattieren. Prob-

218 Siehe Guggenbühl, A. (1998). *Männer, Mythen, Mächte*. Zürich: Edition IKM.

lematisch sind die versteckten Ideologien. Ihre Apologeten kämpfen nicht mit offenem Visier. Sie haben keine Distanz zu der Ideologie, die sie vertreten, sondern sind überzeugt, die Wahrheit zu vertreten. Kluges Denken bedeutet, die Ideologien, die hinter einer Auffassung stehen, zu identifizieren und darüber zu debattieren und auf diese Weise die Möglichkeit und Grenzen eines bestimmten Ansatzes zu erkennen.

Den anderen verstehen heißt auch, seine irrationalen Seiten zu sehen

Das Verständnis der Motive, Denkabläufe und Entscheidungskriterien unserer Mitmenschen ist eine Voraussetzung, um mit ihnen umgehen zu können. Wir möchten wissen, wie der andere tickt, und entwickeln eine Theory of Mind. Verbreitet ist die Vorstellung, dass wir letztlich rationale Wesen sind, unsere Interessen verwirklichen und uns selbst erhalten wollen und demnach auch unsere Mitmenschen denken und handeln. Das Bewusstsein des Menschen ist jedoch nur eine Insel in einem Meer von irrationalen Motiven, Emotionen und Gedanken. Menschen denken nicht nur in rationalen Kategorien, sondern lassen sich von selbstdestruktiven Tendenzen, fantastischen Bildern und bizarren Theorien leiten. Wenn wir unsere Mitmenschen verstehen wollen, dann müssen wir auch ihre Verrücktheiten in Betracht ziehen. Klugheit bedeutet, die irrationalen Motive des Menschen zu erkennen.

Dissonanz bringt uns weiter, Übereinstimmungen blockieren

Gemeinsames Handeln setzt Konsens voraus. Ein gemeinsamer Fokus ist eine wichtige Voraussetzung, damit ein Team, eine Organisation oder Institution ein Problem lösen oder ein

Projekt anpacken kann. Um als Gruppe möglichst effektiv zu handeln, muss das gemeinsame Vorgehen koordiniert werden. Bevor man sich auf ein gemeinsames Ziel einigt, braucht es jedoch eine Phase des wertfreien Denkens. Mögliche Zielsetzungen sollten radikal hinterfragt werden können. Es gilt, sich Raum und Zeit zu geben auch für unangebrachte Fantasien, komische Gefühle und vor allem konträre Gedanken. Oft hilft das Denken in Gegensätzen, um andere Optionen zu erkennen. Wenn wir uns auf eine Sache oder eine Lösung zu sehr konzentrieren, droht sich unser Denkhorizont einzuschränken. Übereinstimmung heißt nicht, dass man auf dem richtigen Weg ist, sondern vielleicht hat man sich auch nur einem Leitbild angeschlossen und andere Perspektiven ausgeblendet.

Unser Zivilisationsschrott zeigt uns, wer wir sind

Gesellschaften produzieren nicht nur materiellen, sondern auch geistigen Schrott. In Klatschspalten, Reportagen, Unterhaltungssendungen und Talkshows vernehmen wir jeden Tag oberflächliche Geschichten. Meist rümpfen wir die Nase und distanzieren uns vornehm. Wir empfinden die Nachrichten über Skandale der Stars, Fehltritte von Promis, bizarre Unfällen oder Sendungen voller peinlicher Auftritte als Schrott und konsumieren sie dennoch. Doch solche Nachrichten- und Unterhaltungssendungen sind wichtig, weil sie uns einen Blick in unseren seelischen Untergrund erlauben. Geistiger Schrott gibt uns Hinweise auf eigene Schattenmotive und Eitelkeiten. Der Kluge blättert darum auch von Zeit zu Zeit in Boulevardblättern, schaut sich die schlimmsten Schrottfilme im Fernsehen an und studiert Klatschnachrichten.

Kluge Gedanken fallen vom Himmel

Es gibt keine klugen Menschen, sondern nur solche, die offen sind für kluge Eingebungen. Klugheit bedeutet darum, dass man es wagt, sich in eine Situation hinzubegeben, eine andere Perspektive einzunehmen und aufmerksam dafür zu sein, was kommt. Versteht sich jedoch jemand selbst als klug, dann droht die Gefahr, dass er sich selbst zur Quelle der Klugheit macht und seine eigene Gedanken und Schlussfolgerungen überschätzt. Wir sind als Homo Sapiens jedoch geistig beschränkte Wesen. In größeren Zusammenhängen zu sehen und zu denken ist nur möglich, wenn wir uns auf die Signale einlassen, die uns unsere Umwelt, unsere Innenwelt und unsere Mitmenschen senden.

Klugheit bedeutet, dass einem das «man» egal ist

«Man macht so etwas nicht!» «Das darf man nicht!» Wir alle kennen diese Redewendung. Wir setzen sie bei Kindern ein, wenn sie etwas Unerlaubtes tun oder frech sind. Das Wort wirkt als Disziplinator, der sich einschaltet, wenn wir einen inopportunen Gedanken haben oder eine Handlung erwägen, die unsere Mitmenschen irritieren könnte. Wer ist jedoch dieser «man»? Das «man» bezieht sich auf eine tatsächliche oder nur angenommene Norm, die man beachten muss. Es drückt unsere Vorstellung aus, dass es eindeutige Normen gibt, die respektiert werden müssen. Der Respekt vor Man-Kategorien verhilft Gesellschaften zu sozialer Kohäsion und verhindert Konflikte. Es ist jedoch gut, wenn wir uns von Zeit zu Zeit von diesem «man» befreien und überlegen, ob der «man» wirklich recht hat.

Der Macht des öffentlichen Diskurses entgegentreten

Der öffentliche Diskurs ist für den Zusammenhalt einer Gesellschaft wichtig. Eine leichte, periodische Hysterisierung der Gesellschaft erhöht die soziale Kohäsion. Die Gefahr ist jedoch, dass das Tiefendenken verloren geht. Was diskutiert wird, mutiert zu einer unwiderlegbaren Tatsache, die man nicht hinterfragt. Wer eine Aussage infrage stellt, gilt als Häretiker, Ignorant oder Idiot. Man erntet Kopfschütteln, wenn man die Zunahme der Jugendgewalt, die Maßnahmen gegen Pädophilie oder zur Gesundheitsprävention diskutieren will. Weil man Angst hat, ausgeschlossen zu werden, keine Forschungsgelder mehr zu erhalten oder zu keinen Diskussionen mehr eingeladen zu werden, hält man sich bedeckt. Problematisch wird es, wenn öffentliche Entscheidungsträger dieses Spiel mitmachen und sich ausschließlich an der Vox populi orientieren. Auch scheinbare Tatsachen sollten diskutiert werden, da wir nie wissen, ob wir uns nicht trotzdem täuschen.

Wer sich als Angehöriger der Elite besondere Fähigkeiten zuschreibt, outet sich als Banause

Damit eine Firma, eine größere Organisation oder eine Nation funktioniert, braucht es Führungspersonen. Menschen, die Entscheidungen und Verantwortung übernehmen. In demokratischen Gesellschaften werden solche Positionen im Allgemeinen nicht aufgrund der Geburt, sondern aufgrund von Leistung und Persönlichkeit erteilt. Zur Elite soll gehören, wer sich durch hohe Intelligenz, große Leistungsfähigkeit und soziale Fähigkeiten auszeichnet. Die Wirklichkeit sieht anders aus. Zur Elite steigt man auf durch die Sozialisation, den Bildungsverlauf, die Universitäten, die man besucht hat, den persönlichen Ehrgeiz, die eigene Schlauheit, Ruchlosigkeit, Anpassungsfähigkeit, durch die persönlichen Beziehungen und durch Zufall. Und: Man verwandelt sich auch nicht automatisch zu einem außerordentlichen Menschen. Manchmal übernimmt man im Gegenteil auch ihre Überheblichkeit, ihren Narzissmus und ihren Duktus. Man schreibt sich höhere Intelligenz, schnellere Auffassungsgabe und Entscheidungsfähigkeit zu. Man glaubt, man habe etwas zu sagen. Die erhöhte Aufmerksamkeit hat zur Folge, dass man der eigenen Rede übergroße Bedeutung zuschreibt. Man sieht sich als großen Gelehrten und realisiert nicht, dass man lediglich den Jargon des eigenen sozialen Kreises reproduziert. Man hört nur noch, was der eigenen Meinung entspricht. Vergessen wird, dass das eigene Denken immer auch durch den sozialen Kontext beeinflusst wird. Man steht vor allem in Kontakt mit sich selbst und droht die Verbindung zu anderen Realitäten zu verlieren. Das Denken engt sich ein und es wird schwierig, außerhalb des eigenen Milieus liegende Optionen zu erwägen und zu diskutieren. Gleichzeitig ist man jedoch überzeugt, Probleme rascher und besser als der Durchschnittsmensch zu beurteilen. Wie wir jedoch aus der Geschichte wissen, ist oft das Gegenteil der Fall. Die Decision Makers sind gefangen in ihrem Milieu und übersehen offensichtliche Gefahren. Nicht realisiert wird, dass Entscheidungen auch von situativen Faktoren, Eitelkeiten, persönlicher Gier, den Peers und der eigenen emotionalen Befindlichkeit abhängen.

Klugheit bedeutet, symbolische Aussage zu erkennen

Ein Auto bringt uns schneller als zu Fuß an ein Ziel, eine Gabel erleichtert die Essenseinnahme und durch den Bau eines Hochhauses spart man Platz. Wir sind es gewohnt, Zivilisationsobjekte von ihren Funktionen her zu verstehen. Alle Techniken, Gegenstände, Arbeitsinstrumente und Objekte um uns herum haben eine kontextuelle Bedeutung, doch oft enthalten sie noch eine zusätzliche, symbolische Bedeutung. Sie verweisen auch auf innere, seelische Realitäten. Autos stehen zum Beispiel für Fortschritt und Reisen. Gleichzeitig symbolisieren sie jedoch auch Einigelungen. Wir bewegen uns, doch nehmen wir unseren privaten Raum mit. Durch das Auto kommunizieren wir auch unseren gesellschaftlichen Status. Besitzen wir einen Porsche Cayenne, machen wir auch eine Aussage über unseren gesellschaftlichen Status. Oder: Hochhäuser stehen für Ambitionen, aber auch für Machtanspruch, Überheblichkeit. Symbole haben einen großen Einfluss auf unsere Entscheidungen und Haltungen. Terroristen realisieren dies. Die Auswirkung eines Attentats ist immens viel größer, wenn man einen symbolträchtigen Ort oder Gegenstand angreift. Die Twin Towers wurden bei 9/11 vor allem wegen ihres Symbolgehalts angegriffen, sowie es bei Charlie Hebdo oder der Attacke auf die schwarzen Kirchgänger in Charleston vor allem um eine Attacke unserer Seele ging. Man wählt einen Ort mit maximalem Symbolgehalt, damit man den Gegner in der Tiefe seiner Seele trifft.

Wer seine Zukunftsfantasien nicht hinterfragt, landet in der Vergangenheit

Wir sind Wesen, die über ihre unmittelbare Situation hinauszudenken vermögen. Mental versetzen wir uns in vergangene Szenerien oder stellen uns unser zukünftiges Leben vor. Die Vergangenheit tragen wir mit uns herum, die Zukunft können wir nur erahnen. Niemand hat vor dreißig Jahren die rasante Entwicklung des Internet und des Mobiltelefons vorausgesehen, oder das Ende der kommunistischen Regime in

Osteuropa. Weil wir uns nicht dem Schicksal ausliefern möchten, konstruieren wir Zukunftsmodelle und versuchen, Entwicklungen zu beeinflussen. Wir extrapolieren aktuelle Trends und nehmen an, dass die Zukunft ein Mehr vom jetzigen Zustand bieten wird: mehr Menschen, mehr Verkehr, mehr Wohlstand, mehr Gesundheit, mehr Globalisierung. Doch die Zukunft sieht vielleicht ganz anders aus, als wir uns vorstellen. Vielleicht werden in Zukunft die Geschlechter in separaten Welten leben, wird die Sozialhilfe abgeschafft und nicht mehr mit Geld gehandelt werden, sondern über den Tausch? Wir wissen es nicht. Wer glaubt, die Zukunft berechnen zu können, beweist lediglich eine beschränkte Weltsicht.

Die Vergangenheit hilft uns, die Zukunft zu entschlüsseln

Unser Gedächtnis besteht nicht nur aus persönlichen Erinnerungen. Auch unsere Eltern, Großeltern und oft sogar Urgroßeltern haben in uns ihre Spuren hinterlassen. Wir tragen ihre Erlebnisse in uns mit: die Erfahrungen der beiden Weltkriege, der Wirtschaftskrise, der Pionierzeiten, Scheidungen oder tragische Unfälle, die Diskriminierungen, die der Vater als Immigrant erleben musste. In vielen Familien gehören Kernsätze, anekdotische Berichte zum kollektiven Erinnerungsschatz. Sie haben eine Funktion. Unsere Ahnen versuchten, aus diesen Katastrophen zu lernen, moralische, politische Konsequenzen zu ziehen, damit die nächste Generation nicht in die gleiche Falle tritt. Zur Klugheit gehört darum, sich mit den Erfahrungen vergangener Generationen zu beschäftigen. Was sie an Einsichten hinterlassen haben, könnte auch für uns wichtig sein. Vor allem in friedlichen Epochen besteht die Gefahr, dass man sich hochnäsig über die Erfahrungen der Ahnen hinwegsetzt, in der Überzeugung, es besser zu wissen. Was unsere Ahnen über die Motive und das Verhalten der Menschen dachten, könnte jedoch auch heute noch gültig sein. Dies betrifft nicht nur Schriften wie das Höhlengleichnis von Platon, die Predigten Salamons, die Gedanken Laotses oder Sigmund Freuds, sondern auch Überlegungen von Zeitgenossen zu politischen Ereignissen wie die Schlacht in Marignano, den Amerikanischen Bürgerkrieg oder die Meiji-Revolution in Japan. Neben vielem Unbrauchbaren hinterließen die Ahnen auch viel Brauchbares. Wenn wir mit einem Problem oder einer neuen Fragestellung konfrontiert werden, dann sollte man zwingend auch einen Blick auf unsere persönliche und kollektive Geschichte werfen.

Einen Menschen zu verstehen heißt, ihm immer wieder neu und offen zu begegnen

Ohne Mitmenschen können wir nicht überleben. Wir versuchen, ihre Motive, Bedürfnisse und ihren Charakter zu verstehen, damit wir Beziehungen gestalten und Wünsche erkennen, jedoch auch Gefahren abwehren können. Wir möchten unsere Mitmenschen verstehen. Sind wir jedoch überzeugt, einen Mitmenschen zu kennen, dann befinden wir uns eventuell auf dem Holzweg, denn unsere Psychen sind komplex und das Unbewusste birgt viele Geheimnisse. Wie unsere Mitmenschen ticken und welche Motive sie hegen, können wir deshalb oft nur ahnen. Um sie einigermaßen zu verstehen, müssen wir ihr Verhalten, ihre Worte und Gefühle immer wieder neu deuten, von vorne beginnen. Unsere eigene Seele, wie auch die des Gegenübers bleibt ein Rätsel, das wir nie gänzlich entschlüsseln können.

Kommunizieren heißt, Täuschungsmanöver zu erkennen

Wir tauschen Töne aus: laute, leise, bizarre, verständliche und mysteriöse. Kluges Denken bedeutet, dass man diese Töne zu dechiffrieren vermag. Dass man die Gedanken oder die Handlungen zu identifizieren vermag, die das Gegenüber veranlassen, eine Botschaft zu senden. Auch wenn wir die gleiche Sprache sprechen, ist nicht garantiert, ob wir eine Mitteilung verstanden haben. Wir sind überzeugt, den anderen zu verstehen, weil seine Worte in uns eine klare Vorstellung evoziert haben. Unser Bild ist jedoch möglicherweise mit dem Bild des Senders inkompatibel. Der Sender hat etwas anders gemeint oder er wollte bewusst täuschen. Meistens spielt diese Unvereinbarkeit der inneren Bilder keine Rolle. Wir merken gar nicht, dass wir uns nicht wirklich verstehen. In den meisten sozialen Situationen ist zudem eine Zensur eingeschaltet. Was man sagt, ist nicht ganz authentisch, sondern wurde in eine sozial verträgliche Form gebracht. Aus strategischen, opportunistischen oder altruistischen Motiven verändern wir unsere Botschaften und berichten darum nur sehr bedingt über das, was uns innerlich bewegt. Was im Gegenüber vorgeht und was sich wirklich hinter seinen Aussagen verbirgt, kann darum nur durch Deutungen und Empathie eruiert werden. Kommunikation ohne Interpretationen ist nicht denkbar.

Angst verweist auf verdrängte Themen

«Angst ist kein guter Ratgeber» ist ein Spruch, den man in politischen Debatten immer wieder hört. Dahinter steht die Vorstellung, dass Angst dem nüchternen Denken im Weg steht und zu unüberlegten Entscheidungen führt. Probleme sollten sachlich analysiert, pro und kontra abgewogen werden, bevor man etwas entscheidet. Emotionen haben keinen Platz. Natürlich sollten Entscheidungen nicht hysterisch und in einem emotional aufgewühlten Umfeld gefällt werden. Doch hinter einer Emotion versteckt sich vielleicht ein wichtiges, bisher nicht geäußertes Argument oder eine Gefahr, die man nicht wahrhaben will. Deshalb sind auch Emotionen wichtige Impulsgeber für Debatten und Entscheidungsprozesse. Hinter Ängsten verstecken sich vielleicht Projektionen, die uns nicht bewusst sind. Statt Gefühle zu verdrängen, gilt es sie wahrzunehmen und ihnen eine Sprache zu geben. Sie sind möglicherweise eine Ressource für neue Ideen und helfen uns, vertieft über ein Thema nachzudenken.

Wer gelegentlich blöd sein kann, beweist seine Klugheit

Kluge Menschen haben keine Angst, sich lächerlich zu machen. Sie legen hie und da die Maske ab, hinter der man sich verbirgt, um Gescheitheit zu markieren. Dem Frieden zuliebe und weil wir unsere Reputation nicht zerstören wollen, unterdrücken wir unpassende Bemerkungen und blöde Gedanken. Es braucht jedoch auch Momente, in denen wir blödeln, spintisieren und herumalbern. Blödeln kann den Denkraum erweitern und neuen Ideen an die Oberfläche bringen. Durch das Blödeln gehen wir auf Distanz zu uns selbst und zu sozial erwünschtem Verhalten und lassen bisher verdrängte Gedanken zu. Manche Wahrheit kam nur zutage, weil man es wagte, Unsinn zu erzählen.

Klugheit braucht Freiräume

Wir stellen uns vor, dass an Universitäten und Hochschulen frei und intensiv nachgedacht und geforscht wird. Doch diese Denk- und Innovationsräume sind heute bedroht. Die Kreativität wird durch Richtlinien, Vorschriften und die bereits definierte Themenbereiche eingeschränkt, neue Ideen sind nicht gefragt. Kluge Köpfe verlieren Zeit und Energie mit bürokratischen Prozeduren. Damit Neues erdacht wird, braucht es Freiräume und Positionen, in denen jenseits des Mainstreams, der politischen Correctness und aktueller Aufregungen gedacht werden darf. Gelehrte müssen über Dinge nachdenken können, über die andere den Kopf schütteln. Nur so haben wir die Chance, dass wir Antworten auf zukünftige Herausforderungen finden. Forscher müssen nachdenken und Themen nachgehen können, die ungewöhnlich und unpopulär sind.

Vielfalt ist besser als Einfalt

Dieser Satz richtet sich gegen die Auffassung, dass es eine «beste» Lösung zu einem Problem oder einer Herausforderung gibt. Standardlösungen sind nur im Umgang mit Apparaturen oder bei strikt formalisierten Arbeitsabläufen angebracht. In der Psychologie und in der Erziehung ist dies nicht der Fall. Im Umgang mit und der Führung von Menschen gibt es keine eindeutigen, besten Strategien. Der Mensch ist ein Wesen, das sich durch Anpassungsfähigkeit auszeichnet und bei jeder Herausforderung neue Antworten entwickelt. Je nach Situation zieht er andere Schlussfolgerungen. Vereinheitlichungen sind darum Gift und behindern den Denkraum und Handlungsrahmen. Was es braucht, sind Richtlinien und Leitideen, die je nach Situation entsprechend gedeutet und umgesetzt werden können.

Wer seine Vergangenheit nicht einbezieht, dem droht geistiger Stillstand

Meistens präsentieren wir uns als fortschrittlich, haben den Blick auf die Zukunft gerichtet und sind überzeugt, mit unseren Ideen im Trend zu sein: computerisiertes Klassenzimmer, mobiler Arbeitsplatz, E-Commerce, Egalität, garantierter Mindestlohn etc. Utopien mobilisieren Energien, initiieren Veränderungen und führen zu Entkrustungen. Aus Sicht der Psychologie gründen unsere Zukunftsvorstellungen jedoch in unserer Vergangenheit. Was wir uns als Utopie ausmalen, ist vielleicht ein Gegenakzent zu einem bisherigen oder vergangenen Zustand. Wir sind gegen das, was wir erlebt haben. Wer seine Vergangenheit in sein Denken und Handeln nicht miteinbezieht und würdigt, dem drohen geistige Einseitigkeit und Stillstand. Wir sind Wesen, die durch die Vergangenheit geprägt wurden und versuchen, aus ihr einen Sinn abzuleiten, damit wir zukünftige Herausforderungen bewältigen können.

Dem Zweifel eine Stimme geben

Wenn sie nicht felsenfest an ihr Vorhaben geglaubt hätten, hätte Columbus nicht Amerika entdeckt, Alan Turing den Enigma-Code geknackt und hätte Churchill sich nicht den Nazis entgegengestellt. Man erreicht etwas, wenn man sich auf ein Ziel fokussiert und alles daran setzt, es zu erreichen. Erfolgreich ist, wer von der Richtigkeit seiner Idee überzeugt ist. Überzeugungen bergen jedoch Gefahren: Wir überschätzen unsere Möglichkeiten, übersehen Risiken und andere Optionen. Überzeugungen sollten darum immer von gesunder Skepsis begleitet werden. Kritische Fragen müssen gestellt und schöne Ideen hinterfragen werden können. Klugheit bedeutet, dem Zweifel eine Stimme zu geben, auch wenn Euphorie herrscht oder man felsenfest von seinem Projekt überzeugt ist.

Mit Imagination die Wirklichkeit verstehen

Der erste Schritt zur Erfassung der Realität ist die Imagination. Wir müssen uns nicht mit dem zufriedengeben, was wir sehen, erfassen oder hören können, sondern darüber hinausdenken. Vielleicht täuscht uns unsere Wahrnehmung und was wir meinen zu sehen, ist eine Illusion. Schenken ist zum Beispiel nicht immer ein altruistischer Akt, sondern kann auch eine aggressive Handlung sein, ein liebevolles Wort nicht immer ein Zeichen der Zuneigung, sondern auch ein Umnebelungsversuch. Imagination bedeutet, eine Situation jenseits geltender Codes zu deuten und andere Motive oder Hintergründe anzudenken, als man kennt. Imagination ist eine wichtige Bedingung der Klugheit.

Klugheit drückt sich nicht nur in Worten, sondern auch in Handlungen aus

Wir lassen uns gerne durch schöne Worte verführen. Sie tragen uns in eine andere Welt und lassen uns fantasieren, was alles möglich sein könnte. Sie sollten jedoch nicht mit Intelligenz verwechselt werden. Kluges Handeln wird nicht zwingend durch schöne Worte begleitet. Handlungsintelligenz erlangt man nicht durch eine akademische Bildung, großes Wissen und Diplome, sondern es braucht dazu zusätzliche Fähigkeiten wie Intuition, Menschenkenntnis, Beurteilungsvermögen, Fantasie und einen intakten Realitätssinn.

Vertrauen ermöglicht kluges Denken

Die amtliche Sammlung des Bundesrechts wuchs in der Schweiz im Jahr 2012 um 7508 Seiten. Das Dodd-Frank-Gesetz, das in den USA das Bankenwesen regelt, besteht aus 30 000 Seiten, während es 1933 37 Seiten waren (Glass-Stegall-Akt). Gesetze und Vorschriften werden erlassen, um Missbrauch zu verhindern. Diese Verreglementierungen haben jedoch zur Folge, dass Menschen ihre Aufmerksamkeit auf die Befolgung der Vorschriften richten und die fachliche Herausforderung in den Hintergrund rückt. Folge dieser Entwicklung ist, dass Klugheit verloren geht. Voraussetzung für revolutionäre Entscheidungen und Innovationen ist Vertrauen in die Arbeitsweise und Fähigkeiten des Einzelnen in seinem Fachgebiet. Er oder sie muss klug und das heißt auch einmal unkonventionell handeln können. Müssen unzählige Regeln zwingend beachtet werden, droht eine Institution zu erstarren und die Gesellschaft wird von einem Heer Bürokraten regiert, die vor allem am Funktionieren des bürokratischen Systems interessiert sind.

Nicht Methoden entscheiden über Erfolg, sondern Menschen

Managment by objectives, by walking around, by exception, katalysatorische Führung, Presencing, selbstorganisiertes Lernen, Werkstattunterricht, programmiertes Lernen – der Wirtschaft und dem Schulbetrieb werden unzählige Methoden angeboten, wie man Menschen am besten führt und Lernprozesse initiiert. Oft wird behauptet, mit einer bestimmten Methode sensationelle Resultate erzielen zu können. Viele dieser Methoden gründen auf einer interessanten Idee. Erfolg hängt jedoch sowohl in der Wirtschaft wie auch der Bildung nicht primär von der Methode ab, sondern von den Personen, die sie ausführen. Die Arbeit mit Menschen kann darum nicht auf eine Technik reduziert werden. Wenn Menschen mit Menschen arbeiten, entscheiden ihre Einstellungen, Komplexe, ihre Geschichte, bewussten und unbewussten Motive, ihre Temperamente, ihr Charisma und ihre Persönlichkeitsprofile über Erfolg oder Misserfolg. Ohne Psychologie kommt man nicht weiter. Als Lehrperson oder Wirtschaftsführer muss man außerdem eine Sprache und eine Reflexionsform entwickeln, um die hintergründigen Motive, die Emotionen und Fantasien der Menschen zu verstehen, mit denen man arbeitet, eine Leidenschaft für die jeweilige Herausforderungen haben und eine Liebe für die Menschen, die man führt.

Aus unseren Worten sprechen Archetypen

Was wir denken, ist immer auch Ausdruck unserer psychischen Einstellung. Wir erfassen unsere Umwelt, uns selbst, Probleme und Herausforderungen gemäß dem Archetyp, den wir leben. Unter Archetyp versteht man eine Grundeinstellung dem Leben gegenüber, eine Disposition. Wir alle haben eine andere Art, auf Probleme zu reagieren, über die Zukunft nachzudenken, mit Menschen umzugehen oder Lösungen zu suchen. Klug ist, wenn man sich überlegt, welchen Archetyp man lebt. Verhält man sich wie ein fintenreicher Trickster, dem immer Neues einfällt, der Risiken eingeht, der nicht klar erfassbar ist, jedoch Visionen präsentiert? Lebt man eher apollinische Eigenschaften, lässt sich für Ideale begeistern, ist um Klarheit besorgt und schwärmt für neue Ideen. Oder dominiert in uns der Hephaistos, der Schaffer, der etwas Konkretes erschaffen möchte, eine künstlerische Neigung und Freude am Produkt hat. Arbeitet man mit Menschen, dann ist es unabdingbar, sich auch Gedanken über sich selbst und den Grundtyp, der einen auszeichnet, erkennt.

Mit Klischees lassen sich manchmal ungeahnte Prägungen entdecken

Klischees lehnen wir ab. Moniert sich jemand über die Frauen, die Männer, die Banker, die Psychologen, die Sozialarbeiter, rümpfen wir die Nase. Wir empfinden Typisierungen als unzulässige Vereinfachungen und argumentieren mit Gegenbeispielen: Ich kenne eine Frau, die interessiert sich wirklich für Sportwagen und Fußball! Die Abwehr von Klischees ist verständlich. Doch wir denken nicht nur in persönlichen Kategorien, sondern identifizieren uns auch mit Kollektiven, sei dies eine Nation, ein Berufsstand oder ein Geschlecht. Wir sehen gerne darüber hinweg, dass wir Schweizer, Italiener, Mann, Psychologe oder Autoverkäufer sind und entsprechend geprägt wurden. Wir würden uns lieber als einzigartiges Individuum sehen, das alle Tendenzen und Eigenschaften, die es gibt, in sich verkörpert: britischen Humor, männliche Grandiosität, die Debattierlust der Deutschen, das Organisationstalent der Amis. Unsere Persönlichkeit bringen wir höchstens mit unseren eigenen, persönlichen Geschichten in Zusammenhang und nicht mit einer Berufskategorie oder Nation. Klischees sind oft falsch, manchmal helfen sie uns aber, Prägungen zu erkennen, die wir gerne ignorieren oder die uns gar nicht bewusst sind, auch wenn niemand einfach ein typischer Vertreter eines Landes, eines Geschlechtes oder Berufes sein will und ist.

Wenn alle gleicher Meinung sind, dann stimmt etwas nicht

Es gibt Begriffe, die können kaum kritisiert werden: Niemand ist gegen Bildung, Gendergerechtigkeit, Gewaltprävention, Gesundheitsförderung, Integration. Das Problem ist, dass mit solchen Begriffen zuweilen Maßnahmen oder Projekte begründet werden, die problematisch sind. In Namen der Gewaltprävention wird eine Woche lange in einer Schule getrommelt. Die Schüler genießen es und die Mitglieder der Schulleitung klopfen sich gegenseitig auf die Schultern. Man ist überzeugt, etwas gegen die Gewalt getan zu haben. Die Schüler haben zwar mit Verve getrommelt, Gewalt wurde damit jedoch nicht verhindert.

Statistiken täuschen Objektivität vor, kritisches Nachfragen wird vergessen

In vielen Wissenschaften hat man den Eindruck, dass das Denken der Statistik überlassen wird. Es wird eifrig gemessen, gezählt, Korrelationen werden gesucht, Tendenzen entdeckt und Signifikanzen errechnet. Aussagen, die mit Zahlen belegt werden können, gelten dann als evidenzbasiert. Die Diskussion ist damit beendet. Statistische Verfahren sind jedoch hochkomplex. Täuschungen, Fälschungen, Fehlschlüsse sind möglich, z. B. durch grafische Verzerrungen und unzulässige Kausalbeziehungen. Die Einheiten und Skalen, die Randbedingungen, die Fragestellungen, die Anzahl der Messwerte, die Population haben einen Einfluss auf Daten und natürlich beweist eine Signifikanz keinen Kausalzusammenhang. Wir starren jedoch oft wie elektrisiert auf Daten, die Genauigkeit vortäuschen, und schalten unsere kritischen Denkfunktionen aus. Überprüft werden evidenzbasierte Daten kaum. Denken kommt jedoch vor der Statistik. Scheinbar durch Zahlen belegbare Aussagen sollten immer überprüft werden und bedeuten nicht, dass es verboten ist, über die Aussagen nachzudenken.

Literatur

Addington, L.A., Rennison, C.M. (2013). Keeping the barbarians outside the gate? Comparing burglary victimization in gated and non-gated communities. *Justice Quarterly*, 1, 168–192.

Ames, M. (2005). *Going Postal: Rage, Murder and Rebellion*. Brooklyn: Soft Skull Press.

Ariely, D. (2008). *Predictably Irrational. The Hidden Forces That Shape Our Decisions*. New York: HarperCollins.

Beller, F.K. (2000). Informed consent: Patientenaufklärung oder Patientenberatung? *Speculum – Zeitschrift für Gynäkologie und Geburtshilfe*, 18, 6–11.

Belting, J.M. (2008). *Kontrolle ist gut, Vertrauen ist besser: Die Bedeutung von Vertrauen in Beratungssituationen am Beispiel der Anlageberatung*. Saarbrücken: VDM Verlag Dr. Müller.

Binswanger, M. (2012). *Sinnlose Wettbewerbe. Warum wir immer mehr Unsinn produzieren*. Freiburg: Herder.

Binswanger, M. (2015). Werbung in eigener Sache, in: *Weltwoche* Nr. 3, 15.

Bischof, N. (1998). *Das Kraftfeld der Mythen. Signale aus der Zeit, in der wir die Welt erschaffen haben*. München/Zürich: Piper.

Bischof-Köhler, D. (2002). *Von Natur aus anders. Die Psychologie der Geschlechtsunterschiede*. Stuttgart: Kohlhammer.

Blight, J.G. Kornbluh, P. (Hrsg.) (1998). *Politics of Illusion. The Bay of Pigs Invasion Reexamined*. Boulder: Lynne Rienner.

Bortz, J., Döring, N. (2003). *Forschungsmethoden und Evaluation* (3. überarb. Aufl.). Berlin: Springer.

Bourdieu, P. (1983). *Die verborgenen Mechanismen der Macht.* Hamburg: VSA.

Britsch, M. (1994). *Wallis im Wandel.* Oberhofen: Zytglogge Verlag.

Brüggemeier, F.-J. & Schenkluhn, W. (2000). *Die Welt im Jahr 1000.* Freiburg: Herder.

Chabris, Ch., Simons, D. (2011). *The Invisible Gorilla.* London: Harper.

Chua, A. (2011). *Die Mutter des Erfolgs. Wie ich meinen Kindern das Siegen beibrachte.* Zürich: Nagel & Kimche.

Darwin, Ch. (1871). *Die Abstammung des Menschen und die geschlechtliche Zuchtwahl.* Stuttgart: Wissenschaftliche Verlagsbuchhandlung.

Devine, T.M. (1999). *The Scottish Nation.* London: Allen Lane Penguin.

Diamond, J. (2006). *Collapse. How Societies Choose to Fall or Succeed.* London: Penguin.

Ditfurth v., H. (1976). *Der Geist fiel nicht vom Himmel – Die Evolution unseres Bewußtseins.* Hamburg: Hoffmann und Campe.

Dunbar, R. (1996). *Grooming, Gossip and the Evolution of Language.* Cambridge: Harvard University Press.

Dunlosky, J., Rawson, K.A., Marsh, E., Nathan, M.J., Willingham, D.T. (2013). Improving students learning with effective learning techniques. In: *Psychological Science*, 14 (1), 4–58.

Ferguson, N. (2006). *The War of the World.* London: Penguin Books.

Ferguson, N. (2013). *The Great Degeneration.* New York: Penguin Press.

Fischer, K., Jungermann, H. (2003). Zu Risiken und Nebenwirkungen fragen Sie Ihren Arzt oder Apotheker: Die Kommunikation von Unsicherheit im medizinischen Kontext. *Zeitschrift für Gesundheitspsychologie*, 3, 78–98.

Flynn, D.J. (2004). *Intellectual Morons.* New York: Three Rivers.

Fox, K. (2004). *Watching the English. The Hidden Rules of English Behaviour.* London: Hodder.

Frances, A. (2013). *Saving Normal.* New York: Harper Collins.

Freud, S. (2012). *Totem und Tabu. Einige Übereinstimmungen im Seelenleben der Wilden und Neurotiker*, Frankfurt: Fischer.

Frey, B. (2010). *Glück aus der Sicht der Ökonomie.* Zürich: Rüegger-Verlag.

Frey, B.S. (2015). Wissenschaft ohne Menschlichkeit. In: *ZEIT-Wissen*, Nr. 2, Februar/März.

Gardner, H. (2004). *The Unschooled Mind*. New York: Perseus.
Giegerich, W. (1988). *Die Atombombe als seelische Wirklichkeit*. Zürich: Raben-Reihe (heute Edition-IKM).
Gigerenzer, G. (2007). *Gut Feelings. The Intelligence of the Unconscious*. London: Penguin.
Girard, R. (2010). *Gewalt und Religion*. Berlin: Matthes & Seitz.
Goffmann, E. (2003). *Wir alle spielen Theater. Die Selbstdarstellung im Alltag*. München: Piper.
Goleman, D. (1996). *Emotional Intelligence*. New York: Bloomsbury.
Goleman, D. (2006). *Social Intelligence*. New York: Arrow Books.
Graeber, D. (2015). *The Utopia of Rules. On Technology, Stupidity, and the Secret Joys of Bureaucracy*. Brooklyn: Melville Publishing House.
Guetzkow, H. (Hrsg.) (1963) *Groups, Leadership and Men*. New York: Russell and Russell.
Guggenbühl, A. (1998). *Männer, Mythen, Mächte*. Zürich: Edition IKM.
Guggenbühl, A. (2002). *Die Pisa-Falle. Schulen sind keine Lernfabriken*. Freiburg: Herder.
Guggenbühl, A. (2002). *Hast du Lust auf einen Streit*. Freiburg: Herder.
Guggenbühl, A. (2008). *Anleitung zum Mobbing*. Oberhofen a. Thunersee: Zytglogge Verlag.
Guggenbühl, A. (2013). Die Gerichtshöfe der Moral. *Weltwoche*, Nr. 29, 18.7.2013, S. 26–27.
Guggenbühl, A. (2013). *Von Gangstern, Diven und Langweilern*. Bern: HEP-Verlag.
Habermas, J. (1995). *Vorstudien und Ergänzungen zur Theorie des kommunikativen Handelns*. Frankfurt a.M.: Fischer.
Hafner, U. (2015). Kritik bitte! Intellektuelle sind für die Demokratie das Salz in der Suppe. In: *Neue Zürcher Zeitung*, Nr. 182, 10.8.2015, 38.
Hampe, M. (2014). *Die Lehren der Philosophie*. Berlin: Suhrkamp.
Hany, E. (2008). *Klugheit aus Sicht der differentiellen Psychologie*, in: Scherzberg, A. et al. (Hrsg.). *Klugheit. Begriff – Konzepte – Anwendungen*. Tübingen: Mohr Siebeck.
Hasler, F. (2012). *Neuromythologie. Eine Streitschrift gegen die Deutungsmacht der Hirnforschung*. Bielefeld: transcript Verlag.
Hegselmann, R. (1979). *Wissenschaftliche Weltauffassung Sozialismus und logischer Empirismus*. Frankfurt a.M.: Suhrkamp.

Herrnstein, J.R., Murray, Ch. (1994). *The Bell Curve: Intelligence and Class Structure in American Life.* New York: Free Press.

Herzog, W. (2013). *Bildungsstandards.* Stuttgart: Kohlhammer.

Hollander, P. (1981). *Political Pilgrims. Travels of Western Intellectuals to the Soviet Union, China, and Cuba 1928–1978.* New York: Oxford University Press.

Howard, Philipp K. (2014). *The Rule of Nobody.* New York: Norton Company.

Hübner, I. Die tödliche Spur in unserem Blut. *FAZ* vom 11.9.2013, N1.

Imhof, L., Naef Brand, R., Wallhagen, M.I., Schwarz, J., Mahrer, Imhof, R. (2012). Effects of an advanced practice nurse inhome health consultation program for community-dwelling persons aged 80 and older. *Journal of American Geriatrics Society*, 60, 12, S. 2223–2231.

Jung, C.G. (1974). *Über das Unbewusste. Gesammelte Werke, Bd. VIII.* Olten: Walter-Verlag.

Jung, C.G. (1983). *Die Archetypen und das kollektive Unbewusste.* GW 9/l, Olten: Walter-Verlag.

Jungermann, H., Belting, J. (2004). Wir verstehen uns doch – nicht wahr! *Kritische Vierteljahresschrift für Gesetzgebung und Rechtswissenschaft,* 325–344.

Jungermann, H., Belting, J. (2004). Interaktion des als ob: Privatanleger und Anlageberater. *Zeitschrift für Gruppendynamik und Organisationsberatung,* 35, 239–257.

Jungermann, H., Pfister, H.-R. & Fischer, K. (2005). *Die Psychologie der Entscheidung (2. Aufl.).* Heidelberg: Spektrum Akademischer Verlag/Springer.

Jurk, C. (2008). *Der niedergeschlagene Mensch. Depression – Geschichte und gesellschaftliche Bedeutung einer Diagnose.* Münster: Westfälisches Dampfboot.

Kahnemann, D. (2011). *Thinking, Fast and Slow.* London: Penguin.

Kant, I. (1966). *Gesammelte Schriften/Akademieausgabe, Bd. 24/2 (Abt.4, Vorlesungen, Bd. 1, Teilbd. 2), Vorlesungen über Logik,* 2. Hälfte: Bd. 24 (IV/1) Berlin: De Gruyter.

Kharitidi, O. (1996). *Das weiße Land der Seele.* Berlin: Ullstein.

Klieme, E. u.a. (2003). *Zur Entwicklung nationaler Bildungsstandards. Eine Expertise.* Bonn: Bildungsministerium für Bildung und Entwicklung.

Koch, H.-A. (2008). *Die Universität. Geschichte einer europäischen Institution.* Darmstadt: Wissenschaftliche Buchgesellschaft.

Kohlenberg, K., Musharbash, Y. (2013). Die gekaufte Wissenschaft. In: *Zeit*, 8. August.

Kotlikoff, L.J., Burns, S. (2012). *The Clash of Generations. Saving Ourselves, Our Kids, and Our Economy*. Cambridge: Free-Press.

Kotre, J. (1996). *White Gloves: How We Create Ourselves Through Memory*. New York: Norton & Company.

Kraft, H. (2004). *Tabu. Magie und soziale Wirklichkeit*. Düsseldorf: Walter.

Krautz, J. (2015), *Kompetenzen machen unmündig.* Streitschriften zur Bildung, Heft 1. 15ff. Herausgeber: Gewerkschaft Erziehung und Wissenschaft Berlin. www.gew.berlin.de.

Kreimendahl, L. (Hrsg.) (1999). *Philosophen des 17. Jahrhunderts.* Darmstadt: Primus.

Kretschmann, C., Pahl, H., Scholz, P. (Hrsg.) (2004). *Wissen in der Krise*. Berlin: Akademie Verlag.

Krüger, L. (Hrsg.) (1978). *Studien zur Struktur der Wissenschaftsgeschichte*. Frankfurt a.M.: Suhrkamp.

Kuhn, T.S. (1976). *Die Struktur wissenschaftlicher Revolutionen (2. rev. Aufl.)*. Frankfurt a.M.: Suhrkamp.

Kuhn, T.S. (1978). *Die Entstehung des Neuen. Studien zur Struktur der Wissenschaftsgeschichte (Hrsg. v. Lorenz Krüger)*. Frankfurt a.M.: Suhrkamp.

Kuhn, Th. S. (1976). *Die Struktur wissenschaftlicher Revolutionen.* Frankfurt a.M.: Suhrkamp.

Labudde, P. (Hrsg.) (2007). *Bildungsstandards am Gymnasium, Korsett oder Katalysator?* Bern: h.e.p.

Landmann, V. (2013). *Jetzt wird's kriminell.* Bern: Stämpfli Verlag.

Lanfranconi, B. (2013). *Die Unfallrisiken von Autofahrerinnen und Autofahrern im Vergleich. Daten der Unfallversicherer nach UVG (Hrsg.)*. Kommission für die Statistik der Unfallversicherung UVG (KSUV), SUVA.

Le Goff, J. (1986). *Die Intellektuellen im Mittelalter*. Stuttgart: Klett-Cotta.

Lévy-Bruhl, L. (1922). *La mentalité primitive*. Paris: Champs Classique.

Livingstone-Smith, D. (2004). *Why We Lie. The Evolutionary Roots of Deception and the Unconscious Mind.* New York: St.Martin's Press.

Lord, A.B. (1960). *The Singer of Tales*. Cambridge: Harvard University Press.

Luhmann, N. (1973). *Vertrauen. Ein Mechanismus der Reduktion sozialer Komplexität* (2. erw. Aufl.). Stuttgart: Enke.

Maradan, O., Mangold, M. (2005). Bildungsstandards in der Schweiz. Das Projekt HarmoS. *ph-akzente*, 12 (2), 3–7.

McBride, D.M. (2013). *The Process of Research in Psychology*. London: Sage Publications.

McGregor, R. (2012). *The Party. The Secret World of China's Communist Parties*. London: Penguin.

Meyers, D.G., Neuberger, J.S., He, J. (2009). Cardiovascular effect of bans on smoking in public places. A systematic review and meta-analysis. *Journal of the American College of Cardiology*, 54, 14, 1249–55.

Moir, A., Moir, B. (1999). *Why Men Don't Iron. The New Reality of Gender Differences*, London: Harper.

Neurath, O. (1979). *Wissenschaftliche Weltauffassung Sozialismus und logischer Empirismus* (Hrsg. von Rainer Hegselmann). Frankfurt a.M.: Suhrkamp.

Obrist, R. (2015). Die Forschung in der Glaubwürdigkeitskrise, in: *Tages-Anzeiger* 17.6.2015.

Odean, T. (1998). Volume, volatility, price and profit when all readers are above average. In: *Journal of Finance*, 3 (1998), 1887–1934.

Okulicz-Kozaryn, A., Holmes IV, O., Avery, D.R. (2010). The subjective well-being political paradox: Happy welfare states and unhappy liberals. In: *Journal of Applied Psychology*, Vol 99 (6), 1300–1308.

Orlando, F. (2011). *Crimea*. London: Penguin.

Osterloh, M. & Kieser, A. (2015). Doppelt-Blind-Begutachtung und Impact-Faktor. Wider die Diktatur akademischer Fetische, in: *Forschung & Lehre*, 2015, Jg. 22 (2), 106–107.

Parker, G. (2013). *Global Crisis: War, Climate Change and Catastrophe in the Seventeenth Century*. New Haven: Yale University.

Pascal, B. (1977). *Pensées*. Paris: Gallimard.

Popper, K.R. (1935/1969). *Logik der Forschung* (3., verm. Aufl.). Tübingen: Mohr.

Puster, R.W. (1999). *John Locke. Die Idee des Empirismus*, in: L. Kreimendahl (Hrsg.). *Philosophen des 17. Jahrhunderts*. (S. 91–112). Darmstadt: Primus

Ritter, J. (1972). *Historisches Wörterbuch der Philosophie*. Band 2: D–F. Basel/Stuttgart: Schwabe.

Ritter, J. (1972). *Historisches Wörterbuch der Philosophie*. Band 4: I–K. Basel/Stuttgart: Schwabe.
Rosenthal, R., Jacobson, L. (1983). *Pygmalion im Unterricht. Lehrererartungen und Intelligenzentwicklung der Schüler*. Weinheim: Beltz.
Scherzberg et al. (Hrsg.) (2008). *Klugheit. Begriff - Konzepte - Anwendungen*. Tübingen: Mohr Siebeck.
Sowell, Th. (2009). *Intellectuals and Society*. New York: Perseus.
Sowell, Th. (2013). *Intellectuals and Race*. New York: Basic Books.
Spoerri, A., Zwahlen M., Panczak R., Egger M., Huss A. (2013). Alcohol-selling outlets and mortality in Switzerland, Swiss National Cohort, in: *Addiction*, Sep; 108(9), 1603–1611.
Staub, E. (1989). *Evil. The Origins of Genocide and Other Group Violence*. New York: Cambridge University.
Stokar, Ch. (2012). *Der Schweizer Knigge*. Zürich: Beobachter-Verlag.
Strehlow, T.G. H. (1947). *Aranda Traditions*. Victoria: Melbourne University Press.
Suddendorf, Th. (2014). *Was den Mensch zum Menschen macht*. Berlin: Berlin-Verlag 2014.
Sunstein, C.R (2003). *Why Societies Need Dissent*. Cambridge: Harvard University Press.
Surowiecki, J. (2004). *The Wisdom of Crowds*. New York: Double Day.
Telab, N.N. (2007). *The Black Swan. The Impact of the Highly Improbable*. New York: Random.
Temes, P.S. (2002). *Against School Reform (And in Praise of Great Teaching)*. Chicago: Ivan R. Dee.
Watters, E. (2010). *Crazy Like Us: The Globalization of the American Psyche*. New York: Free-Press.
Weinert, F.E. (2001). *Vergleichende Leistungsmessung in Schulen – eine umstrittene Selbstverständlichkeit*. In: Weinert, F.E. (Hrsg.), *Leistungsmessungen in Schulen*. Weinheim und Basel: Beltz Verlag.
Wheatcroft, A. (1993). *The Ottomans Dissolving Images*. London: Viking.
Wolmar, Ch. (2010). *Blood, Iron and Gold. How the Railroads transformed the World*. New York: Public Affairs.
Yates, Francis A. (1966) *The Art of Memory*. Harmondsworth: Penguin.

Young, C., Szyszkowitz, T., Oudijk, R., Schulthess, P., Stabingis, A. (2014). Das EAP-Projekt zur Etablierung der professionellen Kompetenzen eines/einer europäischen PsychotherapeutIn. In: *Psychotherapie - Wissenschaft*, 2, 116–130.

Zick, A., Klein, A. (2014). *Fragile Mitte, Feindselige Zustände*. Berlin: Dietz.

Der Autor

Allan Guggenbühl ist seit 1984 Leiter der Abteilung für Gruppenpsychotherapie für Kinder und Jugendliche an der kantonalen Erziehungsberatung der Stadt Bern und Direktor des Instituts für Konfliktmanagement in Zürich. Daneben ist er seit 1996 als analytischer Psychotherapeut mit eigener Praxis in Zürich und seit 2002 als Professor an der Pädagogischen Hochschule Zürich tätig. Er ist Fachmann unter anderem für die Themen Konfliktmanagement, Gewaltprävention und Bildung.

www.allanguggenbuehl.ch